WHEN SPORT MEETS BUSINESS

体育赛事管理及营销

当体育遇上商业

[丹麦] 乌尔里克·瓦格纳（Ulrik Wagner）　[丹麦] 拉斯穆斯·K. 斯托姆（Rasmus K. Storm）
[英] 克劳斯·尼尔森（Klaus Nielsen）
著

胡晓红　张悦
译

CAPABILITIES, CHALLENGES, CRITIQUES

中国友谊出版公司

图书在版编目（CIP）数据

当体育遇上商业：体育赛事管理及营销／（丹）乌尔里克·瓦格纳，（丹）拉斯穆斯·K.斯托姆，（英）克劳斯·尼尔森著；胡晓红，张悦译 . -- 北京：中国友谊出版公司，2018.10

书名原文：when sport meets business

ISBN 978-7-5057-4419-6

Ⅰ.①当… Ⅱ.①乌… ②拉… ③克… ④胡… ⑤张… Ⅲ.①运动竞赛－组织管理－研究 Ⅳ.① G808.22

中国版本图书馆 CIP 数据核字 (2018) 第 135922 号

著作权合同登记号　图字：01-2018-4329

When Sport Meets Business
Copyright©Ulrik Wagner, Rasmus K.Storm and Klaus Nielsen 2017
The Translation is published by arrangement with SAGE Publications Ltd.
All rights reserved.

书名	当体育遇上商业：体育赛事管理及营销
作者	[丹] 乌尔里克·瓦格纳　[丹] 拉斯穆斯·K. 斯托姆 [英] 克劳斯·尼尔森
译者	胡晓红　张悦
出版	中国友谊出版公司
发行	中国友谊出版公司
经销	新华书店
印刷	河北鹏润印刷有限公司
规格	710×1000 毫米　16 开 18 印张　264 千字
版次	2018 年 10 月第 1 版
印次	2018 年 10 月第 1 次印刷
书号	ISBN 978-7-5057-4419-6
定价	69.00 元
地址	北京市朝阳区西坝河南里 17 号楼
邮编	100028
电话	（010）64668676

目 录 CONTENTS

第一部分 新体育环境

第一章
当体育遇上商业：概述 / 003

体育行业和商界一旦接轨，究竟会导致哪些方面的变化？

第二章
体育用品行业的扩张 / 013

体育用品行业的发展对社会、健康和经济活动的意义越来越重要。

第三章
移民和人才发展 / 035

越来越多的运动员和体育人员为追求跨国职业生涯，在国内和国际进行移民，这也是体育运动推动全球化进程的表现之一。

第四章
精英运动员的商业化 / 047

体育逐渐向娱乐业靠拢，使得运动员受到大众关注，成为体育明星。

第五章
跑步的商业运作模式 / 063
商业利益兴起不只影响精英运动，大众体育也不再是自愿参与那么简单了。

第二部分　体育营销与媒体

第六章
赞助的商业性增长 / 083
赞助是体育和商业结合的最好例证。

第七章
欧洲足球俱乐部的媒体权利之争 / 101
对最富有的俱乐部而言，媒体权利是其主要收入来源。

第八章
体育领域的伏击营销 / 121
伏击营销的出现和发展，为赞助商、商业权利人、活动组织者和消费者带来了许多重大挑战。

第九章
体育、社交媒体和在线社区 / 135
社交媒体深刻地改变了体育的传播和消费方式。

第十章
企业在体育领域的社会责任 / 153
企业社会责任既为体育组织带来了机遇，也为其带来了挑战。

第三部分　体育与金融

第十一章
欧洲职业体育的利润、锦标赛和预算约束 / 173

"胜利最大化"才是欧洲职业体育团队做出决策的关键性因素。

第十二章
欧洲足球领域的《财政公平法案》/ 189

足球收入呈爆炸式增长,但俱乐部仍旧亏损。

第十三章
体育的腐败和治理 / 209

具有腐败文化和不良治理的国际体育联合会更容易发生腐败。

第四部分　体育赛事

第十四章
奥运城市遗产的可持续性 / 225

在当代社会,大型体育赛事通常为举办城市提供了建设新体育设施、开展广泛的城市发展或再生计划的机会。

第十五章
举办国际体育赛事的费用 / 241

我们几乎不可能成功举办一个预期成本与预期收益相符的大型体育赛事。

作者简介 / 259
延伸阅读 / 265

第一部分

新体育环境

第一章
当体育遇上商业：概述

拉斯穆斯·K.斯托姆

乌尔里克·瓦格纳

克劳斯·尼尔森

商业化的影响

体育行业和商界一旦接轨，究竟会导致哪些方面的变化？这是本书讨论的核心问题。毋庸置疑，二者的碰撞必定会带来体育行业的商业化。在过去的几十年里，体育行业已经发生了巨大变化。全球化进程是一个最深入、最迅速的社会重组过程。国际贸易日益增强，国家经济更加开放，通信技术日新月异，劳动力和公民的流动性日趋增强，这些都推动了体育行业的商业化进程（霍姆，2006）。

商业化不仅使以往的活动内容更加丰富多彩，同时还衍生出许多新兴活动项目。商业化进程从许多不同方面推动了大众体育的进步，其中健身行业的发展就是一个有力例证。又如，随着商业化进程不断加速，许多与健身和运动相关的应用程序以及新型运动装备都应运而生。这些都提高了人们健身的积极性。体育行业的商业化还通过日益多元的媒体去宣传运动员的比赛，使精英运动处于娱乐产品的中心位置。

体育产业收益不菲，潜力巨大，如今已成为一个重要的经济部门。这促使欧盟委员会、相关研究人员以及专家共同致力于探索一种切实有效的方法，希望可以借此准确衡量体育对欧盟成员国国内生产总值的贡献。及时更新体育对经济的影响数据可能会催生一种新型商业化模式，形成新的增长战略和发展模式（欧洲委员会，2013）。

然而，在体育行业的商业化进程中，其影响必然有利有弊。体育的商业化固然对社会、运动员、粉丝和群众有所裨益，但也无疑会影响人们的运动质量，比如人们的情感交流、人际关系、表达能力，以及个人幸福感，都会受到不良影响。下面的几个例子说明了，在欧洲，俱乐部形式的体育运动正在进行深入转型，这虽然产生了一定的积极影响，却也带来了许多新的问题：

- 欧洲职业足球队的收入高速增长，并得到宝贵的电视转播权，受到投资者的大力支持，这些投资者通常来自欧洲以外的国家。因此，运动员的薪水和转会费就增长得更多，很少有职业俱乐部会为获得利润和保持经济收支平衡而对此进行管理（斯托姆和尼尔森，2015）。
- 运动员们在一些奥林匹克运动项目中奋力拼搏，竭力在全球奖牌争夺战中保持鳌头（德·巴斯奇、希布里、韦斯特比克和范·博滕伯格，2015）。他们投入的是职业运动员的训练强度，获得的却是业余运动员的待遇（威克、布罗伊尔和冯·哈瑙，2012）。
- 2009年的金融危机迫使一些公司必须重新考虑他们的赞助经费，然而，运动员、俱乐部和国家联合会对这些公司的资金依赖程度却有增无减（瓦格纳和尼森，2015）。
- 举办大型体育赛事产生的积极影响往往只体现在政治方面，如打造城市品牌、促进经济增长，刺激大众体育活动等。虽然目前的证据尚不能证明它的影响确实积极有效，但它确实引起了公众对体育赛事的关注，并使得体育赛事的财政资金支持和投标合法化（斯托姆和阿塞，2015；津巴利斯特，2015）。
- 社交媒体的发展不仅为新行业的诞生创造了机会，而且提供了另一种运动的组织形式，这一形式可以有效抵制体育运动的商品化。

本书旨在分析这些新发展所带来的利与弊，目标受众群体主要包括将来可能涉足体育领域的学者或从业人员，以及与体育类商业公司相关的志愿组织。

聚焦欧洲

在不同文化背景下,商业化的发展模式也不尽相同。在欧洲,体育在公民社会中根基牢固。传统上,它主要由志愿组织举行,因此也有效地遏制了商业化的猖獗。但即使这样,也没能避免体育运动的商业化,而且现在体育行业已经成为一个价值十亿美元的产业,对国家经济、社会文化和群众参与模式都产生了巨大影响。

这本书以欧洲文化为背景,分析体育行业的商业化过程及其面临的挑战。文章主要探讨体育行业与商业两者如何相互影响,相互交融。虽然欧洲各国体育行业的商业化进程各具特色,但它们共同具有欧洲文化的特质,与北美、日本、巴西、俄罗斯、印度和中国等国家大相径庭。这种现象的产生与欧洲体制背景下产生的体育行业和商业文化密不可分:体育俱乐部和协会占主导地位,职业联赛具有开放性,大众参与水平高,收入虽高但相对停滞,以及在相对规范的资本主义制度下的教育和技能水平较高。与世界其他地区相比,这些都是影响欧洲体育行业与商业关系的重要因素。

本书概述的大多数体育行业与商业的关系是全球范畴的,不仅仅限于欧洲国家。当然,本书的一些体育和商业现象确实具有典型的欧洲特征,将欧洲与其他国家进行对比以此彰显欧洲体育的独特之处。例如,欧洲足球独具一格,联赛制度具有开放性,但除了少数顶级俱乐部以外,其他的俱乐部都很难从中获益。本文从组织、文化和传统方面揭示了欧洲与非欧洲国家的异同,这些异同进一步影响着体育行业与商业的关系。

目标群体

本书谈到了体育与商业的关系中最为核心的主题,重在讨论而非说教。其中的许多观点涉及体育行业与商业之间的互动性、变革性、自我强化性,以及二者之间的矛盾和冲突。

虽说本书主要目标群体是普通读者,但是,相关从业者和研究人员也必定会获益匪浅。本书的每一章都源自作者最新的研究成果,与每个主题的当代发展和研讨成果密切相关。

对于体育和商业领域的从业人员和学生而言,可以从本书中获得对当代体育行业与商业关系的不同见解。同时,对于寻求最新研究资料,并希望探索具有潜在利益的新领域的学者和研究人员也极具参考价值。

本书条理清晰,通俗易懂。对于涉及的问题,各章节均有案例详析。

本书的结构和内容

本书分为四个部分,每部分所涵盖的内容都与标题紧密相关:新体育环境、体育营销与媒体、体育与金融、体育赛事。

本书也采取了交叉学科的研究方法,涵盖了广泛的社会科学学科,如经济学、管理学、市场营销、社会学和文化等学科。大多数章节行文思路基本一致:在介绍了引言及有关历史情况和近期发展之后,又介绍了当今和未来的挑战,以及应对挑战的优势和不足之处,最后是主要分析和结论。

第一部分:新体育环境

第一部分分析了欧洲体育日益商业化的影响。

第二章由安娜·格尔克(Anna Gerke)和莫林·本森·雷(Maureen Benson-Rea)撰写,论述了体育用品业的扩张。本章中介绍了全球体育用品业,并将其作为体育管理研究中的一项实证研究。同时,本章还结合欧洲体育用品公司近几年的研究成果和实例强调了该行业的重要性。接着,本章指出了体育用品行业发展的主要动力,并概述了在日益全球化的市场中,欧洲体育用品公司将要面临的挑战。个案研究部分则向人们展示了一个法国运动装备制造商是如何成功应对这种新环境所带来的挑战。

第三章由塞恩·阿吉查德(Sine Agergaard)撰写,以批判性的思维探讨了全球化,尤其是劳务移民的相关影响。本章重点阐述了劳务移民对国家和地方人才发展的影响。与日俱增的移民趋势为地方和国家的体育管理机构带来新挑战的同时,也带来了新机遇。本章还讨论了一些案例所造成的道德和政治层面的影响,例如:地方和国家为体育人才发展制定的政策与更加广泛的全球化和移民进程之间出现了不协调的现象。

第四章由约翰尼斯·奥尔洛夫斯基(Johannes Orlowski)、曼纽尔·赫特(Manuel Herter)和帕梅拉·威克(Pamela Wicker)撰写,分析了商业化及其所包含的商品化对运动员生活产生的影响。本章阐释了"商品化"、"商业化"、"品牌代言"等重要术语,并从历史的角度概述了这些因素对优秀运动员的影响。接下来,作者通过比较欧洲和美国运动员生活中的商业化和商品化情况,及其各自国家内体育行业的商业化和商品化情况,从而突出了欧洲社会环境的特点。此外,本章回顾了关于体育运动及运动员生活的商业化、商品化的研究。从运动员的职业生涯和个人生活角度,作者结合案例分析阐述了成为"精英体育商品"的利与弊。

在第五章,科恩·布鲁德维尔德(Koen Breedveld)和杰伦·谢德尔(Jeroen Scheerder)描述了跑步是如何成为欧洲最受欢迎的体育项目之一的,文章重点关注跑步项目和跑步行业在这商业化进程中的作用。本章从参与人数、费用支出和举办次数来分析跑步市场的规模和发展状况,并提供了11个欧盟国家和整个欧盟的相关统计数据。本章将从以下方面分析跑步市场,其中包括:跑步者的动机和偏好、女性跑步活动的兴起、高等教育者的跑步喜好,以及许多跑步者不愿加入俱乐部等现象。此外,作者还讨论了非商业运作和商业运作下的跑步运动对社会资本的不同影响,以及跑步运动对于大众体育政策的影响。

第二部分:体育营销与媒体

本书的第二部分将重点从商业化的一般趋势转向媒体和营销对体育的影响。

第六章由索斯滕·杜姆(Thorsten Dum)和乌尔里克·瓦格纳(Ulrik Wagner)撰写,论述了体育及其与赞助的关系。本章分析了赞助的商业化发展,并指出:近几年来,赞助涉及的领域正稳步扩大。越来越多的个人、团体和组织,如协会和联合会或活动的组织者以赞助请求和提议的形式,向有发展潜力的组织,尤其是商业公司伸出合作之手。越来越多的赞助形式加剧了赞助商之间的竞争，从而导致了赞助行业过度商业化和专业化。本章列举了一些有关赞助的实例，其主要与人力资源管理和企业社会责任有关。此外还列举了一些当代赞助金使用的案例，强调了其中的挑战和应对挑战的办法。

第七章由哈利·阿恩·索尔伯格（Harry Arne Solberg）撰写，本章分析了媒体权利在欧洲足球俱乐部中的作用，重点分析了营业额排行前五名的世界联赛。相关主题证明，媒体权利已经成为欧洲足球金融阶梯顶端联盟的最大收入来源。除了概述媒体权利带来的收入外，本章还着重介绍了国内外市场媒体权利费用增长的推动力。另外，本章还分析了影响同一联赛内各俱乐部之间，各国联赛之间收入分配的因素。

第八章由西蒙·查德威克（Simon Chadwick）、尼古拉斯·伯顿（Nicholas Burton）和谢利·L. 布雷迪什（Cheri L. Bradish）撰写。本章认为几乎没有任何其他行业或营销传播活动能够像赞助一样，将体育视为一个独特而专业化的行业。然而，赞助作为一项战略性体育营销工具，随着它的发展，以伏击营销形式出现的官方赞助所要面临的挑战也出现了。这种营销方式为品牌提供了官方合同规定的合法权利之外的机会，以平衡市场营销中不断增长的体育价值。这给赞助商、商业权所有人、活动组织者和消费者带来了重大的挑战。本章概述了伏击营销的发展历史，并提供了关于其营销战略和反击策略的例子，同时也讨论了伏击营销和体育赞助未来发展的方向和意义。

第九章由巴斯蒂安·波普（Bastian Popp）和赫伯特·沃拉特切克（Herbert Woratschek）撰写，着重介绍了社交媒体和体育。本章概述了社交媒体的兴起和发展近况，向人们介绍了一种与体育相关的社交媒体活动，并将该社交媒体视为一个有力的平台，在这一平台上，体育行业的相关事物可以良性互动，共同发展。另外，体育品牌可以通过社交媒体与其顾客、粉丝和潜在客户等其他参与者的协作过程来提升其品牌价值。这一章还讨论了体育商业化可能会产生的负面影响，包括公司控制权的丧失，激进的反品牌主义，以及对赞助商的消极影响等。本章用两个欧洲的案例来说明如何将社交媒体应用于反品牌活动中。

反品牌团体对运动品牌造成的影响向我们展示出"当体育遇到商业"时产生的一些鲜为人知的影响。

第十章由马修·德雅巴拉赫（Mathieu Djaballah）撰写，分析了一个持续10年之久的趋势，即企业在体育上承担的社会责任越来越多。本章考察了企业社会责任（CSR）在体育行业上的特殊性，并且对常见的企业社会责任问题与争议进行了描述。本章以一个国家组织为例，探讨了CSR活动的影响范围，并借此分析了这些活动产生的缘由。总之，本章对CSR活动持批判性的态度，因为这些活动有时会被用作追逐品牌和名声的工具，并不会产生实质性的社会效益。除此之外，本章也强调了这些活动的不确定性。

第三部分：体育与金融

本书的第三部分包含三章体育经济学的内容。

第十一章由克劳斯·尼尔森（Klaus Nielsen）和拉斯穆斯·K.斯托姆（Rasmus K. Storm）撰写，讨论了欧洲职业团体运动独特的商业形态。通过与北美的大型联赛进行对比，本章概述了具有欧洲文化特色的职业足球队的特征。北美风靡利润最大化这一观点，欧洲足球队却由于盈亏平衡的约束，有着赢球最大化的鲜明特点。本章对这一观点提出了质疑，通过分析在欧洲背景下软预算约束的影响（软预算约束就是指当一个经济组织遇到财务上的困境时，通过借助外部组织的救助得以继续生存的一种经济现象），阐释了欧洲足球俱乐部虽然持续亏损却能存活下来的原因。本章同时也分析了欧洲联赛的制度框架和欧洲社会对足球队的情感依恋。从而得出结论，正是由于以上种种因素导致了软预算约束在欧洲如此盛行。

第十二章由简·皮珀（Jan Pieper）撰写，这篇文章在有关当代欧洲职业足球的金融公平讨论中脱颖而出。欧洲职业足球俱乐部经济困难，债务不断增长。这促使欧洲足球协会联盟[1]采取监管措施以推动足球俱乐部平衡收支。为了能

---

1. 欧洲足球协会联盟：Union of European Football Associations（缩写为UEF）简称欧洲足联或欧足联。

参加欧足联的俱乐部比赛（冠军联赛和欧洲联赛），现在俱乐部不仅要达到一系列严格的体育、基础设施、人事和法律标准，还要符合财务质量标准。本章认为由于越来越多的足球俱乐部相继破产，这一行业已经堕落成"僵尸行业"，但是财政公平政策（FFP）在整体上起到了对管理"杰出俱乐部"的激励作用。因此，尽管FFP实行之后产生的影响好坏尚不清晰，但它似乎已经完成了它的任务。

在本部分的最后一章，阿尔努·海拉尔特（Arnout Geeraert）讨论了体育的商业化是否是导致国际体育运动里越来越多腐败和踢假球现象出现的原因。本章简要概述了这些现象出现的深层原因和影响，而这些现象导致了国际体育运动的合法性受到质疑。作者认为为了解决这些问题，国际体育联合会需要改变现有制度。通过列举一些实际的例子，他说明了腐败、权力集中和缺乏效率是如何制造一个威胁体育公正的温床。他介绍了一种委托代理模式，借此分析了国际体育联合会应该如何应对"金钱力量"，并简要提出了一些建议，只要以良治原则为指导，以更健康的方式发展，这些建议是可以实现的。

第四部分：体育赛事

本书的最后一部分，介绍了大型体育赛事对经济以及其他领域的影响。

在本书的第十四章，拉里萨·戴维斯（Larissa Davies）详细阐述了前面章节里提到的一些问题。她最为关注的是国际体育赛事举办之后的城市遗产，并利用欧洲各个城市的实例来研究这些遗产再次发挥作用的潜力，从而深入地反思了赛事遗产的概念及其与城市可持续发展的关系。作者以此在微观和宏观层面上，对运动赛事结束之后，人们应如何继续利用这一城市遗产的问题做出了定义和考察。本章还提供了一些奥运城市利用赛事遗产的历史证据，特别是2012年伦敦奥运会，并探讨了遗产规划在城市发展中的重要性。在作者看来，以企业为导向的赛后场地在商业上可以实现再利用，这对维持这些城市遗产至关重要。同时她还强调了在实现城市的长期发展过程中，监督和评估遗产会起到非常重要的作用。

弗拉基米尔·安德列夫（Wladimir Andreff）在第十五章中描述了国际体育赛事屡次遭受"胜利者的诅咒"的现象。体育赛事（尤其是大型赛事）所留下的遗产并不一定会以原先设想的方式得到利用。据安德列夫所述，大型体育赛事费用超支的例子比比皆是。最重要的是，当地的政治家和决策者很容易被说服，并相信他们的国家或城市举办国际大型体育赛事百利而无一害。通常，有关经济和社会影响的事先研究都会体现出举办赛事的确有净收益。但是，按照预期的成本和收益成功地举办一个大型体育赛事几乎不可能。产生这种悖论的根本原因在于，通过类似拍卖的方式来决定这些赛事的举办权，就会触发胜利者的诅咒。通过夏季奥运会和冬季奥运会的案例，本章分析了这些问题并且试图去消除这一"诅咒"。同时，本章也推荐了一些方法，以帮助这些城市和国家更好地承办国际体育赛事。

第二章
体育用品行业的扩张

安娜·格尔克
莫林·本森·雷

引言

近10年来，体育对欧洲国家而言愈发重要。出于种种原因，体育与经济、社会的关系愈发密切。从社会层面看，体育涉及大众体育、健身运动，以及其他与体育行业相关的各类经济活动（布鲁德维尔德等，2013；道勒斯和萨德曼，2011）。从政治层面看，欧洲的体育政策反映出人们对体育的兴趣日益浓厚，如《体育白皮书》（欧洲共同体委员会，2007）和《体育对欧盟经济增长和就业贡献的研究》（奥地利体育经济研究机构，2012）等。

本章重点关注体育在经济方面的体现——体育用品行业。本章由三部分组成，另外包含一个案例研究和研究结论。第一部分对体育运动、体育产业和体育用品行业进行了定义介绍。第二部分介绍了欧洲体育用品行业在过去五年的扩张［基于市场线[1]（2015a）的行业报告］，并通过比较欧洲和美国体育用品行业的市场价值来分析这种扩张。本部分着眼于欧洲体育用品行业的贸易价值，对体育用品行业与其他体育相关行业进行了比较。接着，本部分还讨论了欧洲体育用品行业发展的主要动力，以及企业在该行业的经营战略。第三部分讨论了当代和未来可能会出现的一些市场挑战。本章的案例研究探讨了法国一家大型体育用品零售商和制造商的扩张情况。结尾部分则对该案例进行了深刻反思。

---

1. 欧洲市场线（MarketLine）涵盖的国家包括：奥地利、比利时、捷克、丹麦、芬兰、法国、德国、希腊、爱尔兰、意大利、荷兰、挪威、波兰、葡萄牙、俄罗斯、西班牙、瑞典、瑞士、土耳其和英国。

发展历史及现状

定义

欧洲委员会在《新欧洲体育宪章》（2001，p.3）中，将体育运动定义为"以轻松自由或有组织性的形式参加，以增强体魄、丰富情感、建立社会关系、取得胜利为目的的身体活动"。这一定义包括以竞争、休闲或疗养为目的的各种身体运动。此外，它还包括个人的、团体的、正式的和非正式的各种运动形式。虽然这个定义早在十多年前就被人们提出，但它到现在依然有效，且应用广泛。我们在此概念的基础上定义体育产业，更具体地说，是定义体育用品行业。

国家统计局根据产业和部门所涉及的经济活动，使用标准化的分类方法对它们进行定义。欧洲使用的标准是欧共体经济活动的统计分类法（Nomenclature statistique des activités économiques dans la Communauté européenne，简称 NACE）。然而，涉及体育的 NACE 标准只对体育设施的使用方式做了分类（NACE 92.6）。因此，这一统计学定义只包含体育产业的一小部分，完全忽略了体育用品行业。NACE 定义所涵盖的范围应该更加广泛。首先，体育产业的定义应该包括体育用品和体育服务（例如，运动鞋、球拍、舞蹈课等）；其次，一些必须依靠体育产业才能生产商品和提供服务的行业（例如，电视广播、运动旅馆等）（奥地利体育经济研究机构，2012）也应该被纳入体育产业中。上述定义包涵了本章重点，即体育用品行业，下一章将对其进行更详细的定义。图 2.1 从消费者的角度阐释了体育产业的定义。

消费者在体育产业上的支出		
运动的衍生商品和服务		
兽医	膳食补充剂	体育博彩
健康服务	旅馆、餐厅（体育旅游业）	电视广播
运动（根据统计学定义）		
体育馆	游泳池	职业运动

消费者在体育产业上的支出		
运动所需商品和服务		
赛马	运动鞋和运动服	运动武器
学校教育	运动汽车、摩托车	健身中心
手表、钟	航海装备	舞蹈学校

图 2.1 体育产业定义 © 欧盟,1995—2016

来源:SportsEconAustria,2012

我们使用市场线产业报告(2015a),以运动装备为例(不包括运动服和运动鞋)来说明体育用品行业于2010至2014年间在欧洲的扩张状况。关于运动装备的应用,以下市场报告中谈到了球类运动、极限运动、健身、高尔夫、网球运动、冬季运动和其他各类运动。虽然这个定义只有部分与联合国的定义一致(联合国统计司,2015),但它涵盖的体育用品十分广泛,因此很有价值(奥地利体育经济研究机构,2012)。我们根据各个国家的零售价格计算这里所引用的市场价值,采用2014年的恒定年均汇率进行货币换算。

欧洲运动装备市场

该市场价值288.73亿欧元,2014年同比增长4.2%。球类运动装备市场份额最大,占市场总量的24%,其中英国是最大的球类运动装备市场(占21%)。体育管理研究以英格兰足球为例,说明了体育对经济和社会发展的重要性。查德威克的研究(2009)显示,在工业革命时期,随着人们的闲暇时间增加,英国足球比赛的参与程度不断提高。

2010年至2014年间,欧洲运动装备市场的年复合增长率(CAGR)稳定在1.7%左右。然而,这一产业在各个国家和地区之间的扩张程度不尽相同。例如,其在英国市场的年增长率为5.6%,而德国仅为1.1%。预计2014至2019年,欧洲运动装备市场价值的年复合增长率约达到1.8%(市场线,2015a)。表2.1列出了欧洲主要运动装备的种类和市场份额。健身器材市场占有率达到20%,仅次于球类运动装备,是第二大运动装备种类。冒险运动装备虽然在欧洲市场排名第三,但被认为是全球最大的运动装备行业。这是由于冒险运动装备在美国表现突出,所以会占据美国市场的最大份额(占美国市场总价值的39%)。

表2.1 2014年欧洲体育用品各类运动的市场份额(百万欧元)

种类	2014	%
球类运动装备	6,979	24
健身装备	5,765	20
极限运动装备	5,469	19
冬季运动装备	4,266	15
高尔夫装备	3,769	13
球拍运动装备	2,625	9
合计	28,873	100

来源:市场线,2015a

表2.2展示了欧洲各国运动装备市场份额的对比结果。法国和德国在市场规模上紧随英国之后,但这三个主要市场之间仍存在巨大差距。意大利位列第四(9%),西班牙排名第五(6%)。这五个国家的市场份额占欧洲市场70%以上。如果按人均进行计算,这五个国家占比甚至高达87%(奥地利体育经济研究机构,2012;世界银行,2015)。对比欧洲市场与美国市场可以发现,欧洲的运动装备市场在2014年达到293.59亿欧元,其价值几乎与美国相当。

表2.2 欧洲体育用品市场各国份额(以百万欧元计),2014

国别	2014	%	人均	%
英国	6,167	21	94	27
法国	4,923	17	74	21
德国	4,885	17	60	17
意大利	2,543	9	41	12
西班牙	1,654	6	36	10
其他欧洲国家	8,700	30	46	13
合计	28,872	100	351	100

来源:市场线,2015a

欧盟在体育用品行业的贸易中占据重要地位。到20世纪90年代初，与北美和亚洲的主要国家相比，欧洲的体育用品贸易集团占据重要的地位(安德列夫，2006)。运动产品的出口统计显示，欧洲国家约三分之二的体育用品出口贸易是在欧洲国家之间进行的（奥地利体育经济研究机构，2012）。法国和奥地利是主要的出口大国，奥地利主要向欧盟国家出口，而法国对欧盟和非欧盟国家的出口量相当（奥地利体育经济研究机构，2012）。

体育用品和其他体育产业部门

根据奥地利体育经济研究机构（2012）的研究数据，我们将体育用品行业与其他体育产业部门进行了比较。在欧盟（截至2012年拥有27个成员国），体育设施和正式体育活动（如体育俱乐部、体育赛事、公共体育馆）的运作金额达到281.6亿欧元。体育用品行业的定义被第一次扩展为"所有生产体育用品或提供体育服务的行业"时，其市场价值翻了两番，达到1112.79亿欧元。体育用品行业的定义被第二次扩展为"体育产业及其衍生出的行业"时，其市场价值增长了50%，达到1738.55亿欧元。这些数据显示，相比于其他体育产业部门，体育用品行业的重要性更为突出。体育产业包含三部分：体育用品和体育服务、体育设施和有组织的体育活动，及以体育运动为基础来生产产品并提供服务的产业。这三部分的市场价值分别为840.19亿欧元、281.6亿欧元和616.76亿欧元。

当代和未来面临的机遇

欧盟的战略背景

一个行业发展的普遍驱动力包括：市场驱动、竞争驱动、成本驱动、政府驱动和行业全球化潜力（伊普，1995）。建立欧洲一体市场（SEM），既具有竞争效应又具有重组效应，因其消除了成员国货物、资本、劳动力和服务之间自由流动的障碍，其中包括贸易、法律和行政障碍。竞争效应降低了商品的价格和成本，竞争加剧导致了工业部门和私人公司的重组。此外，SEM为各种规模的公司创造了商业机会，连通了欧盟境内的市场，促进了外商直接投资（每个欧盟成员国从其他成员国那里所得到的投资比例从1995年的53%增长至2005年的78%）和贸易一体化——1992至2010年欧盟内部贸易相对于其成员国国内生产总值增长了30%（商业欧洲，2010）。欧洲市场的竞争促进了欧洲体育用品公司在国际市场所占份额的增长。在欧洲一体市场建立大型欧洲企业的跨境障碍被扫清，这为规模经济的形成提供了机遇，并使得通过收购和兼并形成的集中经营成为一个可行的战略选择。欧盟市场一体化将战略从国家市场层面转移到欧洲和全球市场层面。以阿迪达斯为例，这家德国公司从家族企业发展成了全球性的体育用品企业。虽然欧洲国家保留了各自的地域特色（尤其是语言和文化），但欧洲一体市场促使企业采取相似的经营战略。欧盟市场没有统一的战略，但企业已经制定了各自的战略，以平衡整个欧洲市场的中央化和各国当地市场的本地化。成功的企业逐步适应每个欧洲国家的市场，并将这些市场进行统一协调，以此实现其在整个欧洲市场的目标。

体育用品行业的驱动力

体育用品行业的发展在产业层面的驱动因素与体育的大众性驱动因素密切相关，其对社会、健康和经济活动的意义越来越重要（德博尔德等，2013）。体育用品行业还有其他专属性的驱动因素，例如，材料、功能或设计方面的创新、新体育运动的发展，以及通过降低生产成本和普及体育产品的课程来实现体育的大众化（德博尔德等，2004）。接下来我们将具体讨论体育用品行业的大众性和专属性驱动因素，并分析体育用品行业参与群体的变化，以及这些变化是如何影响体育用品行业的。最后概述了不同规模和专业方向的体育用品公司所采取的不同经营战略。

社会驱动力。体育运动的社会驱动力包括：体育运动的大众参与程度、体育基础设施的可用性、良好的体育组织管理、社会的接受和包容程度、作为教育手段的体育运动、反对种族主义和暴力的体育运动，以及体育俱乐部的参与和志愿服务（德博尔德等，2013）。因为参与体育运动需要体育用品，所以在这些因素中，体育运动的大众参与程度是体育用品行业最重要的驱动力。因为体育俱乐部的参与和作为教育手段的体育运动推动了体育运动的大众化，所以也是推动体育用品消费的驱动力。

最近参与生活类运动的人数有所增加。生活类运动通常也称为新形式运动，如滑板、冲浪、滑水、风筝冲浪和滑板滑雪。这些运动不像传统体育那样注重竞技，而是追求技巧、速度、风险、趣味和自由。生活类运动指的是新奇类、极限类、冒险类或战斗类的运动（哈尼斯和霍尔曼，2014；凯利特和拉塞尔，2009）。随着参与这类运动的人数迅速增长，体育用品市场也在不断扩大。国际帆联（International Sailing Federation）（2012）在报告中将风筝冲浪列为一项新的奥运项目，并指出：每年有6万人加入风筝冲浪这一运动，随之就有18万只风筝和7.5万块冲浪板售出。专家预计这些数字还将以每年10%的速度增长。

健康驱动力。健康是体育用品行业的间接驱动力。体育促进健康的特点可以提高体育参与度，从而刺激人们对体育用品和体育服务的需求。世界卫生组织提出了很多证据来说明体育运动对健康具有积极作用。不管是对于健全的男女老少，还是各类残疾人，经常进行适度的体育运动，不仅有益于身心健康，还有助于扩大社交圈。一个国家要促进疾病预防和改善公共健康，一个经济有效的方法就是以体育促健康。然而，据估计，目前全球有190万人死于缺乏运动，60%的成年人没有参加足够的体育运动来保持健康。因此，体育基础设施、装备和服务需要广泛普及，定价合理，并且应该将体育运动作为一项人权事业来推动（世界卫生组织，2003）。

经济驱动力。体育运动衍生出了许多与其直接和间接相关的经济活动。体育用品行业本身就是一种直接来源于体育的经济活动，因为对大多数运动而言，体育用品是必不可少的。与体育直接相关的服务也是体育用品行业的驱动力，如学习某项体育运动的课程。体育课程需要体育用品才能开展（理论课程除外），并且课程参与者也可能在课后购买相关的体育用品。与体育间接相关的经济活动和体育产业所衍生出的行业相对应，例如，转播体育赛事或为参赛运动员和观赛人群提供住宿等（奥地利体育经济研究机构，2012）。与体育间接相关的经济活动对体育用品行业的影响有限，因为进行这些活动不需要额外的体育用品或服务，但是体育运动的传播可能会鼓励成年人和儿童参与进来。不过关于职业体育对业余体育运动的影响仍需更深入的研究。

创新驱动力。创新是体育用品行业的重要驱动力。为了证实这一点，我们对体育用品进行了分类。体育用品可以分为"老式"体育用品和"设备密集型"体育用品（安德列夫，2008）。所谓"老式"体育用品是指可用于各种运动项目的体育用品，如运动服或运动鞋。"设备密集型"的体育用品是一些只可用于特定运动的体育用品，如越野滑雪板或帆板（安德列夫，2008）。体育用品的发展，特别是"设备密集型"体育用品的发展，引起了材料、设计和技术方面的诸多创新。材料的发展使运动者即使在达到人体极限，或在极端的天气、速度和高度，以及超长距离等条件下仍能有更好的发挥。设计上的变化使体育用品有了新的使用方式，从而产生新的运动项目（例如，单板滑雪）。技术的发展可以增加或替代现有的玩法（例如，滑雪橇和滑雪板的绑定技术）。某些用户群体的新需求使新技术和新玩法得到发展。当新技术从根本上改变（或改善）了某个体育用品（例如，风筝冲浪的安全系统）时，旧技术就会被替代。鉴于不同类型的创新及其对现有体育用品的影响，人们可能会认为，如果人们想获得更好的表现（材料创新）、参加一项新的运动（设计创新）、提高体育用品的舒适性或产品的整体质量（技术创新）（德博尔德等，2004；格尔克，2014），那么材料、设计或技术的创新就可以刺激人们购买体育用品。

创新通过促进新体育活动的产生，间接推动体育用品行业的发展。但是，社会文化和社会经济因素在创造新的体育运动中也起着重要的作用。以生活类运动为例，在许多情况下，年轻人为了反对传统体育运动而率先接受这种新的生活类运动（例如，单板滑雪、普通滑雪、风筝冲浪或风帆冲浪等）。一种新的生活类运动的出现往往是年轻人反抗的结果，他们反抗的不仅仅是传统的体育运动，更是这些体育运动所蕴含的价值观、理念和态度。新体育运动的出现不仅会对体育用品消费产生影响，而且会产生社会摩擦、很难得到集体认同，甚至在世代间、两性间、各民族和各社会阶层之间产生冲突（海诺，2000；凯利特和拉塞尔，2009）。

新型体育运动的发展不仅会产生社会层面的问题，还会产生空间层面的问题。如果新的体育运动与之前的体育运动使用的场地相同（例如，单板滑雪使用滑雪场），那么我们就需要重新定义这一场地及其使用方式。随着时间的推移，新型体育运动越来越普及，参与人数越来越多，它的文化资本也会逐渐发生变化。这包括着装的规范，专业术语的使用以及运动中和运动后的交流（海诺，2000）。如果学习新型运动的课程及器材随处可见且价格合理，那么这项运动就会发展成大众运动。对于"设备密集型"的新型运动而言，大众化显得尤为重要（德博尔德等，2004）。因为体育的大众化会增加相应体育用品的需求，因此人们认为它是体育用品行业的驱动力。

公司层面的战略

小型企业和新兴企业是经济增长、促进就业、减少贫困和经济交流的关键。中小企业的出口表现是经济发展的一个重要指标（经济合作与发展组织，2013）。虽然人们并未对中小企业的定义达成共识，但它们与跨国公司的子公司截然不同，其规模一般以就业人数来衡量，按照欧盟标准，少于250人的公司为中小企业（欧盟委员会，2014）。小型企业员工一般不到50人，微型企业少于10人，中型企业50至249人（经济合作与发展组织，2013，p.380）。在大多数经合组织国家，大部分出口由拥有250人以上（包括250人）的企业完成。在这些国家，只有不到10%的企业是出口商，其中小企业出口占出口总量的比例为3%（挪威）至17%（丹麦）不等（经济合作与发展组织，2013，p.36）。

许多中小企业开始通过出口营销实现国际化（鲁特，1998），这些企业为国际业务投入更多资源（约翰森和瓦伦尔纳，1977），以逐步扩大国际影响力。新西兰品牌拓冰者（Icebreaker）就是这样一个例子，这家公司主要生产由天然美利奴纤维制成的专业运动服。拓冰者采取逐步国际化的策略，首先打开了欧洲市场，接着进入美国和中国市场（莱斯特和希思，2006）。逐渐国际化的小企业，通过追求创新、创业与诚信（迪金斯等，2013），来维持他们在出口市场中的地位。最近，那些在创立之初就迅速进行国际化的企业被称为国际新型创业企业（奥维亚特和麦克杜格尔，1994；扎赫拉，2005）或具有国际化基因的企业（切蒂和坎贝尔·亨特，2004；加布里埃尔松等，2008；奈特和卡瓦斯基尔，2004）。

差异化策略（托尔斯泰，2014）可以有效提高企业的出口额（巴尔道夫等，2000；德安杰洛等，2013），所以对于国际化的中小企业而言，无论成长速度如何，大多数都追求创新和差异化的利基市场（切蒂和坎贝尔·亨特，2004）。许多中小企业都是在国内成长起来的，且只服务于国内的利基市场。但是当发展遇到瓶颈，或创新能力引起财大气粗的跨国公司注意时，他们就会成为这些跨国公司的收购对象。在体育用品行业有两个典型的例子。一个是法国的背包生产商觅乐（Millet），该公司在经过半个多世纪的家族经营后，于1995年被乐飞叶（Lafuma）收购；另一个是法国的滑雪板制造商萨洛蒙（Salomon），该公司在1997年被阿迪达斯收购，之后在2007年又加入了亚玛芬（Amer）体育集团。

出口是中小企业发展的主要策略（德安杰洛等，2013），尤其在国内市场规模小（凯西和汉密尔顿，2014）或者不成熟时（博索等，2013），他们的发展会受到严重束缚。曲棍球装备公司OBO就是一个典型案例：由于新西兰的曲棍球市场从一开始就很小，所以OBO在当地的销售额从未超过其总销售额的5%（本森·雷和谢泼德，2010）。出口型企业通常能够更好地了解市场主体，并利用这些信息来适应现有的市场需求（博索等，2013，p.58）。企业发展、财务状况和生存现状（阿巴兹单和巴斯勒，2004）是衡量出口型企业是否成功的标准。成功的出口型企业都有着很强的产品创新能力。因为创新型中小企业能够在国际市场上保持最强的竞争力（德安杰洛等，2013），所以产品创新可以作为评价企业出口表现的标准。出口型企业必须对出口客户的需求变化和竞争对手行为的变化采取相应措施，这是评价企业出口表现的重要因素（博索等，2013）。

欧盟监管框架的自由化加速了行业和区域重组，激发了企业的创新战略。企业在经营欧洲市场时采取以客户为中心的策略，越来越多地使用关系营销（大前研一，1986）。企业通过了解客户的需求与他们建立良好关系，从而创立新的欧洲乃至全球品牌（例如，迪卡侬）。一些在国内独具特色的企业在欧洲其他国家也开始不断成长，这意味着只有欧洲市场一体化，这些企业才能实现规模经济。在欧洲一体市场中，货物、资本、劳动力和服务可以自由流动，这促使欧洲企业改变传统经营策略，加快跨国经营步伐。多元的资本流入欧洲企业，改变了欧洲社会的所有权模式和共同决定模式，使企业收购和企业实现发展战略成为可能（大前研一，1986）。欧洲公司雄心勃勃地进行着收购与并购，形成了新的欧洲跨国公司，例如，总部位于芬兰的体育用品公司亚玛芬体育集团，旗下包括萨洛蒙、威尔逊（Wilson）、阿托米克（Atomic）、始祖鸟（Arc'teryx）、马威克（Mavic）、松拓（Suunto）、必确（Precor）和德玛利尼（Demarini Bic Sports）等子品牌，这些跨国公司包括了越来越多来自欧洲不同国家的子公司。当企业与有声望且互补的伙伴进行合作时，一个关键的战略选择就是合资经营和战略结盟，以此降低成本和风险。这样的合作可以推动中小企业形成集群（例如 Sporaltec，这是一个致力于加速罗纳-阿尔卑斯大区体育公司创新的企业集群），或形成大型跨国公司（如阿迪达斯）的全球生产网络（门泽尔和弗纳尔，2010）。

当代和未来面临的挑战

体育用品业受益于具有开放性的市场竞争体系，这种体系是在欧盟企业政策指导下建立的。这加快了市场结构调整步伐，为创业活动、企业合作、创新开发提供了优越的环境，也促使体育用品业更加专注于技术研发。这些因素为欧洲企业发展带来挑战的同时，也带来了机遇。传统上，如果体育用品业稳步发展，微型企业或中小型企业就会通过合作，共同应对来自大型企业集团的竞争。在一份以欧洲作为商业选址的行业观点调查中（厄恩斯特和杨，2010），受访者认为支持中小企业、高科技产业创新的措施更有利于商业发展。这份调查显示，欧洲在世界首屈一指的优势在于它的研究和创新能力（85%）、对绿色行业的重视程度（83%）、高质量多样化的劳动力（81%），以及世界级的商业发展集群（73%）。欧洲体育用品业和整个欧洲体育行业已经采取措施，通过发展体育集群，进一步开发体育的经济价值。

互联网模糊了地理界限，因此对企业制定策略带来巨大挑战（经济合作与发展组织，2000，p.207）。一些人认为，互联网"消除"了国内和国际的差异（柯宾，2001，p.700），使商业与地理无关，对国内经营者来说是不公平的（格兰特和贝克鲁，2004，p.95）。因为消费者会通过多种设备进行购物（Marketo.com.，2014），例如，台式电脑、笔记本和手机，所以企业需要结合线上和线下的销售经验，制定有效的网络品牌战略。对于那些与体育参与者、体育赛事、媒体、旅游业和体育用品相关的运动行业来说，这不仅已经成了一种通用战略（Marketo.com.，2014），而且也成了它们要面临的最大挑战。

案例研究 2.1：迪卡侬——欧洲体育用品商的扩张

法国体育用品市场

法国体育用品市场估值49.23亿欧元。2010至2015年间，其市场呈稳步发展态势，预计未来体育参与度会降低，发展缓慢。法国是继英国之后欧洲第二大体育用品市场，占有17%左右的市场份额，略高于德国。从人均来看，法国市场和德国市场的差距就显而易见了。冬季体育用品领域所占市场份额最大，几乎是全国体育用品市场的24%。继而是球类体育用品（23%）和健身设备（19%）（市场线，2015c）。法国拥有大量中小型企业，还有几个大型体育用品公司，这些公司常常设在便于举办体育活动的地方，为发展相关体育用品创造了有利条件（例如，公司设立在适合山地运动设备的罗纳-阿尔卑斯山或适合冲浪设备的阿基坦）（格克，2014）。这些企业包括许多在国内乃至欧洲或国际占有市场并享有盛誉的法国制造商，例如，吉田（自行车）、所罗门（原为法国品牌，但在1997年由德国阿迪达斯收购）（滑雪板）、贝内托（帆船）、奥克斯博（冲浪板）和觅乐（法国公司乐飞叶在1995年收购）（背包）（德博尔德，1998）。除了体育用品制造商之外，体育用品零售商也在法国体育用品市场起到了关键性作用。

法国体育用品零售商

在法国,有这样几种体育用品零售店:一般商店/超市(如家乐福)、百货公司(如老佛爷百货公司)、专业体育用品零售连锁店(如迪卡侬)、小型专业体育用品零售商和体育用品制造商专营店(如耐克)(加斯帕里尼,2004)。所有形式的零售店之间都存在直接竞争关系。虽然以前体育用品零售连锁店是主要的体育用品零售形式,但后来体育用品制造商对此进行了整合,体育用品也归为一般商品,为消费者提供了更多选择,体育用品业营业额也因此得以提高(市场线,2015c)。Private Sport Shop (www.privatesportshop.fr) 等一般体育用品网站和 Flysurf (www.flysurf.com) 等专业体育用品网站都在不断提高自身在零售业中的竞争力。这就解释了为什么一般超市(例如家乐福)、专业零售店(例如迪卡侬)和体育用品生产商(例如耐克)也提供网上购物平台来满足所有顾客在购物体验方面的喜好。

虽然体育用品制造商对体育用品进行了整合,但专业体育用品零售商已经开始研发并制造自己的产品。一般来说,这种做法非常成功,在专业体育用品零售商的产品供应中,内部开发的产品应比运动用品制造商提供的产品占比更高。接下来以体育用品零售商迪卡侬为例进行研究。

法国迪卡侬和国外迪卡侬

迪卡侬创立于1976年,以"将所有运动汇聚同一屋檐下"为理念,将自己定位为"能够使所有运动者享受运动的新型体育用品零售连锁店和品牌网络"(迪卡侬,2015a)。2014年迪卡侬拥有员工6.3万名,创造营业额82亿欧元。图2.2显示了2008年至2014年间其营业额的变化(迪卡侬,2015a)。

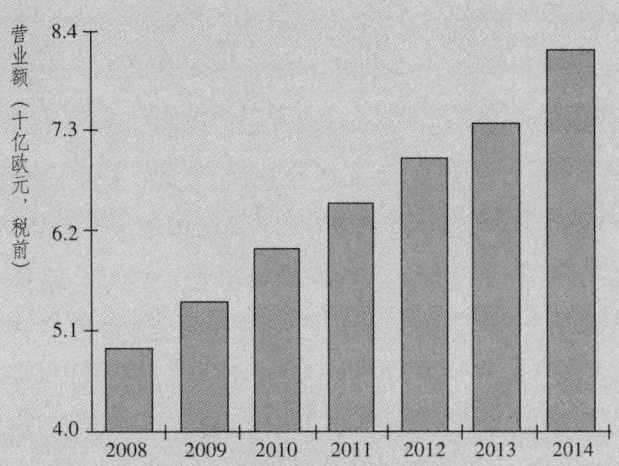

图 2.2　2008 年至 2014 年期间迪卡侬营业额发展情况

来源：迪卡侬，2015a

虽然迪卡侬超过 60% 的收入来自国外，但它大部分零售店仍在法国。迪卡侬的国际扩张不仅覆盖西班牙和意大利等在地理和文化上与法国接近的国家（见下表 2 号和 4 号），还包括中国和俄罗斯（见下表 3 号和 6 号）等遥远的市场。表 2.3 显示了迪卡侬在这些国家的商店数量（迪卡侬，2015a）。

表 2.3　迪卡侬在各国的零售店数量

序号	国家	数量
1	法国	288
2	西班牙	129
3	中国（台湾：6）	120
4	意大利	101
5	波兰	44
6	俄罗斯	25
7	葡萄牙	24

序号	国家	数量
8	德国	23
9	比利时	22
10	印度	20
11	巴西	19
12	英国	17
13	匈牙利	16
14	罗马尼亚	13
15	土耳其	10
16	捷克共和国	9
17	荷兰	5
18	保加利亚	4
19	摩洛哥	2
20	克罗地亚	1
21	斯洛伐克	1
22	瑞士	1
总计		894

来源：迪卡侬，2015a

迪卡侬的商业活动

迪卡侬的商业活动包括零售商品、创建品牌和提供服务。迪卡侬的零售业务是在全球22个国家的894家零售店销售自有品牌和其他品牌的体育用品。迪卡侬除了进行门店零售，还提供网上零售服务，其网站支持10种语言。公司自己的产品品牌（他们称之为"激情品牌"）只在迪卡侬门店和线上商店售卖。目前迪卡侬旗下有20个子品牌，每个子品牌代表一个或多个体育项目的"运动领域"（迪卡侬，2015b）。表2.4展示了迪卡侬的子品牌与它们各自代表的运动。

表 2.4 迪卡侬的"激情品牌"

迪卡侬的品牌	运动领域
DOMYOS	健身、舞蹈、体操和对抗性运动
BTWIN	自行车运动
Kipsta	团体运动
Tribord	水上运动
Nabaiji	游泳
Quechua	山地运动
Wed'ze	滑雪运动和滑板滑雪
Simond	攀爬和登山运动
Kalenji	跑步
Newfeel	竞走
Artengo	球拍运动
Inesis	高尔夫
Geologic	飞镖、剑术、滚球
Caperlan	钓鱼
Solognac	回归自然和狩猎
Fouganza	骑马
Oxelo	城市滑板运动
Aptonia	运动营养和健康
Geonaute	电子竞技
Orao	运动光学

来源：迪卡侬，2015b

迪卡侬的第三项商业活动是为零售和产品部门提供各项服务。目前，总共有9种服务，每种服务代表一个品牌。这些服务包括购买产品（例如，资金解决方案、保险）、售后服务（例如，服务和维修、个人教练）和与顾客沟通（例如，曲棍球社交网络）。表2.5列出了不同的服务品牌和不同品牌提供的服务。

表 2.5　迪卡侬的服务品牌

迪卡侬的品牌	服务
Alsolia	资金解决方案
Atelier	维护、修理、定制
Hockey Community	曲棍球社交网
Decathlon sports insurance	保险
Jiwok	视频私人教练
Skimium	雪橇租赁
Sowego	机动服务
Sporeka	赠送礼品卡
Decathlon Villages	无

来源：迪卡侬，2015b

迪卡侬的创新

自从迪卡侬开始生产自己的产品，创新对它来说就是最重要的。为了打造"激情品牌"，迪卡侬必须改变消费者对迪卡侬自主产品质量的看法，让消费者认为迪卡侬自主产品不弱于专业体育用品制造商生产的产品。它通过在体育场所附近的"运动领域"建立独立的业务机构来实现这种改变。这样，每个业务机构的员工都可以近距离接触体育，从而更好地研发新型体育用品。同时，当地的潮流引领者和长期用户能在商品研发中发挥重要作用。"激情品牌"经理及其团队的高度自主性一直是迪卡侬能够成功横跨多个运动领域的关键（卡普菲勒，2012）。

迪卡侬有两个创新目标。第一，创新应该能让使用其产品的客户更加容易地参与到运动中。第二，创新应该能够惠及广大顾客。创新主要依靠公司内部资源。对于迪卡侬来说，了解消费者的需求和激发员工的工作热情是创新的最大动力。每年不同"激情品牌"颁发的创新奖项，能够激发员工的创新热情；共享专业信息资源，也能够激励迪卡侬对其"激情品牌"进行创新。迪卡侬下设内部研发中心、工业部门和设计部门，为自主品牌的创新提供服务。

其内部研发中心成立于1990年，虽然当时只有一名研究人员，但随后研发经费开始大幅增加。该研发中心特别关注"上游创新"，即与莱卡或戈尔特斯（卡普菲勒，2012）等现有运动品牌进行竞争。如今，迪卡侬内部研发中心拥有50名研究人员和遍布全球的科学实验室、研究机构、高等院校和产业合作伙伴，每年共注册约40项专利（迪卡侬，2015c）。

工业部门创建于1996年，目前拥有500名法国员工、2100名海外员工。该部门根据不同的工业流程为"激情品牌"提供优质零部件和产品解决方案。每年3000多个样机在车间进行测试。该部门重视员工和客户在创新过程中的关键作用，通过共享资源降低成本，加快创新步伐，简化测试流程。设计部门为创新项目提供方案。成立这些小组是为了在线上线下都能了解用户需求，从中获取重要信息，从而产生灵感，提出观点，最终形成新产品（迪卡侬，2015c）。

迪卡侬的价值观和道德承诺

活力与责任是迪卡侬企业文化的重要内容。活力与公司员工的品质（如积极向上，充满活力，热情洋溢，具备创新精神等）密切相关。而责任是指在公司内部令行禁止，公司不仅对员工负责，也对客户和整个社会负责（迪卡侬，2015d）。

迪卡侬致力于通过公司的基本原则实现可持续发展，这些原则和承诺包括：履行每天的职责；预测未来趋势并采取行动；创造长远价值；改善人类和社会现状；承担多种责任；尊重环境；确保产品、零售店和服务安全可靠；实现沟通透明化。为了承担整个价值链的生产责任，2003年迪卡侬制定了一个社会章程来履行这些原则和承诺。该章程是迪卡侬与其供应商建立商业关系之前要签署的合同文件，内容包括：工作场所不使用童工；不强迫使用劳动力；保证工作环境健康安全；不允许任何歧视行为；不采取凌辱性惩戒措施；遵守并执行工作时间适用标准；尊重员工和所有合规行为（迪卡侬，2015d）。

上述内容反映的只是迪卡侬努力树立的形象。事实上，一些研究人员指出，迪卡侬的商业模式、人力资源政策，以及体育产业普遍存在倒退现象。体育公司可以利用其对年轻人和体育爱好者的吸引力，即利用顾客和员工对社区生活和体育的热爱，模仿体育俱乐部在企业内部和员工之间形成友好和谐的氛围，这样体育企业就能够用较低薪酬雇佣到工作热情高涨的员工（加斯帕里尼，2003）。这一战略能够成功的重要原因是，将工作和激情相结合起来，管理人员就能够充分利用员工的工作热情经营体育业务（加斯帕里尼，2004）。一些研究人员甚至认为，招聘体育设备零售店的销售人员或经理时，对运动的热爱程度甚至比销售能力更重要（加斯帕里尼和彼埃尔，2008，汉纳和博于翁，2008）。

迪卡侬——欧洲体育用品行业的领跑者？

迪卡侬是全球第十大体育用品经销商（卡普菲勒，2012）。该公司在法国发展了30多年，但现在已高度国际化，半数以上的业务收入来自国外。迪卡侬在国外的分支机构如同初创公司，各个区域经理可以根据当地市场自行决策。例如在中国，迪卡侬自主品牌的认知度很低，所以他们用低廉的价格来吸引中国消费者。迪卡侬在欧洲国家的认知度也不尽相同。虽然它在西班牙和意大利很受欢迎，但在德国、比利时和英国等其他欧盟国家的地位和定位都较低。迪卡侬刚开始在东欧开拓市场，所以要设计一个泛欧战略依旧任重道远。此外，Intersport 或 Go Sport 等体育用品零售连锁店对迪卡侬的扩张将采取怎样的应对措施？网上购物的进一步发展将对欧洲及其他地区的消费行为产生怎样的影响？一切都还未可知。这些情况都是迪卡侬将面临的挑战。

结语

本章介绍了目前欧洲体育用品的市场规模和贸易范围，分析了欧洲主要的生产商和需求模式。需要强调的是，因为目前的数据并不包括所有与体育有关的商品和服务，所以行业贸易和行业分部的定义还需进一步清晰化。欧洲体育产业的扩张受到大量公司层面的大众性战略驱动因素刺激，例如市场、竞争、成本、政策和全球化等；以及一些涉及该行业的具体驱动因素，例如社会、健康和经济等方面，可视为其行业特征。

体育用品行业在公司层面具体的发展驱动因素包括：创新、新型运动实践和体育大众化。我们强调了欧盟一体市场中欧洲经济、社会环境和监管环境的一些具体特点，这些特点刺激了体育用品业的扩张。欧洲的体育用品公司先通过合作、内部扩张和兼并收购等方式在国内市场立足，进而打入国际市场。现在最重要的问题就是通过多种渠道接触客户：零售店、网店，以及线上线下的结合模式，使客户能够通过多种途径了解该品牌。迪卡侬案例研究揭示了该问题，同时呈现了本章所述的许多趋势和特点。我们建议，未来应进一步分析非欧洲市场竞争对手的全球制造、物流，以及供应链战略。

第三章
移民和人才发展

塞恩·阿吉查德

引言

尽管人们仍在探讨全球化的定义，但大多数学者都认为，我们可以把全球化理解为在地理和思想上日益密切的全球联系（帕默，2013）。体育就是一个很好的例子。开展体育运动和消费体育产品是跨国家跨大陆的行为，举办国际体育赛事有助于推进全球化进程。虽然并不是所有的国家都参加，但国际体育赛事可以加强我们对国家和地区的归属感。越来越多的运动员和体育人员为追求跨国职业生涯，在国内和国际进行移民，这也是体育运动推动全球化进程、改变人们生活方式的表现之一（阿吉查德和里巴，2014）。

目前，运动员移民规模和范围都在不断扩大（马奎尔和法尔克斯，2011）。运动员移民的数量远远大于媒体报道的官方转会的著名男足运动员数量，这些球员主要招募于欧洲五大联赛：英格兰、法国、德国、意大利和西班牙。足球运动员也会转会到低级别联赛或其他国家，其他体育领域的选手也存在很多移民现象。最近，研究人员还关注了从事国际体育职业生涯的女子运动员（阿吉查德，2008；阿吉查德和泰斯勒，2014；博特略和阿吉查德，2011；埃利亚松，2009；恩格，2014）。

本章旨在引导读者关注全球化进程，特别是运动员移民带给国家和当地管理机构的新挑战和新机遇，重点关注在国家联合会和地方俱乐部中，运动员移民是如何影响国内人才发展的。案例研究将对这两个问题进行讨论：

1. 大量国外运动员移民到本国后，国家和地方人才发展面临的挑战和机遇有哪些？

2. 国家应该采取怎样的具体方法，把包括移民运动员在内的天才运动员发展为"全面人才"？

本章最后将讨论因地方和国家体育政策与全球化趋势导致的移民进程不同步，且因此所产生的道德和政治影响。

发展历史及现状

从历史上看，在许多西方国家，人们认为体育人才是当地俱乐部组织的体育活动的重要参与者，并将他们朝这个方向进行培养（霍尔特，2002）。因此，这种分散和非系统化体系的关键就在于本地人才是否有机会提升能力，进入更大的俱乐部或国家队。如今，努力争取并发展地方和国家人才在"全球奖牌争夺战"中显得愈发重要（德·巴斯奇，2008）。20世纪70年代，以澳大利亚和加拿大为首的西方国家受到东欧和亚洲国家人才发展体系的启发，制定了许多有目的的精英体育政策，以求在国际比赛中获奖（博斯盖德，2007；格林和华利安，2006）。

在斯堪的纳维亚国家，体育俱乐部不同于专业体育学校或高绩效中心，它仍旧十分重视人才发展（安德森和荣兰，2012）。由于一直坚持分散的和非系统化的人才发展模式，运动员移民现象可能会对这些国家的国内人才发展产生重大影响。因此，斯堪的纳维亚国家的人才发展在很大程度上依赖于地方俱乐部，相比之下，世界其他地区的中央管理机构在促进国家人才识别和发展方面所发挥的作用更为突出（格林和奥克利，2001）。

欧盟法律保障工人可以在成员国之间自由流动。1995年的《博斯曼法案》之后，体育领域也适用这一规则（弗里克，2009）。《博斯曼法案》标志着职业运动员可以在欧洲成员国间自由流动。但欧洲足球管理机构和欧足联等一些国际组织已经开始采取措施来限制运动员的自由流动。欧足联在 2006 到 2009 年提出的"本土规则"最能体现这一点。[1] 该规则表示，所有参加国际比赛的球队应该在 25 名球员中选出 8 名参赛运动员；其中 4 名运动员须在 15 至 21 岁期间于该俱乐部训练至少三年，他们在兄弟俱乐部要遵守同样的规则。尽管如此，欧洲超级联赛俱乐部的外籍球员数量仍不断增加。因为对外籍球员的调查结果显示，这些球员只是到国外参赛，但他们仍是其本国国家队的在编球员。[2]

斯堪的纳维亚国家坚持其文化价值观，认为精英运动员应该有机会发展成为"全面人才"（贝克鲁，2007）。因此，斯堪的纳维亚国家似乎在制定方案支持精英运动员进行双重职业发展方面处于世界前沿地位，至少在国家运动员双重职业发展方面的确如此。欧洲委员会也认为支持运动员的双重职业发展是有利的。2009 到 2011 年间，欧盟支持了一些双重职业项目，来作为体育发展筹资举措的一部分（欧盟委员会，2012）。随后，欧盟制定并颁布了《欧洲双重职业指导准则》，反映出北欧和南欧国家对这一领域关注点的不同。[3] 最近，欧盟发布了"招标要求"，调查欧盟成员是否切实执行了该指导准则。[4] 由于这一指导准则一直没有强制推行，所以影响力十分有限（欧盟，2012）。[5]

该文件明确指出其重点是国家对双重职业的管理问题，并鼓励欧盟成员国支持各自国内运动员发展双重职业（欧盟委员会，2012；欧盟，2012）。欧盟意识到欧洲运动员若想在其他成员国接受教育会遇到很多困难，所以，该文件也为运动员进入其他欧盟成员国的教育机构或参加欧洲教育项目提供了很多便利。但是，欧盟颁布的文件并未考虑非欧洲运动员。事实上，一些非欧洲运动员（例

---

1. 2015 年 6 月 7 日检索源于：http：//www.uefa.com/news/newsid=943393.htm。
2. 2015 年 11 月 5 日检索源于：http：//www.football-observatory.com/IMG/swf/da2015_v01_eng.swf。
3. 2015 年 6 月 15 日检索源于：http：//eur-lex.europa.eu/legal-content/EN/TXT/?uri=CELEX：52013XG0614（03）。
4. 2015 年 6 月 15 日检索源于：http：//ec.europa.eu/sport/calls/2014/18-eac-2014/specifications_en.pdf。
5. 感谢拉夫堡大学博士生 Mads de Wolff，与我们分享他对欧盟体育政策发展的深刻见解。

如，来自非洲国家的运动员）如果想在欧洲接受教育，往往会面临更多的问题。此外，这些运动员往往是作为国际专业运动员被招募到欧洲俱乐部的，欧盟几乎不会考虑是否需要地方和国家的体育理事机构来支持他们的双重职业发展。

因此，这个支持运动员双重职业发展的人文理想似乎只适用于欧洲人。欧盟颁布的文件可能无意忽视国际运动员，但没有一个欧盟成员国在道德和政治层面对这个问题进行过探讨。国际足球管理机构和国际足球联合会（FIFA）十分关注进行国际转会的未成年运动员的教育问题（国际足联会，2014），并发布条例规定，18岁以下球员只有符合以下三项要求才可以进行国际转会：第一，球员的父母由于与转会无关的原因而移居到转入国（例如，梅西转会到巴塞罗那）；第二，转会及移民运动员所须履行的一些最基础的义务都只能在欧盟或欧洲经济区（EEA）内进行，这些义务包括学术、学校、职业教育和培训；第三，球员居住地距离俱乐部所在国边界不得超过100公里（国际足联，2014，p.17）。双重职业发展计划不包括从事足球运动18年以上的球员。

机遇与挑战

虽然体育运动历经了全球化和移民浪潮的洗礼，但越来越多的运动员和体育人员还是给体育管理机构带来了全新的机遇和挑战。如上所述，国家对移民运动员双重职业发展缺乏政治支持，这也说明了为什么现行政策力度不足。另一关键问题是地方和国家体育政策能否与最新发展趋势保持一致，与全球化带来的不确定影响密切相关。例如，运动员移民虽然会给当地的人才发展战略带来严峻挑战，但这也不失为促进国际技术交流的一次机遇。从非欧洲国家举行的女足比赛中，我们可以看出国际管理机构面对全球移民进程采取的措施不尽相同。

国家保护主义战略是可供选择的方法之一。自2013年以来，美国女子足球联赛招聘规定不断演变，从中可以看出国家保护主义战略的发展历程。美国、加拿大和墨西哥的足球协会都支持美国联赛的招聘规定，因为这一规定可以保证他们国家队的球员中分别有24个、16个、12个人可以进入美国俱乐部。通过完善职业联赛、培养教练以及训练女足运动员，保护国家资源，使非北美国家的球员更难进入美国联赛。美国女足国家队教练汤姆·塞尔曼尼认为，在这一战略下，组建国家队并保证队员都能接受到合格的训练更加容易。[1] 不过，塞尔曼尼还提到，美国队在国外比赛时见识到许多其他的踢球风格，这也让他们意识到必须创新足球技术，为国际比赛做好充分准备。这样看来，国家保护主义战略在全球体育的环境下又似乎不是一个好的解决方案（阿吉查德，2015）。

国家体育管理机构面对全球移民采取的另一行动是实行外包战略。比如，日本足协鼓励他们最好的女足运动员到欧洲和美国的俱乐部踢球（高桥，2014）。由于欧洲和美国的足球发展比日本要好，所以日本有意采取这一战略，使其能够在2011年的女子足球世界杯中取胜。其他国家的足协也采取了同样的策略，如特立尼达和多巴哥帮助年轻女球员进入美国的大学（麦克里，2014）。

这就是外包策略，即一个组织把部分内部职能转移到国外去（库马尔和艾克霍夫，2006；李，2010）。李这样来定义欧洲足球俱乐部的人才外包战略：他们不是培养当地的人才，而是从国外引进球员（李，2010）。女子足球运动员移民就是国家管理机构将球员和球员训练相关事宜外包给其他国家。但这种策略的风险在于，一些优秀球员可能会定居国外，不再回到其国家队。不过，这也可能会促进移民进程，方便运动员和教练间的交流（艾略特和马奎尔，2008）。

综上，在处理运动员移民带来的挑战和机遇时，国家保护主义和外包战略是重要手段。欧洲（以及北美）是许多体育项目的发展中心，对欧盟来说，外包效益极其有限，欧盟的法律也并不支持国家保护主义战略。对欧洲国家体育管理机构来说，重要的是要让公众了解到运动员移民对国内人才发展构

---

1. 2013年3月在阿尔加维杯联赛上对汤姆·塞尔曼尼进行了采访。

成的严峻挑战。而真正的挑战在于要认识并抓住运动员移民给当地和国家带来的机遇。下面几个案例研究和探讨了全球化带来的未知挑战和机遇。

> **案例研究 3.1：移民时代的人才发展**
>
> 下面对欧洲，特别是斯堪的纳维亚地区案例做进一步研究。大批海外运动员的移民促进了体育行业专业化和全球化的发展，体育全球化对当地和国家人才的发展也产生了重要影响。
>
> 手球比赛主要在欧洲国家举行，而且参赛成员中没有外籍选手。斯堪的纳维亚地区的国家一直是国际手球比赛（尤其是女子手球）的主要举办国。在21世纪前10年，丹麦女子手球俱乐部的专业化程度显著提高，球员薪水也不断上涨，这极大地吸引了国内外的手球选手（斯托姆和阿吉查德，2014）。短短几年之内，国际选手的比例就从1999、2000年的15%上升到2007、2008年的40%（阿吉查德和安德森，2008）。在金融危机初期，这一比例开始有所下降，2014、2015年，丹麦女子手球联赛的国际选手人数比例下降到17%（奥尔森，2015）。
>
> 随着这种现象愈加明显，公众开始逐渐意识到国外移民选手对国家人才发展的重要影响[1]。一项研究结果也印证了这一点：国外选手在丹麦女子手球联赛中的比例大幅增加，她们的进球数量也远远超过了本国选手（约尔特、阿吉查德和荣兰，2010）。此外，该研究把进球数作为判定运动员在比赛中重要程度的指标，研究表明在参加比赛时资历尚浅的成员比有经验的成员更易受到该指标影响。即使国际运动员数量剧增，后者也可凭借自己多年来参加比赛累积的经验保持从容不迫（约尔特等，2010）。
>
> ---
>
> 1. "Dnsk kvindehandbold lider under udlændinge." Fyns Stiftstidende 01.09.2007, 2015年9月10日检索源于：http://apps.infomedia.dk:2048/Ms3E/ShowArticle.aspx?outputFormat=Full&Duid=e0bb2727。

体育移民对地方和国家人才发展带来何种挑战似乎也取决于精英运动队的社会学习条件和结构。研究表明，在首发阵容中，丹麦女子手球俱乐部的移民球员比国内球员晋级更快（阿吉查德和荣兰，2015）。移民球员增强了精英运动队的竞争力，使本国人才参加比赛的机会大大减少，但不可否认的是，他们也帮助年轻运动员提升了球技，积累了经验。因此，移民运动员并非像公众认为的那样是影响丹麦女子手球人才发展的主要因素。反之，当地人才发展所面临的机遇和挑战涉及方方面面，经验丰富的专业选手、地方俱乐部和国家体育管理机构对国内人才的治理方式都应该被考虑在内（阿吉查德和荣兰，2015）。

最近，由于经济衰退，许多国际球员都离开了丹麦女子手球队。这使得国内年轻运动员获得更多的比赛机会，承担更多的团队责任。不过，经验丰富的国外选手人数的减少也削弱了团队的战斗力。这也使得国内选手从她们身上学习的机会大大减少，从而导致可以参加国际顶级赛事的队伍也越来越少。

对此，公众舆论也发生了变化。[1]国家体育管理机构和联赛俱乐部教练代表宣称，国际明星球员离开丹麦女子手球队将会影响地方和国家的人才发展状况。不仅如此，丹麦一些顶级国家队的球员也开始加入国外俱乐部。这表明，有必要对球员在国家队的去留及其所带来的影响进行深层探讨。跨国移民研究表明移民不是一个简单的线性过程，而是一个循环过程，在这个过程中，不管是国内球员还是移民球员都可以从中交流技术并获得国际经验（阿吉查德，2015；艾略特和威登，2011）。

1.2015 年 2 月 24 日检索源于：http://play.tv2.dk/programmer/sport/haandbold/supermatchen/studie-21-februar-1650-95468/。

案例研究 3.2：全球化时代的双重职业支持

丹麦女子手球队的运动员大多来自欧洲其他国家，下面这个案例则聚焦于非欧洲运动员。欧洲和美国是多个体育项目的中心，吸引了许多来自南半球国家的运动员。以下案例说明地方和国家体育管理机构在支持国内外运动员双重职业发展方面能力有限。

这些年来国家联赛逐渐走向全球化、专业化以及商业化（克亚尔和阿吉查德，2013），斯堪的纳维亚女子足球就是一个特殊的例子。丹麦、挪威和瑞典都拥有完善的女子足球联赛（赫杰姆和欧弗森，2003；希尔，2008；特朗姆和布鲁斯，2003），20世纪90年代初以来，国际球员也被这些联赛招致麾下（博特略和阿吉查德，2011）。瑞典女子足球俱乐部特意招募国外运动员，瑞典顶级联赛中最大的一个移民球队就是由非洲女子足球运动员组成的（恩格，2014）。

由于斯堪的纳维亚女足职业化建设刚刚起步且资金匮乏，国际球员是其仅有的全职专业球员，而国内的大部分球员都更希望向双重职业发展。丹麦、挪威和瑞典球员在顶级联赛踢球时，也可以得到一份兼职工作，可以获得资金支持以供他们学习深造。但斯堪的纳维亚女子足球俱乐部通常地处郊区，相关工作和进修机构也比较少。现在俱乐部已经开始招募国际球员了，这些人在移民前都是本国的职业球员，所以他们往往是俱乐部中最好的球员。俱乐部里的斯堪的纳维亚运动员可以进修顶尖高校课程，而国际球员则只负责踢球。斯堪的纳维亚体育系统原本是想通过发展双重职业，培养出更多精英运动员，而这一案例却与其人文理想相悖而驰。

南非和尼日利亚女子足球运动员移民加入斯堪的纳维亚联赛，许多媒体对此进行研究之后，纷纷开始关注非洲女子足球运动员职业生涯规划的变化情况（阿吉查德和博特略，2014）。他们五年来多次访问一些重要的知情人士。其中一位移民运动员凯蒂就斯堪的纳维亚体育俱乐部将体育和教育相结合的现状，发表了自己的见解。

凯蒂年轻时来到斯堪的纳维亚。俱乐部支持她学习语言，并完成了相当于语言学校九年级的课程。之后，凯蒂继续参与职业培训，但培训内容并不适合精英运动员。在她参加完国际比赛，俱乐部让她再次接受三个月的职业培训，但她拒绝了，因为她觉得这与她回国后的工作毫无关系。而且，她也没有办法接受高等青年教育。

"这些事情在我回国后不会对我有任何帮助，这完全是在浪费我的时间。我无法进入体育馆……我真的很想继续学习但却做不到，这让我非常苦恼，所以有时候我觉得我应该要离开这里了。接下来我想去美国，我也许可以拿到奖学金，继续我的学业，教育太重要了，我真的想接受教育。最近我感觉自己已经没有脑子了（笑），是时候活动一下我的大脑了。"（凯蒂）

上面的这段话说明非欧洲运动员在欧洲国家想要接受教育极其困难，作为职业运动员，他们在斯堪的纳维亚体育俱乐部的日常生活单调又孤独。但是，他们的同行——那些欧洲运动员，却可以在训练的同时接受教育。因此，凯蒂梦想去美国上大学，在那里她可以兼顾体育和学习。

当然，有些运动员只热衷运动，但有些运动员追求双重职业发展。尽管如此，斯堪的纳维亚精英体育政策以文化价值和政治理想为依托，使全社会都参与到各种培训和活动中来。上面的例子说明，虽然斯堪的纳维亚体育俱乐部试图支持国际球员参与语言训练，但仍然不能改变非欧洲运动员难以进入欧洲教育体系这一事实。国家体育政策往往是为了支持运动员参加高级青年教育课程而不是职业培训。同样，这也是丹麦少数民族运动员所面临的挑战（格雷格森和奥斯特加德，2009）。

如前言所述，斯堪的纳维亚国家仍然很重视运动员的全面发展，这一做法甚至在欧盟内也得到了支持。然而，上述案例指出，斯堪的纳维亚国家体育政策主要的惠及对象是本民族以及有高等教育背景的运动员。如此看来，国内和国际的双重职业政策主要是支持欧洲青年精英接受高等教育。

移民对运动员来说大有益处，例如，增加收入、扩大社交圈、进行技术交流，最重要的是可以全心全意投入训练，但实际上，运动员也并非完全心甘情愿想要移民（博特略和阿吉查德，2011；罗德里克，2006）。体育运动员的职业生涯往往十分短暂，伤病、俱乐部体制变化等因素随时都有可能改变一个运动员的职业选择。非欧洲运动员退役后必须要满足所在国家对外来人员的停留时间要求，或者通过相关考试等，才能获得居住权和社会服务权。

因此，对国际运动员来说，成为一名职业运动员更具挑战。其难处在于他们不仅要在当地找到居住的地方，还要找到一份工作来养活自己，而这份工作通常与体育无关。因为语言水平有限，对当地体育环境了解较少，非欧洲运动员往往无法做教练这类与体育相关的工作。只有极少数的成功运动员能赚够他一生所需的财富。从人文主义的视角来看，全面发展对整个人类社会都意义重大，对非欧洲运动员的双重职业发展也应该进一步完善。

结语

本章重点讨论了全球化对地方和国家内人才发展方式的影响。在国外人才大量涌入的情况下，要特别重视国内人才的学习条件，提高国家和欧洲体育管理机构促进运动员双重职业发展的能力。

体育移民的历史记载和近期政策发展显示，各个国家对移民到欧洲的运动员的监管力度依然薄弱。有关欧洲国家想通过政治理想及特权地位来支持运动员双重职业发展的讨论不断减少。此外，北美和日本的国家联合会对此采取国家保护主义和外包策略的态度，这足以说明招聘国外运动员所带来的挑战和机遇尚不明确。

本章的研究案例都出自斯堪的纳维亚体育俱乐部，该俱乐部的人才发展遵循相对分散及非系统化的模式。即使地方体育俱乐部已经不断规范人才发展模式，但他们的做法依旧是培养本地人才，同时招募国外选手。因此，运动员移民形式全球化到底是如何影响地方和国家的体育管理机构的，这一问题极具研究意义。

第一个案例研究了丹麦女子手球队，它在21世纪短短的前10年间接纳了众多移民球员，该案例指出移民与人才发展之间的关系尚不清晰。一方面，定量研究表明，移民运动员不仅在数量上有所增加，而且在全国联赛中的重要性也不断提高。年轻的人才（此处指年轻的国家队球员）在比赛中常年不受重视，而移民运动员却恰恰相反。另一方面，定性研究表明，国内人才遇到国际优秀运动员后可以互相交流球技。由此可见对地方和国家体育组织来说，重要的是要将运动员移民中可能产生的消极影响转化为积极影响。

第二个案例研究了非欧洲运动员加入斯堪的纳维亚体育俱乐部的情况。本案例引用一位非洲女足运动员的叙述，强调了非欧洲运动员在接受教育方面所面临的种种挑战。而且该案例也说明了寻找一种既适合精英运动员又适合非欧洲运动员的教育计划及职业培训计划相当困难。因此，案例研究表明，虽然斯堪的纳维亚俱乐部招募的国际球员越来越多，观众对他们的喜爱程度也与日俱增，但与当地运动员相比，他们并未受到平等对待。所以非欧洲运动员无法做到全面发展。越来越多的南半球运动员来到欧洲，在这里度过他们的职业生涯，所以无论从政治层面还是道德层面，欧洲体育政策都有必要进一步完善。

值得注意的是，官方管理机构似乎并没有充分意识到体育全球化的影响。在诸如体育赛事方面的政治形势中，即使相关管理机构并未做出任何反应，全球化也会激起公众的政治抗议。阿尔琼·阿佩德瑞认为全球化不仅仅是人口的流动，还包括金融、创意、技术以及媒体的碰撞（阿佩德瑞，1996）。对非欧洲运动员移民现象带来的挑战及机遇，人们可以通过通信设备和社交媒体来互相讨论，交换意见。如果无法接受"运动员产品"，消费者可以对此提出不满（哈维、霍恩和萨法伊，2009）。但首先，我们需要系统地研究运动员双重职业发展及退役后问题，以此充分了解跨国运动员的职业规划。

第四章
精英运动员的商业化

约翰尼斯·奥尔洛夫斯基
曼纽尔·赫特
帕梅拉·威克

引言：发展历史及现状

体育在其诞生之初就已具备商业价值。早在公元前590年，在奥运会上获胜的希腊运动员就可以得到经济回报（哈里斯，1964）。在中世纪的比赛中，参赛者可获得贵重奖品。19世纪，英格兰出现第一批职业板球运动员（曼德拉，1972）。到20世纪和21世纪，运动员的商业化和商品化以前所未有的速度向前发展。如今，体育成为一项重要的商业活动，奥运会和世界杯足球赛这样的赛事证明了体育与经济之间的关系已经密不可分。

经济社会学将商业化定义为"以一种前所未有的方式构建社会热潮"的过程（斯莱特和通金斯，2001，p.24）或者也可以概述为以获利为目的的"货币化交换"（威廉姆斯，2005，p.14），而这种说法以前是不存在的。本章"商品化"一词可与"商业化"互换使用，所以在后文中，为避免混淆只使用"商业化"一词。在体育行业中，欧洲足球协会联盟（欧足联）及夏季奥运会等机构的经济发展最能体现商业化。此外，体育商业化进程致使运动员不再只是纯粹的运动员，而成为无处不在的广告代言人。

来自欧洲各地的16支球队参加了1955—1956赛季举办的第一届欧洲杯。从第一天起，激烈的比赛就引起了公众的巨大兴趣，并成为欧洲最佳足球队的一个平台，而这一平台只有每个国家最好的球队才有权进入。但是当初赛事的财务收益并不高，仅有门票收入这一项来源。例如，在欧洲杯的第一个赛季，苏格兰希伯尼安球队通过打入半决赛获得了2.5万英镑（约合3.4万欧元）的门票收入（金，2003）。

当时球员的收入都不高。例如，在德国，薪金规定相当严格：直到1963年，球员的月收入都不得超过400马克（约合205欧元，相当于2015年的820欧元），除了踢球外，球员还必须要有一份固定工作（德尔·施皮格尔，1963）。德国历史上最伟大的球员之一格尔德·穆勒（Gerd Müller）1964年开始为拜仁慕尼黑队效力，并在他的第一个赛季打进了33个球（《南德意志报》，2010）。1963年，球员的最高月薪为1200马克（约合614欧元，相当于2015年的2455欧元），但只有极少数球员能达到这一目标。当时德国明星球员乌韦·席勒（Uwe Seeler）是汉堡队工资最高的球员，每月收入2500马克（约合1278欧元，相当于2015年的5110欧元）（《明镜周刊》，1963）。1972年，由于球员工资上限的取消，球员的收入才随之增加（《世界报》，2008）。

电视逐渐成为足球消费主要的媒介，广播技术日新月异，致使俱乐部和球员的收入呈指数增长，这些变化也给欧洲足球的财务状况带来了巨大转变。俱乐部的金融需求改变了足球消费的经济结构，使得新媒体环境对20世纪90年代足球转型产生了重大影响。欧洲杯是保持了近40年的传统，如今也开始重新思考赛事中商业方面的问题。因此，1992年，欧洲杯变成了欧洲冠军联赛，比赛环节包括组合赛（循环赛）和淘汰赛，参赛队伍的数量也大大增加。而这一转型的原因在于俱乐部和广播公司希望通过增加比赛场次获取更多收入。

另外，通过欧洲杯这一赛事，欧足联的收入与日俱增，并把这一欧洲大陆间的竞赛发展成为一个全球性的品牌。因此，欧洲杯改名为"欧洲冠军联赛"，并推出了独家赞助及广告套餐的销售形式。此外，"欧洲冠军联赛"还使用了图标、主场颜色和主题曲等元素，以突出这场比赛的独特性。赛制重组给欧洲大型俱乐部带来了巨大的财务收益。1992—1993赛季首次引入"冠军联赛"时，各个球队共享了1500万英镑（约合2000万欧元）的奖金。随着竞争不断加剧，奖金也在逐渐增加。2000年，皇家马德里球队夺冠时，赢得了约1800万英镑（约合2500万欧元）的奖金。而整个比赛在这一年里产生了2.4亿英镑（约合3.26亿欧元）的收益（金，2003）。14年之后，皇家马德里再次赢得"欧洲冠军联赛"冠军，这一次它获得了约5740万欧元奖金。在2013—2014赛季，32支参赛球队共进账9.046亿欧元（欧足联，2014）。体育竞赛收入的变化改变了职业球员的生活：现在顶级球员的薪水和代言收入可以媲美美国主要运动的体育明星的收入了，这些主要运动有棒球、篮球及美式足球等（弗里克，2007）。

奥林匹克运动会等其他体育赛事也有相似之处。自1896年举办第一届现代奥运会以来，媒体报道增多、科技不断进步、商业利润增加等多方面的发展都已削弱了古典奥运的理念（斯托克维斯，2000）。电视广播商业化始于1960年罗马夏季奥运会，当时电视版权首次得以出售：北美广播电台哥伦比亚广播公司（CBS）花费39.4万美元（约合36万欧元）在意大利直播比赛战况（比林斯，2007）。

随着广播收入稳步增长，1984年，电视转播权和赞助商成为奥运会最重要的两大金融支柱。1995年，全国广播公司（NBC）以12.5亿美元（约合11.4亿欧元）签下了2000年夏季奥运会和2002年冬季奥运会的第一笔交易。最近，NBC环球公司与国际奥委会（IOC）签订的合同更加引人注目，NBC同意支付77.5亿美元（约合70.7亿欧元）买下2022年到2032年的6届奥运会的独家转播权（桑德拉，2014）。在2009年至2012年间，奥运营销收入超过80亿美元（约合73亿欧元）。其中转播权占总收入的约47%，其次是赞助45%，票务只占5%，授权占3%（奥林匹克运动，2014）。这些数字让我们了解到当今大型体育赛事的财务状况，很难不赞同以下这种说法："今天，奥林匹克运动是一种可以在全球消费市场上买卖的商品。"（洛奇，2000，p.16）

奥运会商业化不可避免地影响了运动员的职业规划。体育逐渐向娱乐业靠拢，致使尤塞恩·博尔特（Usain Bolt）、迈克尔·菲尔普斯（Michael Phelps）等运动员受到大众关注，成为体育明星。利用体育英雄和榜样的成就，来推广奥运品牌，是一种切实可行的方式（拉赫曼和洛克伍德，2011）。

运动员代言著名品牌，并从赞助商或品牌代言合同那里赚取巨额财富。麦克拉肯（1989，p.310）将名人代言定义为"利用名人的知名度提高某种新产品在受众中的认知"。20世纪90年代中期，迈克尔·乔丹（Michael Jordan）风靡全球，体育明星代言开始蓬勃发展（凯尔纳，1996）。近几年在美国播出的广告中，名人代言品牌的产品约占14%到19%，在国外市场上这一数字甚至更高（克雷斯维尔，2008）。在体育领域，耐克公司2013年为运动员代言投入大约9.09亿美元（约8.33亿欧元）资金（阿布鲁泽塞，2013）。

就商业化而言，最杰出的欧洲运动员可能是大卫·贝克汉姆（David Beckham）。他从一个运动员发展到成功拥有自己的运动品牌。除了在欧洲和美国踢球外，贝克汉姆还利用他的知名度来推销自己的品牌。贝克汉姆以一种独特的方式展示了一名运动员是如何超越运动，横跨娱乐和时尚领域（文森特、希尔和李，2009）。

机遇与挑战

体育商业化极大地影响了许多职业运动员的生活。大众关注度增加，体育资金增加，给运动员创造了更多挣钱机会。总体上来看，商业化确实给体育运动及运动员的生活带来许多积极影响，但是体育商业化进程也面临诸多挑战。下文将就运动员商业化从三个方面展开探讨：一是运动员所承受的身心煎熬；二是兴奋剂问题；三是比赛造假问题。

关于运动员承受的身心煎熬，康纳将精英运动员比作"提线木偶"（2009）。但是，他认为情况也并非总是如此，体育已经从一项娱乐活动变成了一个赚钱业务。如今商业化改变了我们对待体育的方式，我们必须从商品经济的视角来看待体育运动。总的来说，体育行业收入差距悬殊，有些运动员及俱乐部非常富有，有些却相当穷困。在欧洲顶级足球联赛或美国四大联赛中踢球的运动员大多数都收入颇丰，但还有一些运动员，虽然他们是奥运会中的精英运动员，但却不能依靠自己的运动收入谋生。德国的一项研究显示，非职业运动员平均月收入为1919欧元（威克、布罗伊尔和冯·哈瑙，2012）。尽管体育行业商业化程度不断提高，但并不是所有的运动员都能从体育商业化中获益。

比赛成功所带来的回报是运动员的内在动力。只有少数运动员能在比赛中获胜并赢得资金奖励，但他们也很难保持长胜状态。俱乐部训练一批有潜力的运动员，利用少数成功者赚取的财富养活更多雇员（运动员）。不只是精英运动员会遭到剥削，大多数没有获得顶级奖项的运动员也会受到影响（康纳，2009）。例如，贝克汉姆是一个厨工的儿子，16岁就辍学了，许多运动员都像他一样来自工薪阶级，没受过多少教育，但最终也不是所有人都能如愿加入皇家马德里俱乐部。正如上文所述，即使他们可以获取巨额奖金，也不见得能维持自己的财富。例如，调查发现，有75%的美国国家橄榄球联盟退休人员在退休两年内失业并破产（皮尔斯，2006）。

康纳建议应在解释运动员的剥削问题时考虑到更广泛的社会力量（2009）。据他介绍，有时候运动员不愿意参加比赛，但却不得不遵循运动宗旨，例如，受伤时坚持比赛、为球队奉献一切、以球队或国家为荣等等。精英运动员受到来自球迷、媒体和教练的外部压力，而教练自身也备受压力。康纳认为，"运动员已经成为一种商业投资，俱乐部负责人、教练和管理者试图尽可能地利用这些投资。"因此，他们会通过体育商业化的业务方式对精英运动员进行剥削，只重结果不看过程，只有胜利者才能获取奖金。

其中，剥削运动员的一个特殊例子就是"贩卖"年轻球员，这也是体育商业化的直接后果。20世纪90年代初，欧洲许多国家出现了"贩卖"体育运动员问题，尤以职业足球运动员为最（阿诺特，2006）。欧洲顶级俱乐部相互竞争，为各自的青年学院从各个国家招募未成年人才。而足球行业面临的最大问题就是年轻球员往往最终被国外的经纪人和俱乐部所抛弃。一些年轻的非洲球员在追求自己明星梦的道路上极易为他人所利用，这些问题也都日益突出。据估计，每年大约有1.5万名年轻非洲球员被诱拐到国外（霍姆伍德，2013）。教练与欧洲、阿拉伯的中间商一边对最好的球员讨价还价，一边同年轻人签约，其中最小的只有七岁。代理商往往通过签订严格的预购合同从小孩家人那里带走孩子,然后把这些未成年人卖给欧洲俱乐部,并希冀从中获取巨额利润。这些中间商使用所谓的欧洲俱乐部发行的虚假名片,用 3000 到 1 万欧元不等签下这些小孩,并向球员和他们的家人承诺他们一定会在国外获取丰厚报酬。但是,这些未成年球员没有合法工作许可证,这是违法的,而且他们在工作中也会遭到剥削(霍姆伍德,2013)。所以,目前的足球监管机构是否有足够的能力来处理这些问题,还需要进一步商榷。

其次,体育商业化与兴奋剂之间的关系也是一个经常讨论的问题(布德罗和康察克,1991;霍伯曼,2007)。总的来说,体育文化已经经历了科学和医学的洗礼。因此,运动员逐渐开始寻求最新先进科学技术的支持,来帮助他们取得竞争优势。运动员确信,以科学为基础的训练,如临床医学、生理学、生物力学和心理学等,才是成为世界顶级运动员的关键因素(图尔特和史密斯,2008)。

越来越多的商业利益增加了运动员的比赛压力,他们想要在短暂且有风险的职业生涯中维持自己的赞助代言,并获取尽可能多的财富。如今,媒体、体育与商业三者之间的关系达到了前所未有的紧密程度,这不仅有其内在原因,还有经济因素的影响——奖金和赞助收入都已经涨到天价了。

这就导致了商业体育文化的形成,它鼓吹使用一切方法获取竞争优势,即使这种方法是不道德的、违反规定的,甚至违法的,也在所不惜。在这种情况下,运动员开始使用增强体能药物来增加自己获胜的可能性,或者更简单地只求能够完成比赛,例如最近一些兴奋剂测试显示,在公路自行车比赛中,排名靠后的选手服用兴奋剂让自己得以骑完全程。

这些测试也特别调查了经济奖励对运动员服用兴奋剂的影响。研究表明,在所调查的体育项目中,奖金的实际金额与兴奋剂服用情况成正比(弗伦格和皮奇,2012)。运动员想赚得奖金,同时害怕失去生计,是他们违规使用兴奋剂药物的一个原因(布罗伊尔和霍尔曼,2013)。然而,金融因素和外部压力只是其中的两个因素,名气和声誉也是让他们铤而走险的一个重要原因(马格福德和唐纳利,1999)。

如上所述，体育商业化促使运动员冒险使用兴奋剂。这一方面会在体育、社会和健康等方面产生问题，另一方面也会导致赞助、电视转播权及就业方面的不良经济后果。赞助公司通常会尽量避免与使用兴奋剂的运动员和体育赛事接触。20世纪90年代，自行车比赛出现了几起兴奋剂丑闻，结果几个广播公司和赞助商都终止了与相关运动员、俱乐部甚至整个赛事的合作。例如，2008年，德国第二电视台（ZDF）和德国广播电视联合会（ARD）退出了环法自行车赛的报道，他们认为环法自行车赛在药物测试中没有合格，这降低了该赛事的体育价值。同样，2012年，荷兰拉博银行取消了对自行车赛事的赞助（威尔逊，2013）。

第三，体育的商业化可能导致腐败和比赛造假问题。比赛造假定义如下：

操纵运动成绩，包括对比赛过程、结果或特定事件（如匹配对手、挑选人种等）进行违反规则的改变，并消除与比赛结果相关的全部或部分不确定因素，以使自己或他人获利。（KEA欧洲事务，2012，p.9）

当然，商业化并不是导致体育腐败的唯一因素。人类历史上第一次有文字记载的体育腐败事件可追溯到公元前388年奥运会，当时希腊塞萨利拳击手厄尤波鲁斯（Eupolos）贿赂他的竞争对手以确保他赢得最终胜利。比赛造假动机源于获得直接或间接的经济利益。一方面，以博彩为动机的比赛造假，主要目的是通过博彩活动从赛事中间接获得经济收益。不断增加的金融资源（包括体育博彩）似乎让体育赛事成了滋养腐败和其他非法行为的温床（KEA欧洲事务，2012）。另一方面，以体育为动机的比赛造假，主要目的是通过取得比赛胜利直接从中受益。但很显然，这种类型的比赛造假只能产生后续经济效益。

近年来，比赛造假事件层出不穷。不仅板球、足球和网球这样的常规运动经常会爆出假球问题（KEA欧洲事务，2012），斯诺克、篮球、相扑、橄榄球这类运动也受到造假事件的影响（卡彭特，2012）。通常情况下，像网球这类单人体育项目最易受到操控，因为只用贿赂一名运动员即可（佛里斯特、马哈勒和麦考利，2008）。

仔细研究 2009 年欧洲足坛最大的一场比赛造假丑闻，就可以看出假球问题在国际和经济层面造成的影响：欧洲共有 323 场可疑比赛被调查，有 347 名裁判员、俱乐部官员、球员和犯罪分子被怀疑涉嫌比赛造假，外界向裁判、运动员、教练和体育联合会官员贿赂金额达到约 200 万欧元，以影响赛事结果。

案例研究 4.1：拳击大战

尽管职业体育丑闻一再出现，但一些公司仍然聘请运动员做他们的品牌代言人。当运动员被视为投资项目并计算投资回报时，他们就转化成了商品。一些调查研究了名人代言对股票收益和商品销量的影响，但结果却并不一致：有些调查证实明星代言增加了股票收益和商品销量，并提供了切实有效的证据（阿格拉沃尔和镰仓，1995；埃尔贝斯和凡尔伦，2012；法雷尔等，2000），而有些调查却并未发现任何证据（丁、莫尔查诺夫和斯托克，2011；费瑟、麦克尼和斯梅比，2008）。

为什么有些运动员对公司极具吸引力，并且能够通过代言合同赚钱？为挑选合适的代言人，许多公司及广告代理商都制定了自己的选择标准。这些选择标准可以帮助他们评估代言交易并找到合适的名人来推销产品。评估名人代言通常依据 FREDD 原则（F-Familiarity 熟悉度，R-Relevance 相关性，E-Esteem 尊重感，D-Differentiation 独特性，D-Decorum 礼仪），该原则由杨和罗比凯（Young & Rubicam）广告公司开发，并由米塞克（Miciak）和尚克林（Shanklin）进一步完善（1994）。FREDD 原则规定了评估名人代言质量的五个标准。表 4.1 是这五个标准的概述。

表 4.1 用于评估品牌代言人的 FREDD 模型

特点	具体描述
熟悉度	代言人应为大众所熟知，并不被目标受众排斥。
相关性	在目标受众看来，代言人应"适合"该产品。

尊重感	代言人应得到目标受众的重视。这种重视通常源于代言人的成就、胜利及其英雄品质。
独特性	代言人应与其他品牌代言人有所不同,以吸引目标市场眼球。
礼仪	代言人的以往行为应表明他/她能持续为该产品代言。

来源:斯维尔德洛和斯维尔德洛,2003:20

首先,公司聘请体育明星做他们的品牌代言人是为了提高大众对其产品的认知度。因此,所选的名人不仅要受到观众认可,为大众喜爱,还必须为人友善。不一定要让大众都熟悉代言人,但至少让产品的目标受众对他们有所了解。其次,运动员在代言一项品牌、产品或服务时,在该方面应有良好的信誉或形象。因此,运动员通常做运动相关产品或服务的品牌代言人。同样,代言人和目标客户对产品的共同需求可以证明其与该产品或服务的相关性。第三,在目标受众看来,代言人应颇具信誉。据米塞克和尚克林的模型来看,运动员的运动成就是他们受到尊重的决定性因素(1994)。第四,运动员代言人应与普通运动员有显著区别。理想状态是,该运动员最好可以从其他品牌运动代言人中脱颖而出。最后,被选中的运动员在过去的职业生涯和个人生活中必须表现出无懈可击的礼仪。品牌代言人的不良行为可能会给公司的品牌形象和利润带来威胁(路易、库里克和雅各布森,2001)。

以下案例将说明商业化给现代运动员生活带来的影响。就体育持续不断的商业化趋势,下文考察了两位杰出的体育人物——弗拉基米尔·克里钦科(Wladimir Klitschko)和维塔利·克里钦科(Vitali Klitschko)的职业生涯。此外,用FREDD原则来评估克里钦科兄弟适合做品牌代言人的原因。克里钦科兄弟不仅是他们那一代最成功的拳手,也是非常聪明的商人。他们的职业生涯起起落落,但媒体和公众对他们的评价却始终如一。

克里钦科兄弟出生在乌克兰，但在德国度过了他们几乎整个职业拳击生涯。他们成为同时代最成功的重量级拳击手。多年来，两兄弟一起获得了多个世界重量级的拳击桂冠。已退役的维塔利以87.23%的获胜率在世界重量级拳击史上排名第二，他的兄弟弗拉基米尔是有史以来卫冕冠军时间第二长的运动员。他们的专业记录也令人印象深刻：113场比赛获得108胜（克里钦科，2015）。

然而，他们不仅在体育事业上成就显著，也是极其成功的商人。他们两人都获得了基辅大学的体育科学博士学位，并精通四种语言。2007年，克里钦科兄弟共同创建了克里钦科管理集团有限公司（KMG）。KMG主要经营克里钦科自主品牌，并负责两兄弟的所有营销活动。它还组织了克里钦科兄弟的世界冠军战，这意味着这些赛事产生的收入直接被克里钦科兄弟收入囊中，从而避免了中间商和发起人从中赚取回扣（KMG，2015）。一场冠军争夺战能产生约1000万欧元的收益（普施，2012）。比赛往往在座无虚席的足球场上进行，像娱乐节目一样在舞台上演。在德国盖尔森基兴球场（足球德甲俱乐部沙尔克04的主场），弗拉基米尔·克里钦科与乌兹别克拳手鲁斯兰·查加耶夫（Ruslan Chagaev）创造了一项纪录——有6.1万名现场观众观看了这场赛事，150多个国家同时在线直播。

作为顾问，克里钦科兄弟及其管理团队也会用专业知识为职业运动员、创业者以及娱乐业和文化业的从业人员出谋划策。他们致力于建立一所克里钦科学院，用自己的成功策略帮助更多的人。弟弟维塔利已经被瑞士圣加仑大学录取。2015年，哥哥弗拉基米尔提出了他的第一个健身项目："克里钦科健身计划"，他打算借此机会打入德国健身市场（KMG，2015）。

克里钦科兄弟二人就如同国际大牌一般具有市场吸引力，这与他们在体育界的知名度息息相关。克里钦科兄弟是公司和媒体实现商业目的的最佳人选，他们身材高大，相貌俊朗，头脑聪明，性格亲和。他们是许多公司的代言人，例如，德国电信（电讯）、梅赛德斯（汽车制造商）和沃斯乐（啤酒厂）等。自2008年以来，他们一直为McFit健身连锁中心代言。

除了一些著名的品牌代言，他们也参加其他商业活动。例如，2012年他们参与制作音乐剧《洛奇——来自内心的斗争》；在关于自己生活的纪录片中担任主角；各种运动装备都以他们的名字命名。他们是联合国教科文组织大使，也是克里钦科兄弟基金会的创始人。兄弟二人还设立了慈善基金会，专门帮助贫困的孩子（克里钦科，2015）。他们经常参加德国的电视节目，并拥有强大的粉丝团，这个强大的粉丝团对他们的体育事业和其他行为都兴趣浓厚。他们在脸书有160多万的粉丝，推特有19万，Google+ 有200多万（状态：2015年3月）。

2014年，弗拉基米尔在福布斯榜"世界高收入运动员"排名第25位。福布斯榜显示，他2014年参赛收入2400万美元（约合2200万欧元），代言合同400万美元（约370万欧元）（福布斯，2014）。2013年，维塔利·克里钦科退役。之后他投身政治领域，并于2014年当选基辅市市长（克里钦科，2015）。克里钦科兄弟的例子说明了现今运动员是如何摆脱单一体育职业生涯，并从其他行业活动中获益的。接下来将通过FREDD框架，对作为品牌代言人的克里钦科进行评估，进一步分析他们的职业生涯：

熟悉度高。克里钦科兄弟十分受欢迎，而且辨识度高，不仅富有男子气概，而且英俊潇洒。起初，他们的粉丝只有球迷，但是，随着他们的知名度不断提高，成绩越来越好，有更多机会参与非体育活动和电视节目，正因为如此，他们的粉丝越来越多（霍特林，2003）。随着喜欢他们的人越来越多，克里钦科兄弟除了为体育相关产品代言之外，还为甜食、啤酒等代言。

相关性强。除其较高的熟悉度之外，克里钦科兄弟之所以能够做代言人，还得益于他们的形象与所代言的各种体育产品和公司十分契合。例如，克里钦科兄弟代言了McFit健身连锁中心，是因为他们身体健康，成绩优异，而且每天都去健身房健身。此外，克里钦科和目标受众志趣相投，因为经常看体育比赛的人更有可能对体育活动感兴趣。虽然克里钦科兄弟代言的许多品牌（如啤酒或糖果）与他们自身并没有多少关联性。但以他们的知名度，与FREDD其他标准相比，缺乏关联性就显得无关紧要、不值一提了。

受人尊敬。克里钦科兄弟二人运动天赋惊人，生活方式健康，很多人都十分尊敬他们。加之他们十分聪慧（二人均掌握四种语言，获得了博士学位），使他们成为德国最受欢迎的运动员代言人之一。他们之所以能成为成功的运动员代言人，很大程度归功于人们对他们的尊敬之情。他们聪慧机智，功成名就，这不仅提升了他们在体育粉丝中的声望，也使他们在普通群众中受到欢迎。

与众不同。公司使用明星代言人的主要原因之一，是希望自家广告在诸多广告中脱颖而出。显然，克里钦科兄弟在体育明星中出类拔萃，完全符合这一标准。他们将体力与智力完美结合，所以在行为粗鲁违规频出的体育界享有盛名。此外，他们的健壮体魄令人印象深刻，两人作为亲兄弟的事实更让他们与众不同。

正派得体。多年来，克里钦科兄弟一直是成功典范，代表良好的生活方式。他们在公开场合从未做出任何损害个人名誉或企业品牌价值的行为。他们一直是体坛佼佼者，这一地位给予他们良好的生活环境，以此减少了生理或心理受到剥削的风险。所以截至目前，兄弟二人从未与上文三种潜在商业化负面新闻（即广告推销、使用兴奋剂或比赛造假）有任何牵扯。他们从未被爆出过贿赂和打假拳的丑闻。二人都公开反对运动中使用兴奋剂，所以兴奋剂的话题也从不会和他们扯上半点关系。

然而，在1996年亚特兰大奥运会之前，维塔利·克里钦科的类固醇检测呈阳性，因此他参加奥运会的资格被取消掉了（诺伊迈尔，2014）。因为克里钦科兄弟毫不在意赛外兴奋剂测试，所以外界对其怨声不断（埃德尔，2014）。显然，兴奋剂违规事件不仅毁了他们的体育事业，其作为代言人和商人的诚信问题也开始受到质疑。同时，贿赂和比赛造假自然也会有类似的负面影响。明星代言人的不当行为对企业十分不利。企业形象和产品形象可能因此而声誉受损。

与其他职业运动员不同的是，克里钦科兄弟似乎早就为退役做好了准备。退出体坛后，维塔利专注于他的政治生涯，而且相当成功，弗拉基米尔则致力于商业，参与多种商业活动。此外，两人还是KMG的股东。如果只专注于体育事业，他们几乎是不可能取得这些成就的。因为当初的明智选择，他们跨出体育行业，打造了个人品牌，也成了商人。因此，克里钦科兄弟的强大吸引力并未因他们的退役而受影响。二人的亲身经历向人们展示了一个成功案例：运动员通过体育职业不仅可以实现生活的商业化，而且还可以在体育以外的活动中收入颇丰。当然，克里钦科兄弟只是一个特例，因为他们有许多独一无二的特征，这是其他体育运动员无法效仿的。

结语

本章重点介绍了体育商业化进程及其对精英运动员的影响。克里钦科兄弟的特例表明，商业化为运动员提供了从其他行业获得收入的机会。我们用FREDD原则证明了克里钦科兄弟有资格成为运动员代言人，且有资格成立个人品牌，以此来简要分析他们作为商人和几家著名公司代言人的成功之处。显然，兄弟二人符合大多数标准，因此，他们是商业公司明星代言人的最佳人选。

虽然体育商业化对运动员来说有积极影响，例如，克里钦科兄弟从中受益，但是我们不能忽视其带来的潜在威胁，例如，剥削运动员、使用兴奋剂和比赛造假等。不断发展的商业化和巨额收入吸引了许多合法业务。使用兴奋剂、比赛造假（腐败）和剥削运动员等非法行为也逐渐成为商业化进程的一部分。对运动员来说，知名度越高收益越高，因此即使需要徇私枉法，甚至违反法律，他们也愿意冒险一试。

第五章
跑步的商业运作模式

科恩·布鲁德维尔德

杰伦·谢德尔

引言：发展历史及现状

对业余爱好者的关注一直是 20 世纪运动体系的重要组成部分（博滕伯格，2001；布罗伊尔等，2015；霍尔曼和彼得里，2013；谢尔顿和威廉等，2015）。志愿者管理的非营利俱乐部负责开展体育活动，而俱乐部是在联合会的保护下组织起来的，而联合会反过来又由志愿者委员会管理。世界上最大的体育组织也采用这种模式，例如，国际奥委会（参见案例研究 5.1）。

因此，联合会、俱乐部等非营利组织是当今承办大众体育活动的主力。大众体育的资金大多来自国家政府和当地市政府。政府资助俱乐部，修建游泳池和足球场等体育设施，将体育加入教学体系，鼓励人们参加体育活动，建立了所谓的"大众体育"框架。这个模式几乎适用于所有的欧洲国家，但不可否认的是，在某些国家，大众体育联合会和俱乐部并未发挥其应有作用，尤其是在南欧和东欧。在这些国家，公共机构或私营企业才是体育运动的主要支持者。

毋庸赘言，欧洲非营利体育发展模式有很多值得学习的地方。简单回顾现代体育发展历程，我们发现金钱在体育运动中无处不在（格拉顿和泰勒，2000；史密斯和韦斯特比克，2004。另见案例研究 5.1）。无论是足球、网球还是骑行，商业利益都是决定大型赛事发展的重要因素。国际足联、欧足联和温网等非营利组织依旧在承办其领域的重要比赛。不过，即使在这些非营利性比赛中，商业利益也占有一席之地。

商业利益兴起不只影响精英运动，大众体育也不再是自愿参与那么简单了。如今，体育联合会和体育俱乐部依靠专业人员来管理组织和开展活动。在俱乐部体系之外或通过与俱乐部合作，商业组织提供了许多参与体育运动的机会。由私营公司经营的运动场所越来越多，例如，游泳馆、高尔夫俱乐部、健身中心、攀岩馆和保龄球馆。他们的主要目的就是营利（格拉顿和泰勒，2000；史密斯和韦斯特比克，2004）。商业运营的体育项目数量不断增长，他们似乎更能引起大众对体育时尚的共鸣。在过去的几十年中，篮球、游泳和体操等传统体育运动还在努力寻找新人，但健身和高尔夫这样商业运作的体育项目已经有了长足的发展。像阿迪达斯、亚瑟士和耐克这样的大型体育生产商，通过出售服装、鞋和运动用品（网球拍和心率监测器等），达到数十亿欧元的营业额。这些企业通过营销使人们相信运动的益处和使用他们产品的优势。

机遇与挑战

商业组织和商业利益变得愈发重要。当政府投资大众体育时，才会发现他们的资金和努力在多国赞助商和体育生产商的营销预算中是多么微不足道。体育俱乐部定期举行会员大会，讨论未来会遇到的困难；他们在大街上以超低折扣和新颖概念（例如跳尊巴、举办训练营）来吸引大众眼球——这对运动体系来说意味着什么？大众体育很大程度上依赖于志愿组织、非营利组织和"民间社会环境"[1]，那么这些变化又将如何影响我们的大众健身政策和体育的社会意义？

为了回答这些问题，本章将重点介绍一项源于传统体育体系，最近却逐渐脱离该体系的运动：跑步。几十年来，跑步已由少数精英运动员参加的奥运项目转变为最普遍的大众体育运动项目之一，吸引了大批跑步爱好者和慢跑者。

---

1. 在2010年英国保守党竞选之后，经常被称为"大社会"。

跑步之所以这样转变，并不是因为俱乐部、联合会或当地市政府采取了任何措施。促使跑步运动发生巨大转变的力量似乎源自商业代理商——跑步运动的组织者、运动用品生产商和提供运动程序及数字平台的社交媒体公司。我们能从这些发展中学到什么？更重要的是，它们对社会和体育的未来有什么影响？

以下内容来自两位作者以前的研究项目和 MEASURE 网在 2013 年、2014 年开展的一个项目，[1] 最终写成《泛欧洲跑步运动》一书（谢德尔和布鲁德维尔德，2015）。

案例分析：跑步

跑步的兴起

虽然 1984 年洛杉矶奥运会之前，不允许女性运动员参加马拉松，但是这项运动一直是奥运会的重要比赛项目之一。"马拉松"这个名字可以追溯到公元前 490 年，据说希腊士兵费迪皮迪兹（Pheidippides）从马拉松跑到雅典去报告希腊军队战胜波斯军队的消息。几十年来，马拉松，或广义上的长跑，在种类繁多的田径项目中非常受欢迎。然而，除了在竞技比赛中，跑步似乎并没有引起公众的浓厚兴趣：1953 年，荷兰统计局进行了一项关于体育参与的调查，足球、游泳、排球和网球被评为人们更有可能参加的运动，而不是跑步、高尔夫或健身（布鲁德维尔德，2014）。

20 世纪 60 年代，政府开始把大众体育作为福利和健康政策的一部分（博滕伯格等，2006、2010；谢德尔和布鲁德维尔德，2015）。在第一次"跑步浪潮"中，这项运动脱离精英运动，成为一项大众休闲运动。各国政府与联合会、健康促进组织合作，举办大众跑步活动（见案例研究 5.2）。体育运动成了一种社

1.2010 年组建了一个关于体育参与的研究人员小型网络 MEASURE。作为更广泛的欧洲体育社会学协会 EASS 网络（http://www.eass-sportsociology.eu/）的一部分，MEASURE（欧洲体育参与和体育文化研究会议）由体育社会学家和体育统计学家组成，他们分享了体育参与的发展、不同社会群体体育参与的差异以及体育参与的研究方法。

会权利、公益活动和严肃的娱乐方式,值得人们付出时间和精力(可以用来与癌症、糖尿病和肥胖症等疾病做斗争)(斯特宾斯,2007)。

20世纪80年代经济萧条时期,公众对大众体育的兴趣有所减弱,对长跑的热爱也不及从前。到了20世纪90年代,特别是在新世纪之初,跑步再次加速发展,现在通常被称为"第二次跑步浪潮"。20多年来,每年全世界的马拉松赛事大约举办3900场,参赛者人数达到160万人次(见图5.1和案例研究5.2)。毋庸置疑,马拉松赛跑代表着长跑的巅峰。许多跑步者为跑完全程感到自豪。马拉松有许多新形式,比如半程马拉松、10公里马拉松和5公里马拉松,或者迷你马拉松(通常是2.5公里)。跑步很快有了新的市场,例如忙碌的商人、30岁以上的单身男女和年轻的母亲都渴望恢复健康。跑步很适合这个充满个性化的社会,在工作场所以及繁忙的人际关系中,健康和身材都很重要。继而,一种全新的休闲经济分支应运而生:跑步活动的组织者、运动鞋和运动衫的生产商、网站的出版商和以跑步为主要内容的杂志等。我们经常可以看到成千上万人参与的大众跑步景象。

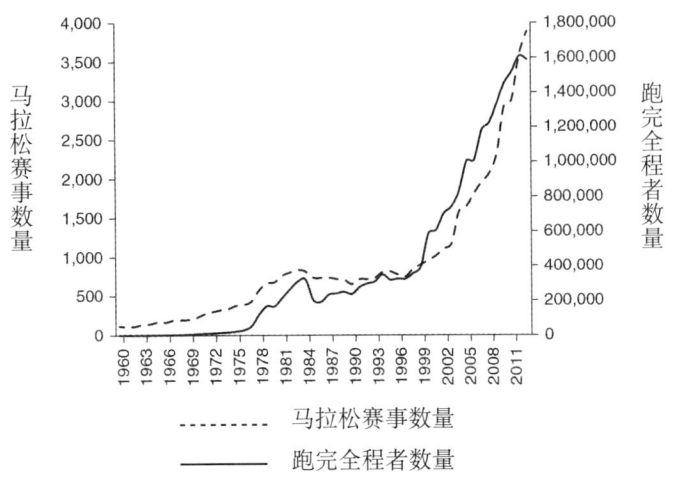

图5.1　1960-2011年全世界马拉松赛事数量和跑完全程的参赛者数量的演变

来源:谢德尔、布鲁德维尔德和博格,2015:9

近年来,体育行业逐渐专业化。营销公司正通过"彩色跑"、"泥泞跑"和"女士跑"等新型比赛形式来开拓市场。在所谓的"第三次跑步浪潮"中,跑步已经成为"热销产品"(见案例研究5.2)。人们正在重新定义跑步运动,探索其新的比赛形式,使跑步向"体验经济"靠拢(派因和吉尔摩,1999)。接管小型跑步比赛的营销公司负责多个项目的多场比赛。比赛组织者在比赛中引入了戏剧元素(音乐、灯光)。社交媒体允许公司收集跑步市场相关数据,然后将这些数据出售给制鞋商。在这个新的跑步时代,一些跑步者还是非常关心自己的成绩的。然而,对于其他一些人来说,取得最佳成绩并不是他们的主要目标。他们认为重要的是体验过程,通过跑步改善健康状况,提升外在形象(布鲁德维尔德,2015)。

总而言之,跑步在过去的几十年中已经发展成为一项很多人都喜欢的运动。在丹麦和德国这样的国家,跑步者的比例已经超过了其人口总数的20%(见图5.2)。平均而言,欧盟15岁以上的跑步者占其总人口的15%,也就是5000

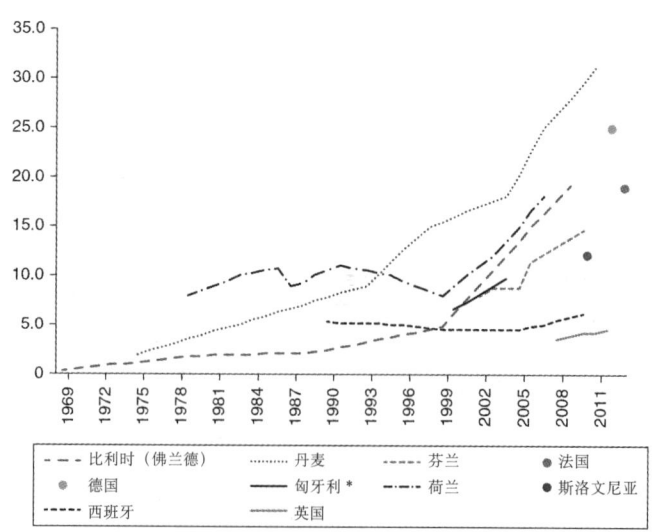

图5.2 十个欧盟国家参与跑步比赛的人口比例

*匈牙利:15—29岁
来源:谢德尔和布鲁德维尔德,2015

万人（布鲁德维尔德等，2015），几乎与总健身人数相当。[1] 目前跑步这项运动在比利时（佛兰德）和丹麦排名第一，德国排名第二，匈牙利排名第三，荷兰和英国排名第四，西班牙排名第五，芬兰排名第八。新加入的跑步者多数是女性。现在在一些国家 [如比利时（佛兰德）、丹麦、德国和匈牙利]，跑步在女性中比在男性中更普遍。

跑步兴起的原因

为什么跑步变得如此受欢迎？接下来我们就要解释这些"跑步浪潮"演变成"跑步海啸"的原因。

首先，当今社会生活节奏快，也重视健康，人们看起来状态不错（没有过度肥胖）（皮尔高，2012）。一般来说，这对参加某项体育赛事或从事某种形式的体育活动是非常有帮助的（欧盟委员会，2014）。对保持健康而言，跑步是一种用时短效率高的运动方式，非常适合紧凑的日程安排。另外，跑步不像其他比赛项目（比如足球）一样强调竞争和胜负（这是体育"令人头疼"的方面）。现在许多运动员参加体育赛事主要是从工作角度考虑，而不是目标角度（对这项运动的热爱）。

其次是跑步的社会组织。通常，绝大多数跑步者不是体育俱乐部的成员（图5.3）。他们都是自己锻炼，或者和朋友、同事一起锻炼。他们往往被称为"轻跑步团体"（博滕伯格等，2010），他们这种背景与体育俱乐部的"贪婪"背景不同（需要履行职责并完成训练日程）。

---

1. 详情请见 http://www.europeactive.eu/blog/europeactive-and-deloitte-publish-new-official-european-health-fitness-market-report。

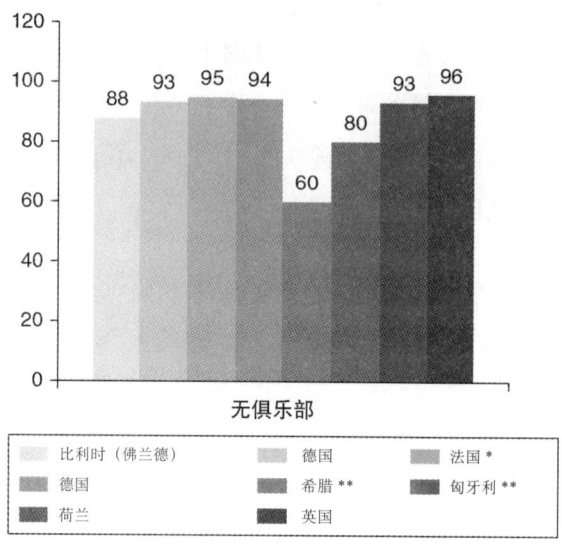

图5.3 八个欧盟国家官方跑步俱乐部的非会员（跑步者百分比）

* 一个俱乐部参加培训课程人数所占百分比
** 跑步赛事参与者百分比；所有其他数据均来自人口调查的结果
来源：谢德尔和布鲁德维尔德，2015

显然，体育俱乐部对跑步发展贡献有限，获利也有限。[1]过去几年，在比利时（佛兰德）和荷兰等国家，体育俱乐部成员的数量十分稳定（博格斯等，2015；霍弗等，2015）。与此同时，跑步者的数量大大增加，跑步赛事组织者的数量相继增加（见案例研究5.2）。

跑步赛事之所以对跑步发展如此重要，原因有三个：

1.跑步赛事使跑步者可以为自己设定目标，并朝着目标前进。制定目标是促使自己坚持运动最有力的方法之一（巴特德拉·法耶·特科姆等，2012）。参加跑步活动有助于跑步者保持良好的身体状态。跑步中没有其他动机，例如，

---

[1].和体操一样，人们并没有从有氧运动和健身的普及中受益，但有氧运动和健身与体操在许多方面都是大同小异的。

练习瞄准或捕捉等某种技巧，所以跑步更需要良好的身体状态。由于大多数人自己跑步，不参与任何训练组织，所以缺乏融入社会的经验，树立一个目标有利于激励他们融入社会。

2. 跑步赛事可以让跑步者分享他们的激情。他们与其他跑步者一起参赛，或与其他跑步者相识相知。跑步赛事以其"节日气氛"，让参与者一起享受其中，感受到成为更大的跑步群体中一员的兴奋。

3. 跑步者通过参加跑步赛事表现出自己对跑步的热爱。跑步活动在公共场所开展，如市中心或（足球）场馆。这给予了参赛者一个参加"受关注"的赛事的机会，让家人、朋友和当地社团都能看到，感受到他们对跑步者的尊重，可以加深他们对跑步的心理认同感。

大众对跑步的兴趣日益浓厚，大型跑步赛事和长距离跑步赛事便从中受益（博格斯等，2015：38；彼得里迪斯，2015：147）。通常，这些大型赛事由商业或半商业机构进行专业运作（见案例研究5.2）。他们十分擅长（在市政当局的帮助下）组织大型赛事，应对大量人流，积累组织经验，吸引赞助者和参与者（人们称之为"销售活动"）。他们每年都会组织一些大型体育赛事，通常涉及多种运动，这使得他们能够积累经验，并投资新的工具和技术（例如：体育注册、时间跟踪、自动拍照和电影报道等）。他们拥有金融资源、创意资源和先进理念，并将这些都投入到营销和创造新概念中。

事实上，商业界对赛跑和慢跑的浓厚兴趣并不令人惊讶。虽然一件T恤、一条短裤和一双跑鞋不值一提，但如今，欧洲跑步者每年在这方面的支出约为96亿欧元（布鲁德维尔德等，2015）。在这些支出中，大约40%用于鞋子，30%用于服装，30%用于杂项开支（如活动入场、体育文学、营养和医疗等方面的费用）。在荷兰，跑步者花费约3.6亿欧元用于购置运动鞋和运动服，占运动鞋、运动服市场总额的40%（布鲁德维尔德，2015）。显然，如今的基层运动早已不局限于市政当局建造的足球场，或志愿者经营的体育俱乐部。相反，如今的基层运动早已与商业挂钩。赛事组织者、体育用品制造商、零售商和社交媒体企业共同塑造了跑步市场。在跑步市场之外，我们可以看到健身、滑雪和高尔夫市场也有了类似的发展，并且据称在欧洲，健身市场价值已达268亿欧元（欧洲活跃和德勤，2014）。

跑步俱乐部的角色

跑步行业，特别是跑步赛事，对推动跑步运动的发展起着重要作用。这是否意味着俱乐部和联合会没有在跑步市场的兴起中发挥作用？虽然体育俱乐部和联合会错过了跑步市场兴起的重要机遇（博滕伯格等，2010），但认为体育俱乐部和联合会对于跑步并不重要的观点是错误的。在许多国家，俱乐部是如今许多跑步赛事的起源（例如芬兰）。尽管大型赛事的起源或多或少与商业有关，但在一些国家（如丹麦和德国），俱乐部和联合会[1]在组织赛事方面仍然起着至关重要的作用。

通常情况下，任何一个国家每年都要组织数百到数千场跑步赛事。尽管体育俱乐部难以组织大型体育赛事，但大型赛事毕竟寥寥无几，所以除此之外，大部分赛事仍然由俱乐部组织。俱乐部拥有自己的志愿者，这些志愿者创造了许多社会资本，俱乐部就是通过利用这些社会资本来组织体育赛事的。此外，虽然成年人更倾向于独自跑步，但年轻人更习惯于参加俱乐部内部的跑步活动。有天赋的年轻运动员也借助俱乐部的力量得以进步，最终成为在世锦赛和奥运会比赛的精英运动员，并通过媒体为大众所知。因此，体育俱乐部在建设和维护跑步群体方面仍然起着关键的作用。这一点不仅体现在休闲跑步和青年运动方面，也体现在顶尖精英运动员的表现上。

体育事业中的营销力量

如果商业机构对体育部门（不仅体现在精英体育方面，也体现在基层体育方面）的影响力日益增强，那么我们该如何看待这些商业力量的壮大呢？从福利政策的角度来看，参加体育运动是一项社会权利，因此人们倾向于批判性地

---

1. 有时候，俱乐部也在"传统的"体育联合会之外发展，两者并驾齐驱，携手并进。例如希腊的"健康跑步俱乐部"、丹麦（DGI 毗邻"DIF"）和匈牙利的"健身跑步俱乐部"。

看待商业机构对体育部门日益扩大的影响力。商业利益是否可以与福利理念及政府支出相适应？营销的理念是否与公民社会和志愿组织的价值观相矛盾？

从跑步者的社会经济状况来看，人们往往对商业机构在跑步行业中日益扩大的影响力表示不满（格拉顿和泰勒，2000）。经济地位越高的群体，在跑步和健身方面，占的比例就越高，两者情况几乎达到相当的程度（谢德尔和布鲁德维尔德，2015）。商业部门追求利益，因此他们关注的是最有可能获利的市场。体育公司感兴趣的是跑步和健身市场，这并不为怪，因为这两项运动的参与者资金富裕，而且进入这两个市场所需的投资较少。相比之下，体育公司对足球、体操或排球市场兴趣寥寥。商业机构倾向于提高价格，因为他们的目标顾客是能够支付这一价格的人群，而不是失业者或那些靠福利支票生活的人。公司的目标就是赚钱，而不是让社会可持续发展，或为边缘群体提供服务。

话虽如此，我们仍要谨记，正是因为商业机构的运作，跑步和健身等运动才有了如此巨大的发展。凭借营销经验、技术和盈利动力，它们做到了地方政府和俱乐部没能做到的事，即进入新的市场和吸引目标群体（史密斯和韦斯特比克，2004）。如果公司的本质是为了获利，那么俱乐部的本质就是要为其成员服务。体育俱乐部对其会员服务周到，而非会员的人群对他们而言几乎无关紧要（布鲁莱特等，2015）。一个体育俱乐部可能正在寻找新的成员，但它总是会判断引入新成员的价值，并思考引入这个新成员会对现有成员带来什么利益。如果会员人数过少，俱乐部就需要引入新会员来筹集预算或提高俱乐部的水平，那么俱乐部可能会积极寻找新的会员。然而在其他情况下，例如俱乐部已达到最大运营能力或者担心新会员有可能带来让人不悦的生活习惯，那么俱乐部会限制甚至是阻挠新会员的加入。

此外，相较于商业机构，俱乐部在迎合新市场和目标群体方面的经验和专业知识更为有限。对商业机构而言，自由市场激励了企业家的创新，努力为新的体育消费群体开发新类型的运动。在这样一个休闲娱乐供应充足但人们时间却极为有限的时代，任何一项服务都必须不断自我革新，并且始终把消费者放在首位。商业组织对于这一点深有体会，但传统体育部门却在很大程度上忽视了这一点。商业组织习惯于吸引更多的顾客,这一做法往往会吸引许多之前不活跃的运动者或对运动不感兴趣的人来参与运动。因此,过去几十年,商业组织在扩大体育参与方面发挥了重要作用。不可否认的是,由于健身这样的运动具有低黏性的特征,新人很容易感到无聊或失望,甚至在数周或数月后就放弃,这并不稀奇(巴特德拉·法耶,2012)。吸引和留住那些对体育并不十分感兴趣的人,远比使少数有内在动力的运动员坚持下来要难得多。商业组织做到了这一点,因此这是它值得称道的地方。

体育事业的社会意义

此处还存在第二个问题,即在跑步过程中人们之间可以建立社会联系。体育俱乐部非常重视为会员提供交流的机会,并让他们与素未谋面的人建立联系。在体育俱乐部,一个人会遇到主席、裁判、竞争对手等不同类型的人。这些新的关系会给一个人带来许多社会资本,让他们从这些关系中得到帮助或支持(格兰诺维特,1973)。此外,俱乐部的民主结构为其成员提供了一个绝佳的机会,使他们可以参与到为自己喜爱的运动做决策的过程中。志愿服务使人们积极参与到社会活动中,并发挥自己的才能(布鲁尔等,2015)。

田径俱乐部和其他任何体育俱乐部一样也有这些功能。因此,对于任何一个田径俱乐部的成员而言,都要抓住并利用好这些优势。然而正如我们所见,大多数跑步者并不加入俱乐部。但是他们与俱乐部的关系也并不总是那么"微弱",有时这种联系也很紧密。大多数跑步者喜欢独自跑步、与朋友或亲戚一起跑步,或者以小组的形式跑步。偶尔,他们也会参加跑步赛事。

大多数跑步者不加入俱乐部,但并不意味着他们因此就无法与他人建立社会联系。正如彼得里迪斯所言,"跑步者独自奔跑并不意味着他们感到孤单"(2015)。许多跑步者与其他跑步者建立了联系,仅仅是因为他们共同参加了一项赛事,或在街上奔跑时相遇,或在社交媒体上分享过有关跑步的信息。跑步者甚至可以在阅读跑步杂志或广告时建立社会联系。媒体信息有助于跑步者提醒自己,他们所面临的挑战、所经历的痛苦和所付出的努力,使他们感觉自己是一个大的跑步圈甚至全球跑步圈的一分子。当然这些联系是非常薄弱的。这些联系可能会使别人微笑着认可你，或开启一段友谊，但还是无法与同辈俱乐部成员所能提供的社会支持相提并论。

跑步者经常和朋友、同事、家人或比较亲近的亲戚一起跑步。在这些情况下，跑步有助于重新巩固现有联系（和/或创造新的联系）。对跑步的共同兴趣有助于他们互相分享经验，将回忆带回生活，并成为彼此交谈的话题。从这个意义上说，跑步对强化"亲密关系"的作用更大，对"搭桥联络"新关系的作用则相对较小。[1] 由于参加跑步比赛的参赛者一般对赛事的内部事务没有发言权，也无法在赛事组织中发挥作用，所以跑步者如果不参加俱乐部而是独自跑步的话，就会错过俱乐部所提供的行使民主权利以及接受教育的机会。然而，很显然，大多数跑步者不加入俱乐部，就可以看出这些价值观并不是如今跑步者所追求的（胡恩坎普，2009）。大多数跑步者最重视的是保持健康；成为自己时间的主人；在"截止日期"和"预约"满天飞的日子中寻找安心；或只是与亲朋好友相聚。对于更广泛的社会来说，这种态度可能是有问题的。但对于个人跑步者来说，这与他们对日常健康和外表的关注、价值观相一致。

> **案例研究5.1： 业余活动及其对体育的商业影响**
>
> 　　1896年，第一届奥运会开幕，那时它只允许业余男子运动员参赛（1990年开始允许业余女子运动员参赛）。业余运动的地位最能体现国际奥委会为体育去努力和争取的价值观，而这些价值观在奥运宪章中至今仍有所体现（见 http://www.olympic.org/olympic-charter/documents-reports-studies-publications）。直到今天，国际奥委会的官员仍然只能报销自己的花费（这当然也是相当可观的），而不领薪水。许多国内和国际体育联合会也和奥委会一样，它们是国内外体育运动的理事机构和发言人，并且垄断了这些

---

1. "亲密关系"（Bonding）一般指人们与熟人之间的联系；"搭桥联络"（bridging）指人们与陌生人之间建立的联系（帕特南，2000）。

体育竞赛。因此，例如国际足联、欧足联、国际网球联合会（ITF）和欧网等许多其他同行机构都是非营利组织，由志愿者组成的董事会对其进行管理。

志愿服务和业余运动的背景相当复杂，与平均主义、保证体育的纯粹性等非常高尚的观念有很深的关联，同时也与一些个人利益相关，比如贵族试图将强壮且训练有素的农民和产业工人排除在体育竞赛之外（博滕伯格，2001）。

如今，商业影响在整个体育界随处可见。曼联、切尔西等大多数职业足球俱乐部都是私人公司或投资者所有。国际奥委会与可口可乐、麦当劳这样的赞助商都签有大合同。为确保更高的收视率，通过电视转播获得更多的收入，体育比赛正在发生改变（比赛时间缩短，决赛深夜播放等）。在2009至2012年期间，国际奥委会从广告营销和广播活动中获得80.46亿美元的收入（1993至1996年为26.3亿美元，见2015年国际奥委会收入汇报）。

体育运动的商业化并不令人意外。为了让最好的运动员参加比赛，国际奥委会在20世纪80年代起不再坚持业余运动的理念。自1984年洛杉矶奥运会以来，国际奥委会开始允许职业运动员参加奥运会。在足球领域，业余运动理念则早已被放弃。但在一些国家，直到20世纪50年代，职业足球运动才获得人们的认可。

如果我们要说体育起源于志愿服务和业余运动，那么这一定是被误导的想法。商业影响一直与体育运动密切相关。例如，世界主要的自行车赛——始于1903年的环法自行车赛，就是运动杂志《机动—自行车报》（L'Auto-Velo）所属公司的倡议。今天，环法自行车赛由法国公司阿马里体育（ASO）组织。ASO是阿马里集团的一部分，该集团拥有《费加罗报》和《巴黎人》。除了组织环法自行车赛之外，ASO还组织了巴黎达喀尔汽车拉力赛，在法国和比利时举办单日自行车赛，在西班牙举办三周自行车赛等。同样，国际汽车联合会（FIA）一级方程式赛车比赛由一级方程式集团举办，这一集团主要由私募股权基金（CVC Capital Partners）和伯尼·埃克莱斯通领导的JP摩根（投资银行公司）控股（https://en.wikipedia.org/wiki/Formula_One_Group）。

案例研究5.2：跑步赛事的三波浪潮

跑步的第一波浪潮起源于20世纪60年代后期欧洲的"全民运动政策"（切尔德和布莱德沃德，2015）。跑步运动易于组织，不需要多少专业经验或昂贵的设备，很快就成了全民健身政策的核心。在荷兰，刺激跑步运动的宣传活动从1968年开始进行。在德国，类似的宣传活动于1970年开始。在匈牙利，"为了你的健康而运动"的宣传活动于1972年开始。几年之后，穿着短裤在街上奔跑的跑步者成了欧洲城市一道熟悉的风景。随后，马拉松赛事也分别在柏林（1974）、阿姆斯特丹（1974）、巴黎（1975）、马德里（1976）、斯德哥尔摩（1978）、华沙（1979）、巴塞罗那（1979）、都柏林（1980）、法兰克福（1981）、赫尔辛基（1981）、伦敦（1981）、鹿特丹（1981）、布达佩斯（1984）、雷克雅未克（1984）、维也纳（1984）、里斯本（1986）等城市举办。

在过去的10至15年间，第二波跑步浪潮进一步推动了跑步赛事的增加。道路竞赛统计协会（ARRS）的记录显示2013年全球举办了大约3900次马拉松比赛，而21世纪初只有不到1000次（见图5.1）。在比利时（佛兰德），据估计，跑步赛事的数量从1985年的100余场增加到现在的600多场（博格斯等，2015）。在丹麦，跑步赛事数量从2008年的约500场增加到2013年的约900场，但每场赛事的参与人数都变少了（福斯伯格，2015）。在德国，赛事数量从1977年的646场猛增到1999

年的3551场（霍尔曼等，2015）。在希腊，赛事数量从2006年的63场增长到2012年的2014场（彼得里迪斯，2015）。在匈牙利，赛事数量从2000年的50场增加到2012年的240场（佩伦伊，2015）。在斯洛文尼亚，赛事数量从2007年的328场增加到2012年的665场（托皮克和劳特，2015）。在芬兰，赛事数量从20世纪70年代的200场增加到2012年的约600场（韦赫马斯和拉赫蒂，2015）。

20世纪70年代，跑步赛事主要由市政府和田径俱乐部组织，但在21世纪的跑步赛事通常由商业机构组织，如Golazo（http：//www.golazo.com/）、彩色跑（https：//thecolorrun.com/about/）等；或者是由在营利或非营利边缘运营的基金会组织，如荷兰勒冠军组织（http：//www.lechampion.nl/）。今天的许多赛事都是以赞助商的名字命名的，比如比利时的阿金塔（阿金塔是保险公司）跑步比赛（http：//www.sport.be/runningtour/?v=15102014）。像Run2Day或Running World这样的零售商可以赞助这些活动，与主办单位合作，并在比赛日进行打折活动。体育用品生产商可能会根据某一个赛事，专门开发一款产品（如新百伦与NN鹿特丹马拉松鞋）。他们也会自行举办一些赛事，比如耐克的女子赛、N＋TC巡回赛和赢在今夜比赛（WOTN，http：//www.run2day.nl/nike-we-own-the-night），或者开办自己的跑步俱乐部（http：//www.nike.com/nl/nl_nl/c/cities/amsterdam）。Endomondo、Runkeeper、Strava或Start-to-Run等社交媒体平台可以为对跑步有兴趣的人提供如下服务：联系其他跑步者、虚拟比赛、提供（个性化）培训建议和指导等（见http：//www.start-to-run.be/）。

结语

在20世纪，大多数休闲运动主要在田径赛场上进行。如今你会看到数百万人在公路上、城市中奔跑。跑步的成功得益于20世纪60年代、90年代和21世纪前10年的文化、健身和体验革命。这引发了三次跑步浪潮。第一次跑步浪潮的特点是20世纪60年代的"全民运动政策"使街道替代了跑道，成为人们跑步的首选场所；在20世纪90年代，"健身革命"成为第二次跑步浪潮中的主力，各个年龄段的男士和女士都加入了进来；第三次浪潮才刚刚起步，重点关注跑步的体验和感官价值，这样的价值取向催生了彩色跑、荧光跑、热波电跑、泥泞跑、路障跑、城市路跑等趣味冒险跑步的兴起。

如今，大众跑步已经发展成为一个巨大的经济市场。在欧洲，这一市场价值达到96亿欧元。尽管跑步者的大部分支出都花在了运动服和运动鞋上，但越来越多的跑步者也花钱购买"新"服务（例如：跑步赛事注册费、订阅跑步杂志、跑步锻炼测试等）、"新"产品和"新"配件（例如：心率监测器、GPS跑步手表、跑步类应用程序等）。业余跑步者对跑步经济立下了汗马功劳，因此跑步运动的推广和商业化才会携手并进。

总的来说，这个市场的发展基本与体育联合会和俱乐部无关（欧洲委员会，2014；格拉顿和泰勒，2000；谢德尔莱特等，2011）。现在大多数跑步者不是体育俱乐部的成员。过去几十年，参与跑步的人数急剧增长，而体育俱乐部的成员人数增长依旧缓慢。跑步赛事、社交媒体公司和跑步产业共同促成了跑步运动的兴起。这些商业力量受益于跑步运动的同时，也推动了它的发展。其结果就是，起源于跑步的社会资本发生了变化。今天，跑步主要是与小圈子的亲属保持联系，与跑步群体保持松散接触，而不是加入志愿体育组织的社会民主体系中。

政府部门和非营利组织在支持和推动跑步成为一项休闲运动方面也发挥了重要作用。地方政府通过提供跑道等体育设施来投资跑步运动。越来越多的城市发现了体育赛事的经济和社会价值，并将其纳入政府营销策略之中。此后，他们便承办跑步赛事活动，或成为赛事组织企业的合作伙伴。

  对于传统的体育部门及俱乐部、联合会来说，密切关注这些发展情况以避免错过跑步运动的繁荣期是十分重要的（博滕伯格等，2010）。鉴于跑步对社会交往和身体健康都有益处，在未来几年，不同的社会群体——不仅是运动员，还有跑步者、老年人、中产阶级和外国人等，都会加入联合会和俱乐部之中。田径联合会和俱乐部仍然被视为他们的行业发言人：无论在国家还是地方层面上，他们都是政府最佳的合作伙伴。他们为有天赋的年轻人提供了必要的基础设施，助其发展成为运动员，并为有锻炼兴趣的人提供了社交环境和针对性指导。

  俱乐部和联合会都需要意识到，越来越多的强者正向跑步行业进军。相比于体育俱乐部和联合会，另外一些参与方可能更会迎合跑步人群的需要。俱乐部和联合会需要敞开胸怀，与这些参与方合作，而不是相互对抗（史密斯和韦斯特比克，2004）。他们还需要考虑新的（潜在的）体育运动群体的当代需求，并对不同群体提供不同的服务。他们尤其需要认识到，与目前已成为跑步行业重要部分的强大商业力量相比，哪个角色最适合自己。

第二部分

体育营销与媒体

第六章
赞助的商业性增长

索斯滕·杜姆
乌尔里克·瓦格纳

引言

赞助是体育和商业结合的最好例证。近年来,赞助专业化程度加深,资金投入激增,这种营销手段已经成为促销和传播组合中的一个合法要素,而且这种组合已经被视为一种正常商业开销(埃米斯和康韦尔,2005;康韦尔,2014)。赞助可以是任何形式的授权协议,赞助商通过为被赞助方提供资金来达到各种目的。康韦尔给出以下定义:赞助营销是为了在举办方与赞助商之间建立联系,从而策划并实施营销活动(康韦尔,1995:36)。

赞助已经发展成一个价值十亿欧元的业务,并因此成为传统广告的最大竞争对手。近年来,赞助开销在赞助公司传播预算中所占份额大幅增加,其中体育和足球是最重要的赞助领域。赞助的投资持续增加,而其他传播方式的投资基本处于停滞状态。赞助公司的平均支出几乎占其传播预算的20%。

在巴西举行的2014年世界杯足球赛上,国际足联收入达40亿美元,其中赞助收入13.5亿美元,这表明赞助是赛事的重要资金来源(福布斯,2014)。国际足联的合作伙伴如阿迪达斯、阿联酋航空、索尼、维萨、现代和可口可乐等官方赞助商都希望赞助世界杯,因为全球大部分地区都非常关注这个知名的体育赛事。从全球来看,2015年赞助支出预计增长4.1%,达到575亿美元。欧洲公司的赞助支出预计在2015年将增长3.3%,达到153亿美元。

赞助协议涵盖的范围逐渐扩大。越来越多的个人、团体、协会和联合会等赛事的组织者以赞助请求或提议形式与潜在的合作伙伴（尤其是商业公司）进行合作。这些不断发展的赞助营销加剧了赞助实体之间的竞争，并导致赞助这一业务逐渐向商业化和专业化过渡（查德威克和思韦茨，2004）。因此，阿布拉莫维奇（切尔西足球俱乐部），阿布扎比（曼城）的曼苏尔·宾·扎耶德以及迪特马尔·霍普（TSG，1899，霍芬海姆足球俱乐部）等亿万富翁，都已经购买或投资了足球俱乐部；同样，职业自行车运动虽然深陷兴奋剂丑闻，但目前也吸引了SKY这样的商业利益相关者或奥列格·廷克夫（Oleg Tinkoff）等亿万富翁，但一些体育项目依然因为收益低而备受冷落。

赞助之所以备受追捧是因为赞助公司可以通过它实现多个目标。这些目标不仅包括营销和传播，还包括越来越多的经济目标，例如，提高销售额和收入。比如赞助公司倾向于打造专属活动，通过参与或体验式营销，来建立一种可以提高消费者忠诚度和归属感的品牌形象。公共大荧幕和数字媒体等综合活动项目逐渐使粉丝成了一项赞助资产。此外，赞助公司也注重内部受众和企业社会责任活动，旨在构建负责任的赞助形象（莱西，2010；普乐瓦和奎斯特，2011；石佐恩等，2012）。

下面我们讨论一些当代赞助类型的实例。在此只涉及了体育行业在当代和未来面临的机遇、挑战及应对策略，我们深知除此之外还有很多问题有待探讨。在本章最后，我们将举两个以人力资源管理和企业社会责任为重点的赞助实例，从而超越传统的营销方式来研究赞助。

拓宽赞助范围

战略合作关系中的品牌联合

近年来，体育界和商业界已经奇妙地融合在一起，在融合过程中，品牌营销一直处于中心地位。现在体育品牌不仅包括阿迪达斯等制造体育用品的传统商业公司，还包括赞助商（如阿联酋航空）、组织、赛事、俱乐部和球员。因此，媒体（如电视）和商业（如赞助）利润等商业目标在体育产业中已经显然非常重要。体育产业经理们开始把他们的球队、联赛和财产视为品牌来加以管理。在竞争激烈的环境中，品牌营销可以发挥重要作用，通过影响粉丝对俱乐部的看法，将俱乐部及其竞争对手同其他休闲活动区分开来。如今，品牌是体育产业最重要的资产之一（黎塞留等，2008；布歇等，2013）。因此，赞助已经成为许多赞助商的品牌管理战略手段，更确切地说是一种"联合品牌"手段，旨在建立一个对称的品牌联盟，使两个或两个以上的品牌互惠互利（格温纳和伊顿，1999；康韦尔和罗伊，2001；史密斯，2004）。例如，赞助商的名字与备受瞩目的体育赛事（如国际足联世界杯、欧洲杯、奥林匹克等）相关联。联合品牌是从无形资产中获得收益的另一种方式，也被视为一种品牌杠杆策略（布莱克特和模德，1999）。

隐性目标向绩效指标的转化

在赞助管理发展初期，企业将隐性目标（形象、品牌意识等）作为吸引外部观众的独家营销管理手段之一。现在，许多赞助商通过促进销售，与赞助实体或渠道成员建立"共同营销联盟"来达到目标（例如，发展新的客户或达到收入目标）（法雷利和奎斯特，2005）。渠道成员都是专业组织，可以分为两大类：1.经销商通常从公司购买产品或取得商品所有权，再将其出售给他人（经销商可能包括子类别内的经销商，如零售商、批发商和工业分销商，但不仅限于此）；2.专业服务公司（PSF）提供额外服务，但通常不购买产品（PSF可能包括代理商、经纪商和分销服务公司，但不仅限于此）。

赞助企业和他们广泛的渠道成员通过帮助消费者了解赞助商的具体信息，使他们的品牌在竞争中脱颖而出，继而引起消费者购买他们的产品，为他们的公司创造收益（阿克，1996）。此外，赞助可以使公司品牌更加突出，使新的消费群体了解它的业务和产品（小穆尼斯和奥吉恩，2001）。

数字化、技术化和现代化

由于技术进步，赞助商现在可以通过数字媒体（如社交媒体等）接触到各种受众和目标群体，以个性化的方式发表言论、开展活动，从而提高观众质量和数量。虽然仍有很多人喜欢在电视上观看赛事，但观众的观看模式已经发生了变化，这主要是由于在线和移动媒体消费增加。除了电视和广播等传统媒体之外，移动媒体的重要性日益凸显，特别是在体育信息领域。尤其是年轻观众更喜欢使用现代化的视听平台和设备，已经成为"动态消费者"（迪森博格，2014）。

赞助平台

目的明确和有针对性的赞助商试图树立一个真实可靠的企业形象，从而获得宝贵的产品体验，展现自己的品牌和产品性能。因此，赞助商越来越希望在最佳条件下展示其产品和服务的潜力。这就需要在现代足球场馆以及大型活动的招待区中，为赞助公司提供越来越多的平台，以开展企业对企业的电子商务模式（B2B）（法雷利和奎斯特，2003）。体育赞助联盟的案例研究表明，正式和非正式的治理对于维持赞助商之间的关系至关重要（摩根等，2014）。赖安和费伊（2012）在以赞助为主题的论文中，强调了21世纪初期以来，通过"赞助"建立网络关系的能力是一项重大发展。

赞助作为一种人力资源管理手段（见案例研究6.1）

如今，赞助管理非常重视内部员工。赞助公司正在努力寻找有创意且饱含情感的赞助平台，来促使内部利益相关者积极参与赞助管理。因此越来越多的公司为员工设计健康管理项目的现象已不足为奇，例如，公司开展有关平衡工作与生活的活动。体育赞助通过为内部员工提供适合他们的项目，推动重要领域发展，这些项目都是在赞助框架内设计并实施的。

将这一趋势纳入学术研究中，可以增加它的现实意义。体育赞助对员工的工作热情、积极性和认同感都有积极的影响（希克曼等，2005；加里等，2008）。此外，自豪感是另一个关键机制，体育赞助和对员工的支持将促进员工自我认同和自发努力，这被称为"奥运效应"（爱德华兹，2015）。法雷利、格雷瑟和罗根的研究结果表明，激励内部利益相关者可以归入"与赞助相关的内部营销研究"中（法雷利等，2012）。他们认为员工作为"与赞助相关的内部营销"活动的一部分,具有更高的积极性,对同事和公司的忠诚度也更高。在团队层面,公司应该根据赞助商品的档次选择代言人。在文化层面,赞助有助于提高认同感。因此,所有"与赞助相关的内部营销"要素应该协调一致,使公司获得更大的成功(例如,提高员工的认同感、积极性和工作效率)。

企业社会责任(CSR)和赞助之间的联系(见案例研究6.2)

许多公司通过其赞助承诺来履行企业的社会责任(CSR)。组织在工作场所和更广泛的社区内进行持续的道德和法律行为,社会责任问题显然变得越来越重要(普乐瓦和奎斯特,2011)。多年来,虽然企业以前倾向于将企业社会责任预算用于支持环境或艺术事业,但现在越来越多地将体育视为一种承担社会义务的途径。这些义务包括在员工之间和供应商之间开展公平竞争;保证透明度和所有人获得成功的机会;维持良好的社区关系。企业社会责任项目越来越多地将体育赞助用作实现广泛目标的手段,其原因如下:首先,运动可以真正改变人们的态度和行为,因为参与体育运动可以对他们的健康和生活方式产生巨大的影响。其次,体育(特别是足球)在社会上影响力巨大,发挥着至关重要的作用(如国际足球联盟世界杯或奥运会)。公司还通过将部分赞助内容转移到他们的企业社会责任预算中,使他们的赞助传播转化为企业社会责任战略的一部分(普莱昂,2010)。

管理目标群体、设定目标和规划赞助战略

赞助组织利用赞助机会实现商业目标,如销售、知名度、形象、品牌态度等。接着,人们逐渐意识到履行企业社会责任和管理人力资源的重要性,赞助范围开始不断扩大。有关赞助的目标现在往往是商业性的或与此相关联的(如遵守承诺、培养良好商誉和改善社区关系等)(见表6.1)。米那格汉(Meenaghan)发表了一篇开创性的文章,研究了赞助目标的分类,这些目标包括广泛的企业目标(如作为社区参与的媒介、提高公众意识等)、产品目标、销售目标、媒体目标、客人招待目标和个人目标等(1983:17)。多年来,企业相关的赞助

目标和产品/品牌相关的目标已有区别,例如,根据复杂程度,分为短期基本目标(例如提升企业/品牌形象)和长期复杂目标(如建立品牌资产)(康韦尔,2014:29)。最近,以战略意图为着眼点的体育赞助概念不断发展。德米尔(Demir)和索德曼(Söderman)在体育赞助战略管理的概念框架(2015)中,明确了三个基本策略:

1. 赞助是一种投资策略;
2. 赞助是一种传播策略;
3. 赞助是一种激励策略。

一般来说,赞助旨在实现各种各样的目标(如增强意识、吸引社区参与等),因此明确目标群体(消费者、渠道成员等)十分必要。在最近的调查中,我们找到一些证据来证明目标群体和赞助目标之间的关系(汤普森和斯皮德,2007)(见表6.1)。基于以对象和目标为分类维度的概念框架,该赞助分类方法将赞助分为:

1. 以消费者为目标的赞助
2. 以渠道成员为目标的赞助
3. 以员工和管理为目标的赞助
4. 以社区和政府为目标的赞助
5. 以竞争对手为目标的赞助

表6.1 赞助对象和目标之间的关系

对象	目标(选择)	手段(选择)	可测量性	理论依据
消费者	增强意识;改善其对品牌的态度和认知;促进试销和销售	周边广告;提供奖金;抽奖活动;致谢广告;现场产品展示等	隐性的(例如,品牌和形象)和显性的(例如,现场销售,新闻意识)	资源基础观;营销(品牌);心理学(影响)

对象	目标（选择）	手段（选择）	可测量性	理论依据
渠道成员	增强意识；改善其对品牌的态度和看法；争取分销承诺；发展贸易关系	招待区	隐性的（例如，品牌和形象）和显性的（例如，现场交易）	资源基础观；营销；品牌推广；关系营销；B2B营销；网络和联盟
员工和管理层	改善其对品牌的态度；为其提供工作动力；改善内部关系	讲故事；积极参与；提供门票等	隐性的	人力资源管理；组织文化
社区和政府	增强意识；改善其对品牌的态度和看法；展示社区参与；加强关系	慈善演讲等	隐性的	资源基础观；营销；品牌推广；关系营销；B2B营销；网络和联盟
竞争对手	使其失去竞争机会	高规格体育赛事	隐性的	战略管理（竞争优势）

来源：2007年汤普森和斯皮德修改版

依靠赞助的战略优势，不仅可以接触到不同的受众，还可以实现各种企业目标。赞助公司通常会购买可以使他们与赞助实体联系在一起的一揽子权利。

对于被赞助者而言，以消费者为目标的赞助包括许多活跃因素，例如，经典的周边广告、抽奖、竞赛和产品展示等。招待区通常用于以渠道成员为目标的赞助中，以加强与体育相关的环境（竞技场、体育场、赛事等）内企业对企业的电子商务模式（B2B）。为了提高员工积极性及他们对企业的认同感，当员工做出特别贡献时可以提供门票奖励。以社区和政府为目标的赞助经常通过慈善活动来履行社会责任。最后，针对以竞争对手为目标的赞助，赞助商利用品牌的排他性来阻止竞争对手成为官方赞助商（例如，国际足球联盟世界杯等高规格体育赛事）。

由于赞助目标多种多样，赞助用途也不尽相同。赞助作为一个研究领域，不同的自然学科已对其进行了多年研究。赞助源自传统的营销学科，现已发展成为一个多功能工具，由关系营销、企业社会责任、组织理论和最近的人力资源管理等多种学科审查。此外，衡量赞助回报的关键主要在于赞助商想要实现的目标，无论是隐性的目标（如善意），显性的目标（如销售），还是两者的结合。

近年来，赞助管理越来越多地遵循专业赞助规划过程，特别是全球体育赛事的赞助管理方面（参见国际足球联盟世界杯、超级碗或奥运会）（参见图6.1）（马斯特曼，2014）。该规划过程在赞助中越来越重要，因为赞助管理者决定目标群体和赞助目标，以及如何选择和激活赞助机会。

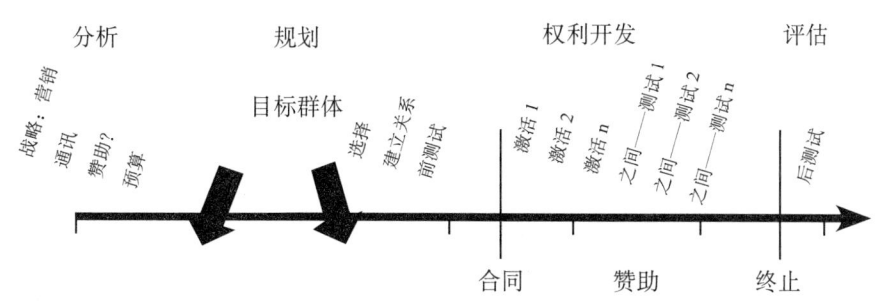

- 消费者　　　　客户忠诚度、销售和市场份额、市场渗透率
- 渠道成员　　　市场开发、新产品、产品知识
- 员工和管理　　品牌形象强化/振兴、企业对企业
- 社区和政府　　社区关系、内部沟通、金融部门
- 竞争对手　　　自信、并购后的身份、竞争优势等等

图6.1　体育赛事赞助的战略步骤

来源：作者，改编自汤普森和斯皮德2007以及马斯特曼2014：339

设定赞助目标是分析赞助的关键因素，用来配合赞助商的战略（总的来说是营销策略，特别是企业交流和赞助策略），以及进一步激活其他营销手段（参见图 6.1）。选择赞助实体和构建关系网都要遵循稳健的规划流程，并引入赞助合同规定的激活阶段（"权利开发"）。赞助将主要针对特定时期举行的重大活动，通过前期、中期和后期测试来记录它的效用（例如，媒体报道）。

当代和未来面临的挑战及应对策略

赞助管理的专业化

作为整合营销传播的工具，赞助可以使组织内部和组织间高度协调（奥科宁等，2000；季米特等，2002）。因此，只有赞助决策者与其他部门（例如，新闻、市场营销和采购部门）进行内部协调和交流，才能协同增强其整体效果。

在赞助的专业化过程中，赞助决策者为了满足上级或预算决策者的要求，通常会被迫引入控制方法，以保证赞助投资的有效性和效率。预算赞助是一种现代营销手段，决策者通常更关心数据，其次是利润率（ROI），而不是品牌或更大的客观回报率（ROO）。因此，赞助决策者作为品牌托管人，了解赞助的价值，并希望将其用作品牌建设的工具，但掌握财政大权的人对品牌的错误认识可能会将其毁于一旦。赞助的效用并不总是显而易见的，因此，赞助决策者面临的挑战是如何说服掌握财政大权的人，通过赞助等工具来投资品牌。为了实现组织内部的责任性和合法性，赞助商，特别是大型赞助商，通常会采用特制的"赞助记分卡"，以证明赞助的合理性（赫特勒，2012）。

根据赞助的数额，通常需要选择不同的外部合作伙伴和供应商来规划、实施和评估特定的赞助传播活动。如今，专业服务公司（PSF）因为拥有专业技能，大多成了咨询、中介或执行机构。他们的专业技能主要用来实现其所需的战略或传播目标。合作通常包括咨询公司制作、测试或选择赞助提案（例如，由执行传播活动的赛事机构负责提交），这些咨询公司包括 IMG、Octagon、Kogag、Sportfive、ESB Marketing Network 等，以及赞助机构对赞助效果的评价，这些赞助机构有 IPSOS GmbH、Pilot Group、Sport 和 Markt AG、TNS Infratest GmbH 等。此外,他们还通过各种手段不断吸收市场信息,例如,出席有关会议等。然而,只有赞助成功,赞助公司才得以生存,因此它们可能会过度吹嘘赞助的商业效果,从而产生负面影响,因此,这些专业服务公司饱受诟病。

赞助评估的合理性

尽管赞助发展迅速、接受度高、使用广泛,而且赞助商还投入大量资金来激活和利用其投资(普莱恩,2010;飞行员检查点,2012),但赞助商需要更加重视用战略性思维来规划赞助以衡量他们的投资和赞助效果。大多数赞助商使用不同方式来评估赞助和投资(米那格汉,2005),然而,其中有近75%的赞助商对衡量效果不是很感兴趣(康普顿,2004)。公开可用的衡量标准十分匮乏,并且只有少数赞助衡量工具可使用;然而,它们的适用性仍无法得到保障(康韦尔,2008)。尽管在以后的研究中需要采取一些具体措施,但对赞助商进行评估,必须先确定这些措施对实现赞助目标的有效性以及相对有效性(奥莱利和马迪尔,2007)。事实上,赞助方很少追求单一赞助目标,这在决定其价值的时候会带来诸多困难。

赞助绩效指标通常可以分为业务相关指标(如企业形象)和赞助具体指标(如媒体对事件的报道),并且可以进一步划分为三个中心行动标准:认知效果(如召回)、情感影响(如同情和情绪影响)和有意/习惯行为(如购买意愿)(布罗伊尔等,2013;康韦尔,2014)。

尽管在赞助评估方面有了一定发展,但影响评估方面几乎未取得突破性进展。迄今为止,赞助资产的总投资回报率仍无法准确计算出来。在可衡量性方面,几乎没有有效的工具可以描述赞助活动的效果。一些程序使用量化指标(例如,媒体报道),主要是为了使效果更加明确。例如,辅助或非辅助的召回调查和电视收视率更像是暂时的和片面的有效办法,因此无法满足赞助商的需求。众多的解决方案和委托研究,例如,德国"S20"这样的赞助商协会进行的研究,仍旧没有任何重大突破。无法有效衡量定性标准和隐性效果,例如,与赞助实体相关的品牌的情感吸引力。因此，许多公司在定价、评估赞助选择和衡量效果方面遇到困难（奥莱利和马迪尔，2009）。赞助商所赞助的品牌和赞助背景的作用机制截然不同，因此很难衡量赞助效果（库斯克，2013）。在全球赞助市场上，尽管一直尝试统一赞助效果衡量标准，但迄今为止仍未实现（费尔滕，2007），例如，收集媒体数据的方法尚未统一。虽然眼球追踪法和神经营销方法为我们提供了新视角（布鲁尔等，2013），但其适用性仍有待考证（库斯克，2013）。作为一个营销研究领域，神经营销学通过使用最先进的技术（例如，功能磁共振成像）来研究消费者对营销刺激的感觉运动反应。而且，最近对赞助商品牌感召力（施密特等，2013）以及员工对公司的认同感和忠诚度的一些研究，为这一领域提供了许多新的证据和方法（法雷利等，2012）。

冷门的体育项目

大众媒体总是曝光广受喜爱的赞助实体（康韦尔，2014）。尽管脸书和推特等新媒体发展迅速，但互联网出现之前，电视仍然是核心的媒体平台。像奥运会这样的大型赛事包含多种项目，但在欧洲占主导地位的体育项目依然十分有限，这些项目备受关注（例如，足球、网球和职业自行车赛），而像划船、旱地冰球和冰上溜球这样的小项目却没有媒体为之宣传。政界通常非常重视这些小项目，因为体育奖牌总数有利于提高国家威望，但是它们不受商界重视（瓦格纳和尼森，2015）。因此，对这些项目来说，主要的挑战是如何在（或根本没有）媒体曝光度低的情况下，吸引赞助商。在某些体育项目中，运动员发现自己处境尴尬，虽然属于世界精英，像专业运动员一样训练，但仅有业余运动员的收入水平。因此，关键问题是这些运动员或他们的体育组织是否愿意宣传自己，以成为具有吸引力的赞助实体，同时保持他们的体育诚信，而不沦为受短期商业利益摆布的商业资产。

案例研究 6.1：Topdanmark——体育赞助作为人力资源管理工具

Topdanmark 起源于农业，是丹麦第二大保险公司，历史悠久。在 21 世纪前 10 年，该公司曾赞助女子手球维堡队（Viborg HK）。当时，手球是丹麦最流行、媒体曝光度最高的运动项目之一。丹麦国家队赢得了 1996 年、2000 年和 2004 年三届奥运会金牌，丹麦职业联赛领先全球，吸引了世界各地的球员。维堡队和斯莱格思梦之队（Slagelse Dream Team）都尽力在欧洲冠军联赛中夺冠。赞助欧冠球队是个明智之举，因为一支成功的球队能吸引大众的目光。该公司曾中止赞助体育赛事，几年之后又重新参与到体育比赛中来，2010 年底与丹麦历史上最成功的奥运划艇队"金色四号"（G4，由四名男子轻型赛艇运动员组成）签署赞助协议。

除了奥运会的那几周，赛艇运动几乎没有任何媒体曝光度，这一点与手球的状况大不相同，因此，从营销的角度来看，这一决定似乎并不太明智。2011 年夏季，该公司营销总监在一次采访中解释了做这个决定的原因："我们选择这种营销策略是因为我们公司已经足够知名……实际上我们也已经说过我们公司要告别大众传播。"Topdanmark 的高层管理人员也称，提高知名度并不是他们的目的，因为他们的潜在客户已经对该公司及其产品有足够的了解。而进一步研究结果显示，签署这一赞助只是为吸引公司内部受众，因此这一案例可以被视为赞助相关内部营销（法雷利等，2012）。它针对服务中心员工，即每天在公司的客户服务中心工作的员工。赞助管理通常由市场部门负责，这意味着其与人力资源管理部门的职责大致相当。人力资源总监称：

从战略层面上考虑到宣传的重要性，我们退出了对手球的赞助……下一个赞助对象是 G4，它主要目的是内在引导，因此，这是一个与之前不太一样的赞助……因为我们可以把 G4 看作是指引我们公司前进的引领者。

该公司利用赞助广告策划了一场活动来改善其客户服务。这场活动的主要目的是减少对该公司产品不满意的客户数量，增加愿意推荐其产品的客户的数量，从而获得良好的口碑。大多数客户迟早都会接触到服务中心员工，因此高层管理者选择这个部门作为干预目标。之所以赞助G4是因为其代表了管理者想要呈现的理想工作状态，如最佳发挥、团队合作、压力下的高效率和团队成员间的反馈机制。

赞助协议另一部分内容是赛艇运动员发表演讲，制作简短的YouTube视频，参加小型企业活动，甚至还送公司员工署名圣诞贺卡。与传统的赞助方式不同，这种设计方式非常新颖，但同时也耗费了大量时间。只要在体育和商业之间找到平衡点，就可以达成该公司与丹麦赛艇联合会体育总监的合作。赞助协议必须能为公司增值，但赛艇运动员也要避免过度承诺，因为这极有可能会导致运动员在比赛中表现不佳。G4在2012年奥运会上获得铜牌，体育总监在接受赛后采访时表示，他不仅是一个销售员（出售产权），一个调解员（成为公司与G4之间的纽带），还是一个监护人（保护赛艇运动的业余价值观）。与赞助管理相关的多种任务清楚地表明了运动与商业碰撞产生的错综复杂的关系。2012年10月，两名赛艇运动员接受采访时强调，这笔赞助交易不仅仅是简单的拍照，实际上要做的内容还有很多，但给公司员工带来的积极影响也让他们充满喜悦和自豪感。赛艇运动员说道："我们必须对赞助进行筛选，因为我们要从平常的训练时间中抽出大量精力来应付这些事。"

案例研究6.2：巴斯夫和运动俱乐部2020——通过区域体育赞助展示企业社会责任

这些数字令人惊叹：营业额超过740亿欧元，净利润近55亿欧元，员工超过11.3万人。巴斯夫化学公司不仅是德国南部普法尔茨（Südpfalz）地区最大的雇主，也是最大的德国DAX（Deutscher Aktienindex）公司之一，同时也是化工和塑料产品的全球领军者。然而，与许多其他DAX公司不同，该化学公司每年用于体育赞助的花销仅占一小部分。

巴斯夫每年在捐赠、赞助和自己的项目上的开销共计4540万欧元，其中仅有290万欧元用于体育赞助。相比之下，巴斯夫每年在教练、开发和培训方面投入约2300万欧元。

为什么这样一家常年赚取巨额利润的大公司，仅在体育赞助方面投入300万欧元呢？这样一个全球化工公司巨头背后的战略动机是什么？

巴斯夫有三项体育赞助原则：动员大众、联合社会团体和网络以及提高社会健康意识。因此，营销并不是巴斯夫最重要的目标，他也不把公司或品牌作为营销重点，而是通过培养企业社会责任（CSR）使自己成为一个有吸引力的企业。巴斯夫长年致力于提升自己的企业社会责任，2013年和2014年联邦劳动和社会事务部（BMAS）授予其年度企业社会责任奖。

2014年，该公司启动了名为"体育俱乐部2020"的企业社会责任项目，致力于推动体育发展，为莱茵河-内卡地区的体育俱乐部的发展做准备，培训志愿者，并推动他们的战略发展。在专业服务公司的支持下，巴斯夫作为概念发起人负责概念支持和项目实施，并以数十万欧元的价格成为优质合作伙伴来支持该项目。该项目的其他合作伙伴还有思爱普公司（SAP）和Szdzucker，它们都是该地区的大公司，隶属于体育联合会或北巴登、莱茵黑森、普法尔茨及"山路"。这些体育圈的俱乐部都可免费参加该项目。该项目分为四个阶段（模块）：

1. 在线诊断工具阶段（2014）

第一步，俱乐部要填写一个含有30至40个问题的在线诊断工具，然后会收到对本俱乐部人员挑战的详细评估。该评估的内容包括改变会员制结构并制定新颖的项目以吸引各年龄阶层的成员，进行有效且影响深远的俱乐部管理，制定战略以保持自己的基础设施，引入志愿服务，并把评估结果与德国类似俱乐部的参考值进行对比。

2.俱乐部指导阶段（2015—2016）

第二步，给选定的俱乐部设计专业的指导研讨会并给出具体解决方案，增强其竞争力。本单元的最终目标是建立以解决问题为导向、实践为重点的多类型俱乐部，从而为第三步打下基础。目前有28家体育俱乐部正在接受职业俱乐部的指导。

3.会议事宜商讨阶段（2016—2017）

体育、科学、政治和商业领域的专家共同参与了此会议，介绍俱乐部指导研讨会的成果和最佳实施方法。

4.实施情况阶段（2017—2020）

提供更多咨询和培训机会，供俱乐部成功实施他们的战略。

巴斯夫致力于在企业社会责任的框架下发展区域体育，而不是与地方体育俱乐部建立复杂且昂贵的赞助关系，因为该公司更加重视社会责任感。从这个意义上说，体育发展是一种能在区域内展示信誉的合理有效的途径，同时，也能增加员工的认同感，调动他们的积极性。

结语

赞助作为一种多功能手段，其重要性日益增加，赞助市场也随之不断发展，赞助公司不得不采取更多措施应对当代社会问题，以确保其合理性（迈耶和罗恩，1977）。这些措施可能包括增加经验导向和个性化倾向以及投资更多的企业社会责任活动，但也不仅限于此，因为企业越来越多地把企业社会责任问题作为他们（体育）赞助绩效的一部分（谢恩和巴里莱克，2010；普乐瓦和奎斯特，2011）。企业社会责任正日益成为提升企业声誉、增加员工士气的重要手段，而且它在社会中也发挥愈加广泛的作用。

过去，赞助企业主要依靠营销目标（品牌认知、图像传输等）来满足社会需求，但如今他们则试图通过量身定制赞助活动和交际策略来实现这一目标。从本质上讲，赞助已经成了一种行之有效的工具，借此赞助公司可以挑选他们利益攸关方，无论是对外而言（例如向社会展示其信誉）（见案例研究6.2），还是对内而言（例如增加员工士气）（见案例研究6.1）。由此可见，赞助企业希望继续寻求一种方法能在道德意识和团结精神上表现出自己的社会责任感。而且，未来赞助商也有可能按照自己的企业社会责任来挑选潜在合作伙伴。目前，企业社会责任风靡一时，它与赞助投资之间的联系很可能会进一步加深。然而，对体育赞助在企业社会责任方面的研究却少之又少，并且只处于起步阶段（谢恩和巴比亚克，2010；普乐瓦和奎斯特，2011）。

上述发展解释了赞助数量稳步增长的原因，以及为何越来越多的公司进行赞助投资。然而，赞助作为跨学科的营销工具，通常并不算是公司的核心领域，也不能准确计算其直接盈利（ROI），许多赞助决定都是出于个人对赞助对象的兴趣，负面影响实际上可能会减少赞助投资，可能产生隐性营销和依从性的负面影响，但也不仅限于此。例如，许多公司充当"隐性营销者"，通过与赞助对象（如国际足联世界杯）建立联系而成为准赞助商，而未获得任何官方营销权。赞助近年来也饱受"不忠"和"腐败"的诟病，受到政府调查，导致全球赞助业务极为萧条。究其原因，是在捐赠赞助款项时，第三方可能会获得"第三方优势"。

在"人才争夺战"、"Y代人"和熟练劳动力短缺等社会现象层出不穷的背景下，赞助逐渐成为提高员工士气和吸引赞助雇主的手段，整体上来看，这种手段是一种与赞助相关的内部营销（SLIM）。总的来说，SLIM是一个发人深省的标签，用于指代过去经常研究的一种"内部营销"的现象。目前有许多关于内部营销的研究，但这些研究既没有被归为SLIM，也不是在体育的背景下进行。虽然这在学术争论中越来越重要，但鲜有描述SLIM影响的实践证据（杜姆，2015）。因此有必要对此进行进一步实证研究。

第七章
欧洲足球俱乐部的媒体权利之争

哈利·阿恩·索尔伯格

引言

上世纪 90 年代以来，精英足球运动员的收入大幅增加，这有赖于媒体权利的强劲增长。2014 年，全球媒体总收益约为 368 亿美元，其中 131 亿美元（36%）与足球相关（《电视体育市场》，2014）。媒体权利已成为金融高层人士的主要收入来源。在 1997–1998 赛季，欧洲五大联赛（英格兰、意大利、西班牙、德国和法国）共筹集资金 8.94 亿美元。15 年后，增加到 47 亿美元（巴斯克维尔，1997；《电视体育市场》，2013）。

近年来，通过把足球直播权出口到其他大洲，这些联赛从中赚取了巨额利润。自 2016 赛季开始，西班牙西甲俱乐部从国外市场获取的利润甚至超过了从国内市场获取的利润。对最富有的俱乐部而言，媒体权利是其主要收入来源，他们也能从欧足联冠军联赛中获得一笔可观收益。

本章将分析足球俱乐部的媒体权利，重点关注欧洲五大联赛。首先是着重剖析国内外市场维权费用增长的推动力。然后，分析影响收入分配的因素，包括隶属同一联赛的俱乐部和不同国家的联赛之间的收入分配。本章还包括一个案例研究，该研究以一篇发表在《电视体育市场》（*TV Sports Markets*）的文章为基础，重点介绍西甲俱乐部出售其国际权利的情况。

发展历史及现状

1992年,英国天空广播公司(BSSYB)收购英超联赛的电视转播权,这一事件成为欧洲俱乐部足球史上的一个里程碑。在这种情况下,每个赛季的媒体权利以5500万欧元成交,是前一笔交易额的四倍(英国通讯管理局,2007)。25年后,交易额增加到24.6亿欧元。欧洲其他地方也出现了类似的情况,尽管其他联赛不像英超那样成功,但其交易额都大幅上涨。本章的几个表格阐释了这一发展状况。表7.1中的数字说明对于处于金融阶梯顶端的英超联赛而言,媒体权利是如何成为它的主要收入来源的。不过,一些逐渐衰退的俱乐部仍能从其他渠道获得大部分收入。虽然意大利甲级俱乐部总收入的60%都来自媒体权利,但在2014赛季,媒体权利收益仅占瑞典和挪威俱乐部(包括甲乙两级)总收入的16%和11%。

欧洲足球俱乐部,特别是顶级俱乐部,也从欧足联的俱乐部比赛中获取巨额收益,尤其是从媒体权利占比最大的欧冠联赛中获取巨额财富。皇家马德里俱乐部在1997–1998赛季夺冠后共赢得1500万美元的奖金(巴斯克维尔,1999)。

而他们在2013–2014赛季再次夺冠时,奖金已达到7840万美元(欧足联官网)。从2015–2016赛季开始,欧足联出售冠军联赛的媒体权利,并从中获得16.44亿美元的收入,其中28%来自其他洲(《电视体育市场》,2015a)。欧足联将超过75%的收入分配给各个俱乐部。事实上,欧足联四年中有三年出现赤字,只有欧洲足球锦标赛除外。这种情况与欧洲足球锦标赛形成鲜明对比,锦标赛的当地组委会只获得总收益的10%。

表7.1 总收入和媒体权利比例——2013-2014赛季精英联赛

	总收入(百万欧元)	媒体权利:总占比
英格兰超级联赛	3,898	54
德国甲级联赛	2,275	32
西班牙甲级联赛	1,933	49

	总收入（百万欧元）	媒体权利：总占比
意大利甲级联赛	1,699	59
法国甲级联赛	1,498	40
荷兰甲级联赛	439	18
比利时甲级联赛	284	29
丹麦超级联赛	149	18
苏格兰超级联赛	147	31
瑞典超级联赛*	133	16
挪威超级联赛**	173	11

* 2013 赛季
** 这两部分也包括乙级联赛
来源：德勤——2013-2014 年度足球财务年度回顾，2015 年 6 月

  权利费用增长迅速有以下几个原因。首先，媒体行业技术不断创新，提高了传播能力。与几年前不同的是，如今电视公司不再会遇到频率不足的问题。此外，电视信号也可以连接到其他设备上，诸如电脑、平板和手机等，这让足球迷们可以随时随地观看比赛。因此，足球比赛节目不再仅限于在电视上播放。这些发展使媒体公司之间的竞争愈发激烈。足球也成为付费电视上收视率最高的运动类节目。除极少数比赛外，大部分国内联赛的现场比赛只在付费电视上播放。这种现状也与实证研究的结果相一致，研究表明，相比于其他运动的粉丝，足球迷更愿意付费观看自己喜欢的运动（哈默沃尔德和索尔伯格，2006）。

  电视足球的成功使其具备规模经济优势。降低平均成本以扩大市场，吸引观众。节目制作成本很大一部分都是沉没成本，这意味着它们与观众数量以及转播次数都无关。一场英格兰超级联赛的电视转播，不管是只在英格兰播出，还是在世界各地播出，其节目制作成本都是一样的。但是如果节目出口到国外市场，评论员的费用就要额外计算，将节目转播到其他市场的可变成本非常低，因此通过吸引更多观众获取的额外收入绝大多数都是净利润。

这些特点意味着广播公司必须采取激励措施来扩大市场，吸引更多国内外观众。部分原因在于电视信号是非纯粹公共财产，它们不具有竞争性，但在消费上却具有排他性。请参阅格拉顿和索尔伯格（2007）对这个问题的进一步讨论。

表7.2阐释了近几年欧洲五大足球精英联赛媒体权利的发展情况。请注意，时期并不是百分百相同。数据显示出口比例逐渐上升。英超联赛已经在国外市场中占据主导地位，在所有时期，其国外市场的收入都超过了五大联赛中其他成员的收入总和。

在接下来的几年里，西甲联赛的收入将出现强劲增长。本章最后一个案例研究提供了与销售过程相关的详细信息。权利收入从2.35亿欧元增加到6.5亿欧元，增长了177%。这使得西甲联赛成为国外市场中第二大高收入联赛，排名仅次于英超。除少数联赛外，几乎每个联赛的权利都有所增加。

然而，英超联赛在2015年底签订新协议后，预计其收入将显著增加（《电视体育市场》，2015b、2015c）。从2016年开始，英超联赛在挪威和瑞典的交易额将分别增加143%和130%，在美国和中国香港（《电视体育市场》，2015d）则均增加100%。截至2015年10月，虽尚未完成所有交易，但媒体预测其价值会提高60%左右。

表7.2 媒体权利——欧洲五大联赛：国内市场／国际市场（百万欧元）

	阶段一	阶段二	阶段三	阶段四
英格兰	800/311 (72%/28%)	796/591 (57%/43%)	1299/908 (59%/41%)	2211/（1500*） -
西班牙	435/65 (85%/15%)	471/123 (74%/26%)	532/235 (69%/31%)	n.c/650 -
意大利	793/70 (91%/9%)	817/91 (89%/11%)	858/117 (88%/12%)	1150/215 (84%/16%)
法国	642/8 (99%/1%)	668/17 (97%/3%)	607/33 (95%/5%)	727/80 (91%/9%)

	阶段一	阶段二	阶段三	阶段四
德国	320/18	322/53	470/71	534/175
	(94%/6%)	(86%/14%)	(87%/13%)	(75%/25%)

*2015.10 预测

1.2016–2017 赛季——2019–2020 赛季

2.2018–2019 赛季——2023–2024 赛季

来源：《电视体育市场》：《足球媒体资金联盟》，2013.11；TVSM：Vol. 18（7），18（11），18（22），19（10），19（14），19（15）and 19（16）。

注释：这些时期并不完全相同，因此不能进行百分百比较。英格兰时期：2007/08–09/10；2010/11–12/13，2013/14–15/16，2016/17–18/19。法国时期：2005/06–07/08，2008/09–11/12，2012/13–15/16。意大利时期：2009/10，2010/11–11/12，2012/13–14/15，2015/16–17/18。西班牙时期：2006/07–08/09，2009/10–12/13，2013/14–2014/15，2015/16–19/20。德国时期：2006/07–08/09，2009/10–11/12，2012/13–14/15，2015/16–16/17。

促销战略致使出口额不断增长，许多球迷与他们喜爱的俱乐部之间有很强的情感依赖，对于那些有高辨识度的俱乐部来说，这种联系是他们身份的重要组成部分。研究表明，能准确区分俱乐部的粉丝在运动方面花销更多（包括直接花销和间接花销），他们会买更多的门票、更多的娱乐装备，在俱乐部低潮时期对其更加忠诚（梅尔尼克和瓦恩，2004；瓦恩等，2001）。这就是很多俱乐部在他们的核心市场之外积极招募支持者的原因。

这种辨别通常涉及地理层面，因为人们一般会更偏爱当地的俱乐部。不过，不断革新的媒体技术使俱乐部可以接触到更多的支持者，因此，许多俱乐部的粉丝群都已扩展到了核心市场之外。足球比赛一类的体育节目具有的低廉的文化折扣在这方面是一个主要优势（高斯塔，2000）。文化折扣是指传媒产品在国外市场的价值相较于国内市场会有所下降。一般来说，由于观众往往更偏爱本地节目，因此，体育节目价值的下降幅度比许多其他媒体产品要低。例如，国内新闻节目在国外市场几乎没有任何吸引力。

足球直播是即时产品，昨天的比赛不会再有任何吸引力。由于时区差异，对国外观众来说，观看现场直播非常不方便。在某种程度上，俱乐部可以通过向前或向后调整比赛时间来弥补这一点。但是，这一战略也必须平衡，以避免国内外市场的利益发生冲突。近年来，英超联赛和西甲联赛对一些比赛的时间进行重新安排，以便于亚洲和美洲的观众可以更好地观看现场直播（《电视体育市场》，2015c）。

互联网使得俱乐部能在世界范围内有效地宣传自己。与电视信号类似，互联网也属于非纯粹公共财产。任意可以登录网站的人都有权下载网上发布的信息，这与他们的居住地毫无关系。互联网生产信息的成本结构与电视节目的制作具有相同的规模优势，其大部分成本都属于沉没成本。因此，在互联网上发布信息所需的成本与阅读和观看的人数无关。总而言之，所有这些特征使俱乐部能有效地宣传自己，大型俱乐部则会把他们的网站译成多种语言。此外，许多俱乐部在国外市场进行赛季前和赛季后巡回赛，既能招募球迷，也能培养与现有球迷之间的关系。

另一营销手段是投资由多国成员组成的球队。事实上，在一些赛季中，包括欧洲五大联赛在内的比赛，外国球员的数量甚至比国内球员数量还多。许多球员都是因为他们出众的球技而被招募进来。不过，没人怀疑拉美籍选手是因其球技受到招募，但对亚洲球员却并非如此。事实上，在某些情况下，人们指责俱乐部更多地考虑商业利益，而非球员的球技（格拉顿，2003）。

埃弗顿（Everton）是第一个有意在中国推销自己的英国俱乐部，它招募了两名中国球员。此外，该俱乐部还率先在中国进行推广活动，并建立了自己的中文网站。这个策略给该俱乐部带来了积极的影响。在2002–2003赛季初，它已经超过利物浦队和曼联成为中国最受欢迎的英超俱乐部。曼城在同一个赛季也招募了一名中国球员。这两家俱乐部在2002–2003赛季1月1日的比赛是英超联赛中收视率最高的现场直播比赛，这足以说明它的影响力。据估计，这场比赛吸引了大约3.65亿中国观众，是类似比赛观看人数的200倍，其主要原因是两队中都各有一名中国球员进入首发阵容（格拉顿，2003）。在其他市场的营销活动也都取得了成效。2005年，英超联赛是马来西亚、泰国、新加坡，以及中国最受关注的电视体育节目（索尔伯格和特纳，2010）。

表 7.3 外籍球员的比例——五大联赛

	2008/09	2010/11	2012/13
英格兰	57	58	61
意大利	39	46	52
德国	55	43	44
西班牙	37	40	38
法国	31	30	26

来源：http://www.football-observatory.com/-Publications,18，2014年5月7日下载

当代和未来面临的挑战

足球比赛对人们具有吸引力的一大原因就是比赛结果的不确定性。这是因为观众普遍喜欢实力相近的俱乐部之间或个人之间的比赛。体育经济学文献对这一现象多有记载（罗森博格，1956）。在团体运动中，结果的不确定性反映了参赛球队的竞争平衡。如果球队之间的胜率相近，那么联赛具有高度的竞争平衡。相反，如果小部分球队有高胜率，那么联赛的竞争平衡程度就会较低。竞争平衡主要取决于球队中的人才分配情况，而人才分配情况又取决于球队的相对经济收入（杰拉德，2000）。

比赛结果的不确定性对参赛队伍及其支持者是一把双刃剑。虽然他们都想赢，但是如果一个或几个球队主导了整个联赛，那么许多人会觉得比赛很无聊。因此，俱乐部（和联赛）面临着一个永久的挑战，即要在赢得胜利的同时保持足够的竞争平衡，使联赛对于广大观众有吸引力。与传统行业不同，俱乐部希望维护对手的财政健康，这是因为确保没有俱乐部占据主导地位是符合整体利益的。因此，联赛使用各种机制来保护整体利益，以维护比赛结果的不确定性（竞争平衡）。这包括大俱乐部对小俱乐部进行各种形式的交叉补贴。维护竞争平衡使体育俱乐部之间能够建立合作关系，这种合作关系如果出现在其他行业中是违背反垄断政策的。

在欧洲足球俱乐部，媒体权利已经成为维护竞争平衡的主要工具（格拉顿和索尔伯格，2007）。2009年希腊和意大利的俱乐部从单独出售媒体权利过渡到集体出售，到2015年，除了西班牙和葡萄牙，大部分欧洲足球联赛都已经集体出售媒体权利。从2016–2017赛季开始，西甲联赛俱乐部也将集体出售媒体权利。表7.4概述了五大联赛中的分配模式。

基尼系数是衡量收入和财富分配的最常用手段。这个系数是由意大利统计学家和社会学家科拉多·基尼（Corrado Gini）发明的，并发表在他1912年的论文《可变性和易变性》（基尼，1912）中，该系数可以在0和1之间取值。系数越低，分布就越平等。如果收入100%平均分配，则系数为0。如果一个俱乐部单独获得所有收入，则其值为1。参见阿特金森（Atkinson，1975）对基尼系数更详细的解释和讨论。

表7.4 五大欧洲联赛的媒体收入分配

英格兰	50%平均分配，25%基于比赛表现，25%基于电视比赛转播。国际媒体权利平均分配。
法国	50%平均分配，30%基于比赛表现，20%基于电视比赛转播。
德国	50%平均分配，其余的基于近4年比赛表现分配。最好的球队最多获得50%的收入，而垫底的俱乐部也至少得到2.9%的收入。
意大利	媒体权利自2010–2011赛季以来一直进行集体销售。到2015年，40%平均分配，30%基于比赛表现，30%基于支持者人数。直到2009赛季，俱乐部单独出售媒体权利，19%的收入进入到一个平均分配的共同基金里。
西班牙	自1996年以来，西甲联赛的俱乐部单独出售媒体权利。自2003年以来，一些西甲联赛的小型俱乐部和西乙联赛的大部分俱乐部开始集体出售媒体权利。这些俱乐部同意在2016–2017赛季集体出售这些权利。

来源：《电视体育市场》16卷no.11；斯托赛斯和阿斯姆，2007

表 7.5 2001-2012 赛季基尼系数

	总收入	国内联赛媒体权利	包含欧足联赛事的媒体权利
英格兰	0.307	0.074	0.225
法国	0.302	0.202	0.272
德国	0.334	0.126	0.273
意大利	0.395	0.242	0.369
西班牙	无数据	0.422	0.478

来源：《电视体育市场》；欧足联官网

从表 7.5 可以看出，国内联赛媒体收入的基尼系数低于总收入的基尼系数。这表明媒体权利的重新分配降低了联赛内各俱乐部之间的财务差距，从而提高了竞争平衡。然而，如果将欧足联赛事如冠军联赛和欧洲联赛的媒体权利算入，这些系数就会增加。因此，国内联赛的媒体权利和欧足联联赛的媒体权利起到了相反的作用。

从该表可以看出，集体出售媒体权利的联赛（例如英格兰、法国和德国），其内部各俱乐部收入分配更为平等，而各俱乐部单独出售媒体权利（例如西班牙和意大利）则导致了他们之间较大的收入分配差距。英超在集体出售媒体权利这条道路上走得最远，这一模式在这些年也变得更加强大。原因是国际媒体权利增长强劲，到目前为止，各俱乐部之间一直享有 100% 的平等分配。

在英超联赛中，媒体权利强劲增长，各俱乐部平均分配，这加强了金融阶梯顶端俱乐部的地位。在 2011-2012 赛季，在英超联赛垫底的伍尔弗汉普顿俱乐部，其媒体收入超过了德国、意大利和西班牙（巴塞罗那和皇家马德里除外）任何一个俱乐部的媒体收入。另一方面，西班牙两大顶级俱乐部的收入明显高于英超联赛顶级俱乐部。虽然巴塞罗那和皇家马德里各赚了 1.25 亿欧元，但曼联和曼城这两个英超最好的俱乐部，分别只赚了 7500 万和 7400 万欧元（索尔伯格和科林斯泰德，2014）。这种平等化的政策不仅有助于维护竞争平衡，还提高了英超所有俱乐部招募其他国家球员的能力，使之不再是顶级俱乐部的特权。这一政策使联赛内部各俱乐部成为一个整体，而不是相互对立。对于英超底层俱乐部来说，媒体收入占总收入的80%左右。

欧洲联赛中，其他国家普通俱乐部的收入只相当于英格兰和德国普通俱乐部收入的一小部分（表7.6）。在2013–2014赛季，英超普通俱乐部的媒体权利收入达到了10.52亿欧元。这比18家荷兰精英俱乐部的媒体权利总收入高出35%。作为英超的底层俱乐部，卡迪夫城的媒体收入都达到了所有荷兰精英俱乐部媒体收入总和的67%（德勤，2015）。

表7.6 一些国家的普通足球俱乐部收入占英超和德甲联赛普通俱乐部收入的百分比

2013/2014赛季	英超联赛	德甲联赛
荷兰	12%	19%
比利时	9%	14%
奥地利	8%	13%
丹麦	6%	10%
苏格兰	6%	10%
瑞典	4%	6%

来源：根据德勤（2015）的资料计算得出

表7.5中的基尼系数表明，欧足联赛事，特别是欧冠，已经扩大了足球强国与其他国家之间的资金差距。首先，足球大国比足球小国拥有更多的球队。其次，球队的大部分收入（"市场池"）与特定市场的商业收入相关。一般来说，这些收入不受比赛成绩影响。为了说明这一点，我们比较了意大利尤文图斯和捷克维多利亚比尔森在2013–2014赛季的比赛奖金。这两个俱乐部的胜场、平局和败场次数完全一样，并且都在各自小组排名第三。尽管表现一样，但尤文图斯比维多利亚比尔森多挣了3200万欧元。尤文图斯从"市场池"中获得了3200万欧元，总收入达4310万欧元，但是维多利亚比尔森只从"市场池"中获得了150万欧元，总收入仅为1110万欧元。

尽管足球小国顶级俱乐部的薪水比足球大国俱乐部的少，但他们也能从欧冠中获益。当北欧国家的俱乐部参赛时，欧冠的收入已经占到俱乐部各个赛季总收入的50%以上（索尔伯格和格拉顿，2004）。因此，欧洲冠军联赛不仅扩大了顶级俱乐部和底层俱乐部的资金差距，也扩大了自身和其他联赛之间的资金差距。

欧冠收入之所以强劲增长，是因为欧洲足坛顶级俱乐部实力雄厚。他们两次受邀加入欧洲超级联赛（巴克斯维尔，1999），从中得到的收入显著高于同时期参加的其他国内外赛事。国家足球联合会和欧足联自然对此不满，因此欧足联重组了之前的欧洲冠军杯，并建立欧洲冠军联赛使顶尖俱乐部获益。首先，足球大国可以拥有更多的球队。其次，更多球队得以进入联赛，比赛场次也随之增多。虽然欧洲冠军杯是淘汰赛制，但欧洲冠军联赛拥有更多比赛场次。在欧洲冠军杯时期，分组赛为两场。那时进入决赛的球队必须打满17场比赛。在欧洲冠军联赛建立之后，第二场分组赛被淘汰赛取代。到2015年，进入决赛的球队只需打满13场比赛。有关历史发展的更多细节，请参见索尔伯格和格拉顿（2004）。

顶尖足球国家大量出口电视足球转播权，使进口国国内的俱乐部足球鲜有人问津。表7.7展示了某些国家的电视频道在欧洲五大联赛媒体权利上的花费占国内联赛媒体权利花费的百分比。非欧洲市场的数据还包括欧洲冠军联赛和欧洲联赛。马来西亚、印度和泰国的电视频道在欧洲足球上的花费要比在各自的国内联赛上的花费多得多。这与出口足球转播权的五大国家形成鲜明对比。相对于国内联赛而言，这五国的国际媒体转播花费都很有限。这说明足球弱国的资金流向了最富裕的足球国家。

电视频道在欧洲五大联赛上的花费高于国内联赛，这一现象不仅出现在亚洲国家。从表7.7可以看出，挪威电视频道与英超和挪威超级联赛（Norwegian Tippeliga）签署了新合同。英超的媒体权利增加了143%，但挪威超级联赛只增加了7%。因此，自2017赛季新协议生效起，英超的收入将比挪威超级联赛多50%。

人们对足球的需求和对其他普通商品一样，都会受到质量因素的影响（瓦恩等，2001），这是上述现象产生的原因。一般而言，球迷们喜欢最好的俱乐部和最好的球员。欧洲大陆的足球收入在过去几十年一直领先其他地区。从本世纪开始，每一年的足球金钱联赛（世界上最富有的 20 家俱乐部的名单）都只包括来自五大欧洲国家的俱乐部（德勤，2015）。出口足球转播权增强了他们的经济优势，使他们能够从欧洲其他国家和其他大陆招募有天赋的球员。媒体行业不断创新帮助这些联赛吸引了全世界的球迷。

表 7.7 欧洲五大联赛俱乐部足球赛的媒体权利占国内联赛的比例（2014–2015 赛季）

亚洲市场	
马来西亚	900%
印度	800%
泰国	700%
韩国	300%
日本	100%
南美	
拉丁美洲	21%
五大欧洲市场	
法国	16%
意大利	2.7%
德国	1.3%
西班牙	1.3%
英国	1.2%
其他欧洲市场	
北欧	77%
荷兰	70%
希腊	39%
比利时	22%
土耳其	5%

来源：《体育商业情报》

注释：欧洲顶级俱乐部比赛包括欧洲冠军联赛和欧洲联赛，英超联赛、西甲联赛、德甲联赛、意甲联赛和法甲联赛。欧洲市场仅将国内联赛的开支与其他四大欧洲联赛进行比较，不包括欧洲冠军联赛和欧洲联赛；非欧洲市场还包括欧洲冠军联赛和欧洲联赛。拉丁美洲联赛包括巴西、阿根廷、智利、厄瓜多尔、巴拉圭、乌拉圭、哥伦比亚、委内瑞拉和秘鲁的国内联赛。

案例研究 7.1：2016—2017 赛季到 2019—2020 赛季西班牙甲级联赛的国际媒体权利收入

以下案例研究援引 2015 年 8 月 28 日《电视体育市场》的一篇文章中的主要观点，其内容为关于西班牙甲级联赛出售其国际媒体权利。在写作本文时，虽然西甲联赛还没有完成所有市场的媒体权销售，但它已经达到了每个赛季 6.5 亿欧元（7.2 亿美元）的收入目标。这一收入比 2012—2013 赛季至 2014—2015 赛季的媒体收入增长 177%。除了展示数据之外，该研究还突出了这一增长背后的六个原因。这些原因与上面讨论的一些理论观点相一致。

首先，媒体权利出售之前，已经对比赛时间及地点进行了重新调整，以更好地适应亚洲和美洲的观众。

其次，自上笔交易以来，联赛与潜在的媒体合作伙伴进行了多次会议，以建立直接联系。这些会议和由此建立的直接联系，使媒体权利费水涨船高。

第三，欧元对美元及英镑贬值，意味着这些欧元协议对持有美元和英镑的广播公司而言更加实惠。

第四，由于媒体权利在全球销售，对于贝恩传媒集团（beIN Media Group）、娱乐体育节目电视网（ESPN）和福克斯国际频道（Fox International Channels）等富裕的跨领域广播公司来说，媒体权利变得愈加重要。西班牙联赛已经从销售媒体权利中获利了，而英超联赛不久前才刚刚开始其媒体权利的国际销售。

第五，西班牙联赛包括巴塞罗那和皇家马德里这两支世界上最好的球队，还有两位最好的球员，莱昂内尔·梅西（Lionel Messi）和克里斯蒂亚诺·罗纳尔多（Cristiano Ronaldo）。

第六，在2014年，西甲联赛让球队参加欧洲以外的比赛，以提升西甲联赛的国际形象。在过去的两年中，联赛在住宿、航班、活动托管和其他费用方面花费了大约1000万欧元。

以下举例进行说明。

中东和非洲

在中东和北非，贝恩将协议价格提升了80%。媒体权利费用从每赛季5000万欧元增加到每赛季大约9000万欧元。

据估计，西甲俱乐部在南撒哈拉非洲的市场价值翻了一番还多，达到大约每赛季4000万欧元。这得益于付费电视台南非超级体育频道（SuperSport）大幅提高了媒体权利费用，南非超级体育频道每赛季支付约2000万欧元用于该地区的英语媒体转播，远高于之前每赛季的约800万欧元。

剩下的2000万欧元来自与付费电视广播公司Canal Plus Afrique在该地区的法语媒体转播交易，与卫星运营商Zap在安哥拉和莫桑比克的葡语媒体转播交易以及与付费电视运营商Azam TV在坦桑尼亚的葡语媒体转播交易。该地区的所有交易包含2015—2016至2017—2018三个赛季。

美洲

贝恩大大增加了在美国和加拿大的投入以保持其媒体权利。其花费从每个赛季的3200万美元增加到了每个赛季1.2亿美元。这笔交易包含2015—2016至2019—2020五个赛季。

之前拉丁美洲的媒体权利交易价值为2270万美元，如今也上涨了360%以上，达到了每赛季约1.05亿美元。该地区媒体权利的交易由三个协议组成。付费电视广播公司墨西哥天空电视台以每赛季约3000万美元的价格获得了墨西哥和中美洲国家的媒体权利。付费电视广播公司娱乐体育节目电视网以每赛季约4500万美元的价格获得了巴西的媒体权利，同时以每赛季约 3000 万美元的价格获得了南美洲其他国家的媒体权利。所有这些新的交易都包含从 2015—2016 至 2019—2020 五个赛季。

亚洲

贝恩也以每赛季约 5000 万欧元的价格获得了 6 个东南亚国家的媒体权利。这些国家包括泰国、老挝、柬埔寨、印度尼西亚、马来西亚和新加坡。

在日本，暴风体育（MP 和 Silva）以每赛季超过 1500 万欧元的价格获得了媒体权利。相比上次交易的 1330 万欧元，只有小幅增长。暴风体育已经将现场转播权出售给了付费电视广播公司日本卫星放送（Wowow）。

在印度次大陆，付费电视广播公司 MSM 以每赛季约 900 万欧元的价格获得了从 2015—2016 到 2017—2018 三个赛季的媒体权利。它击败了出价 500 万欧元的竞争对手付费电视 Neo Sports。上笔交易为每赛季 200 万欧元。

在中国，在线播放平台 PPTV 以每赛季 500 万欧元的价格购得从 2015—2016 至 2019—2020 五个赛季的独家媒体权利。

欧洲

在欧洲大多数地区，媒体权利费用都在上涨，唯独在北欧有所下降。该地区的交易横跨 2015—2016 至 2017—2018 三个赛季。

MP 和 Silva 以每赛季约 1330 万欧元获得丹麦、芬兰、挪威和瑞典的媒体权利，相比于上一次与电视 4 台（TV4）1800 万欧元的交易减少了 26%。

MP 和 Silva 也以每赛季约 700 万欧元的价格获得了巴尔干地区的媒体权利，相比于付费电视广播公司 Sportklub 在上一次交易中支付的每赛季 350 万欧元，足足翻了一番。此外，他们还以每赛季约 200 万欧元的价格获得了阿尔巴尼亚的媒体权利。

在法国，贝恩将每赛季的媒体权利费用翻了一番，从 2000 万欧元增长到 4000 万欧元，这足以表明这一轮销售中，法国是欧洲最有价值的地区。

在英国和爱尔兰，付费电视广播公司天空电视台在上次交易中支付的价格为每赛季1400万到1500万欧元之间,这一次则翻了将近一番,达到约3000万欧元。

令人意外的是,Perform Group以每赛季约900万欧元的价格获得了德国、奥地利和瑞士的媒体权利,相比于上一次交易的每赛季500万欧元,增长高达80%。

在比利时,Andrea Radrizzani的11体育网络击败了现在的媒体权利所有者——付费电视广播公司比利时电信(Belgacom)。前者出资700万欧元,相比于后者在上一次交易中的250万欧元增长了180%。

在罗马尼亚,付费电视广播公司RCS-RDS以每赛季约600万欧元的价格拿下媒体权利,而上一次交易的价格则在450万欧元左右。

在捷克和斯洛伐克,媒体机构萨兰以每赛季约350万欧元的价格获得了媒体权利。Pragosport以每赛季约230万欧元继续保有在匈牙利的媒体权利。在之前的交易中,Pragosport以每赛季约250万欧元的价格获得了这三个地区的媒体权利。

结语

本章阐释了近年来精英足球俱乐部收入大幅增长的原因。对于处在金融阶梯顶端的俱乐部而言,媒体权利已经成为其最重要的资金来源。其中一个原因就是媒体行业的技术创新,它消除了传输频率不足的问题,这使得更多的球迷能收看到俱乐部的比赛。虽然体育馆有容量限制,但电视转播不存在这样的限制。原则上,世界各地的足球迷可以从任何地方收看相同的直播比赛。此外,互联网让俱乐部更容易在全球推广自己。这些因素使媒体竞争更为激烈,从而增加了媒体权利的价值。

这一发展已经使全球足球产业中的许多利益相关者受益。然而，在俱乐部足球方面，这些优势对最优秀的足球联赛即欧洲五大足球国家的联赛尤其有利。他们赢得了国内市场最高的收入。近年来，他们也因出口媒体转播权而受益。总而言之，这创造了财务优势，使他们能够招募到最好的球员，反过来也使他们能够提供最精彩的比赛。

足球小国的球迷从未像如今这样，可以如此方便地收看顶级足球国家的足球转播。这可能会给这些小国的足球俱乐部带来巨大冲击，从而进一步扩大金融阶梯顶端的俱乐部与其他俱乐部之间的资金差距。这种影响的力度和方向取决于电视转播比赛是用来补充还是替代国内的足球比赛。如果电视足球转播的进口在总体上促进了本国足球发展，这样就可以吸引更多的观众现场观看国内赛事或吸引更多的电视观众收看国内足球赛事的节目。但是，如果球迷花费太多的时间和金钱在国外的电视足球上，他们花在国内足球上的钱势必会减少。大量的电视比赛也会使球迷的精力饱和。除欧洲五大联赛之外，球迷还可以观看欧洲冠军联赛、欧洲联赛，以及欧洲杯。大部分的比赛都只在付费电视频道上播放。一些球迷无力支付欧洲俱乐部足球比赛和自己国内联赛的电视收看费用。一般而言，只要球迷有选择权，他们会选择最精彩的比赛。他们越是重视足球赛事的质量，越有可能将时间和金钱花在欧洲五大联赛的足球俱乐部上。

原则上，市场已经在俱乐部足球领域进行了收入分配，唯一例外的是集体销售程序导致的内部再分配。相比于俱乐部单独出售其媒体权利，该程序给底层俱乐部带来了更多的收入。该程序的目的在于维持俱乐部的竞争平衡，从而使联赛更受欢迎。但是，由于它增强了底层俱乐部的购买力，因此更多的俱乐部可以从低利率的市场招募球员。这样一来，相对于单独出售媒体收入的联赛和进口媒体转播权国家的联赛而言，重新分配收入可以增强这些联赛的整体性。

尽管市场分配对处于金融阶梯顶端的俱乐部有利，但这并没有使他们免于经济问题，事实上，许多俱乐部都在垂死挣扎。一个主要的原因就是激烈的人才竞争。经纪人策划了俱乐部之间的竞标战，这反过来又增加了球员薪水以及球员的违约金（豪根和索尔伯格，2010）。查阅资料可知，欧洲俱乐部追求赢球最大化。因此，他们在招聘球员方面的花费比追求利润最大化（科赛恩，1996）的北美俱乐部更多。一旦需求方突然发难，减少支付给俱乐部的费用，他们就很容易处于危机中。这就是欧足联执行《财政公平法案》（Financial Fair Play）的原因，其目的是使俱乐部能够更好地控制成本。

这些情况使许多俱乐部陷入囚徒困境之中。想要爬上金融阶梯的更高处，他们别无选择，只能向对手一样积极招募球员。招募竞争变得异常激烈，并且近期的迹象显示，这种竞争还会持续下去。因此，顶级俱乐部和联赛可能会采取一切手段来维护自己的地位。媒体行业的创新提高了那些顶尖俱乐部和联赛从外部市场获得经济回报的能力。因此，本章所描述的发展趋势可能会持续下去，即五大联赛中的俱乐部，其收入越来越多地来自外部市场。要知道，2015年英国人口只占中国人口的4.5%。虽然中超联赛在2016年的首轮转会窗口期的国际转会花费超过了英超联赛，但现在判断这是否是本章所述模式彻底转变的开始仍为时尚早。中国俱乐部想成为国际足球俱乐部的霸主，仍将面临不少挑战。其中一个挑战就是增加外部市场的商业收入。如今已是2016年，他们要想超越英超联赛和西甲联赛，仍然还有很长的路要走。

第八章
体育领域的伏击营销

西蒙·查德威克
尼古拉斯·伯顿
谢利·L.布雷迪什

引言

很少有行业或市场宣传活动能像赞助那样效果显著且意义重大。如今,赞助已经成为体育营销传播的一个重要组成部分。在过去的30年中,赞助价值不断增长,运作日趋复杂,战略日渐成熟,它不仅成了体育组织的主要收入来源,也是全球营销人员的重要工具。然而,随着赞助作为一种战略性的体育营销手段逐步发展,伏击营销形式的赞助随之出现并不断发展,因为它努力在市场营销中利用不断增长的体育价值,并有可能为品牌提供超越官方合作伙伴关系的法律和合同权利,因此成了官方赞助的有力竞争者。伏击营销的出现和发展,为赞助商、商业权利人、活动组织者和消费者带来了许多重大挑战,如今成为赞助管理、营销和体育企业经营的重要考虑因素。

发展历史及现状

1984年,洛杉矶奥运会举办之时,政治和经济动荡使奥林匹克运动长期亏损,难以为继。但此次奥运会一直被认为是现代奥运史上最成功、最开明的赛事之一,因为它将奥运广播、商品推广和商业赞助引入了一个商业化和管理成熟化的新时代。而在1984年之前,奥运赞助公开且不受限制,即允许有兴趣的组织象征性地缴纳费用参与奥运。1984年奥运会和1982年世界杯一起率先开发了(某领域商品的)独家赞助权和权利捆绑体系。通过限制奥运官方国际合作伙伴的数量,在每个产品或市场类别中选择一个官方赞助商(例如,信用卡、餐馆、运动服装、非酒精饮料、啤酒等)。洛杉矶奥运会首创了拍卖制度,竞标公司为了获得赛事赞助权互相抬价,致使赞助费用不断上涨。这一制度也保证了竞标成功品牌享有独家冠名权并提高知名度。权利捆绑为赞助商提供了全面的营销库存,并为官方赞助商提供了巨大的激活机会,增加了其投资价值。

这些结构性变化使赞助支出逐渐增长,也使得管理更加成熟。洛杉矶组委会颁布的改革方案使1984年奥运会成为史上最成功的一届,盈余2.5亿美元(拉洛可,2004),并激励整个体育赞助行业进行变革。1984年之前,私人营销媒体与奥委会单独谈判,导致1976年蒙特利尔奥运会拥有628个官方合作伙伴(格拉顿等,2012)。在1984年洛杉矶奥委会主席尤伯罗斯(Ueberroth)和其他组织者重新改革了赞助计划之后,奥运会正式合作品牌的数量减少到43个。国际奥委会创立了TOP(奥运项目,后更名为奥运合作伙伴)赞助平台,集独家赞助、权利捆绑和多层次的赞助框架于一体,以进一步增加赞助收入,并完善洛杉矶奥运会的成功模式。这些举措使国际赞助支出飞速增长,从1984年的约20亿美元(米那格汉,1991)增长到2014年的约553亿美元(国际赛事组,2014)。

尽管国际奥委会赞助改革取得了这些进展,但其效果并不都是积极的。官方合作伙伴要想成为未来赞助商还面临着种种限制以及不断增长的赞助成本,这使许多具有奥运营销野心的大公司不得不寻找新的机会来使其品牌与奥运会挂钩。因此,1984年洛杉矶奥运会上出现了一种新的体育营销形式——伏击营销,它为非赞助商提供了一种利用奥运营销价值的方法。伏击营销的定义是,一个品牌的营销传播活动,通过与赛事建立超越官方授权的联系来吸引大众关注和粉丝群体。从那时起,伏击营销对大型赛事的赞助和体育营销产生了越来越严重的威胁。

最早的伏击营销案例就是通过市场竞争对手之间的直接竞争而为人所知。例如1984年新实施的独家赞助权。柯达早在洛杉矶奥运会之前就一直是奥运会的官方合作伙伴,然而,富士获得了1984年洛杉矶奥运会的官方国际赞助权,这终止了柯达的长期赞助商身份。作为回应,柯达答应与美国田径队合作,确保他们的品牌在奥运场馆内部及周边随处可见，试图以此削弱富士作为官方奥委会赞助商的效用。四年后，柯达取代富士重返1988年汉城夏季奥运会的奥运赞助商之列，而富士则采取伏击营销策略，赞助美国奥运游泳队。同样，在1992年巴塞罗那夏季奥运会、1992年阿尔贝维尔冬奥会和1994年利勒哈默尔冬奥会上，美国信用卡公司运通公司（American Express）也成功地"伏击"了竞争对手维萨公司（Visa）的奥运官方合作伙伴关系，同时也"伏击"了其独家供应商权利，这一权利要求人们只能通过维萨卡购买奥运门票和商品。运通公司则宣称粉丝们不需要签证即可前往奥运举办国。

伏击营销这一名称来源于这些最初的案例。伏击营销的重点在于非赞助商的寄生或攻击意图。最早关于伏击的学术研究（例如，桑德勒和沙尼，1989；麦凯尔维，1992、1994；米那格汉，1996）强化了这种观点，认为这是一种积极的营销策略，并且暗示伏击者的最终目标是："削弱或者'伏击'竞争对手与体育组织的官方联盟。大多数情况下，伏击营销活动的目的是混淆消费者，让他们不知道究竟哪家公司是官方合作伙伴。"（麦凯尔维，1994：20）。之后的赛事，包括1996年亚特兰大夏季奥运会、1998年法国的国际足联世界杯决赛，以及2000年比利时和荷兰的欧足联欧洲锦标赛，都见证了伏击营销在欧洲乃至全世界的发展。伏击营销已经成为一个既定的并且在不断发展的官方赞助商的有力竞争手段。

例如，耐克利用他们对巴西国家队的赞助，成功"伏击"了1998年法国世界杯，赢得了国际关注和喝彩。耐克在巴黎的拉德芳斯（La Défense）地区建造了一座面积达7800平方米的耐克公园（Nike Park），并制作了一个巨型电视广告，其中包括巴西队前往法国比赛途中在伦敦希斯罗机场转机的场景。百事也是著名的伏击营销者，在1996年的板球世界杯上，它在广告板上大量投放广告，吹嘘"自己与世界杯官方无任何关联"，与可口可乐这一官方赛事赞助商针锋相对。同样，为了"伏击"1999年在爱尔兰举办的喜力杯决赛，吉尼斯将印有其品牌的飞艇开过兰斯多恩路球场上空，吸引了众多粉丝的关注，并使他们登上了全国的新闻头条。

商业公司在赛事上的这种行为已成为常态,并成为大型体育赛事营销环境的重要组成部分。然而更重要的是,非赞助品牌在识别和利用潜在的伏击机会方面所表现出的创造性和创新性,证明了伏击策略正逐渐从攻击性的活动转向更投机和更有创意的尝试。在20世纪80年代和90年代初,与官方赞助商针锋相对的营销活动十分普遍,如美国运通公司在巴塞罗那奥运会和利勒哈默尔冬奥会上"伏击"维萨,但现在大多被高度暗示性和颠覆性的营销活动所取代。这些营销活动结合参赛运动员和国家,利用联想性的图像或术语来制造更多具有创新性和联想性的"伏击"活动。

表8.1 著名的伏击营销案例

年份	赛事	著名的伏击营销案例
2010	国际足联世界杯(南非)	喜力相继在2004年、2008年欧洲杯和2006年世界杯足球赛进行了伏击营销。在本届世界杯,喜力制作了一个呜呜祖拉主题的帽子,送给前往南非观赛的荷兰队支持者。这个名为Pletterpet的帽子,以南非和荷兰的形象为特色,它还创作了流行的足球咏"Hup Holland Hup"。Pletterpet只是其广泛的伏击战略的一部分。除此之外,喜力还进行了一系列广告宣传,主要针对荷兰足球队的支持者,增强他们对世界杯的了解。
2007	橄榄球世界杯(法国)	爱尔兰博彩公司帕迪鲍尔(Paddy Power)成为汤加国家队的赞助商后,汤加橄榄球运动员埃皮·泰昂(Epi Taione)在比赛之前将他的名字改为Paddy Power,想以此来宣传该公司。但是,赛事组织者禁止球员以新名字参加比赛,这使他不得不重新使用泰昂这一名字参加世界杯。
2006	国际足联世界杯(德国)	荷兰的巴伐利亚啤酒公司向前往德国观赛的荷兰球迷赠送了成千上万名为Leeuwenhose的品牌皮裤。活动方让穿着皮裤的球迷在体育馆为荷兰队欢呼,这一广告活动产生了很好的宣传效果。据报道,体育场的官员强迫球迷不得携带可能会引发观众反感的物品进场。这一报道在国际上引发争议,因为有球迷宣称他们被迫只穿着内裤观看世界杯。

年份	赛事	著名的伏击营销案例
1996	夏季奥运会（乔治亚州，亚特兰大）	彪马赞助的运动员林福德·克里斯蒂（Linford Christie）在男子100米决赛前的新闻发布会上现身，戴着印有彪马标志的隐形眼镜，这违反了禁止佩戴非官方赞助商用品的奥运规定。
1984	夏季奥运会（加利福尼亚州，洛杉矶）	耐克在洛杉矶的奥运场地附近绘制了以其赞助的田径运动员为特色的壁画，观众甚至能从洛杉矶奥林匹克体育馆内看到这些壁画。这使42%接受调查的美国消费者误以为耐克是1984年夏季奥运会的正式赞助商。

伏击营销不断发展，赞助商和权利人为了更好地管理和保护他们的合作伙伴关系不得不对伏击营销做出回应，这也是全球范围内赞助干预主义逐渐兴起的原因。反伏击营销的最初形式主要是被动的防御策略，大多是指出伏击营销行为非法或不道德，并予以谴责。例如，"名誉和羞耻"这类公关活动就是最常见的反伏击措施之一。权利人试图找出媒体中的伏击营销者并对其予以谴责，以此引导公众舆论对伏击营销者施压。媒体发布了一篇文章，其内容为锐步对耐克在1996年亚特兰大夏季奥运会所做伏击营销的回应，以此对伏击营销者的行为进行了批评，其中就包括在奥运村附近建立临时商店。该文章指出："对他们感到羞耻。他们的所作所为对自己的员工、公司、产品和服务都造成了不良影响，并会影响自己所赞助运动员的发挥……"（迈尔森，1996）事实证明这些以道德为由的批评都是无效的，而且在很大程度上起到了反作用。因为媒体的报道反而成了"伏击"品牌附加价值的来源，而且消费者对于赞助商和权利人的困境几乎毫不同情。

赞助商和权利人在进行以公关为中心的反伏击营销的同时，也开始拿起法律武器来保护自己，如起诉"伏击"者侵犯知识产权和非法使用商标及版权材料。执行法律权利在很大程度上有效打击了体育赛事的侵权行为，这些行为从非法使用奥运五环进行营销到故意误用"足球世界杯"（Football World

Cup）等受保护术语。每逢重大体育赛事，国际奥委会、国际足联等大型体育赛事权利人都会面临大量的伏击营销，但大部分被报道或被调查的所谓伏击营销都是当地企业在不知情的情况下使用了受保护的文字或符号进行宣传。在这样的情况下，礼貌地要求其删除违规的商标或标志成效显著；在更严重的情况下，即重大赛事的律师团已经发出停止侵权通知，但侵权方熟视无睹，这时律师团会要求法院下达禁令救济，以终止其认为的侵权行为。

不幸的是，用法律保护来禁止大规模伏击营销的效果微乎其微。这些法律手段对于国际或国家层面的伏击营销活动几乎没有任何效果，与地方上的小型侵权行为相比，这些国际和国家层面的伏击营销对赞助价值或回报的潜在影响要大得多。大规模的伏击营销者历来十分谨慎，为了避免侵犯知识产权，他们采取更有创意性、创新性，甚至颠覆性的方法来利用大众对赛事的注意力推广其品牌，或利用这些方法将其品牌与"伏击"对象进行关联，达到推广效果。例如，使用具有暗示性的图像和术语，或策略性地将营销活动安排在赛事直播期间，抑或将广告媒体放置在主办方场馆附近，这使"伏击"品牌有机会以巧妙、合法的方式"伏击"体育赛事，并避免潜在的诉讼。伏击营销者采取更具有颠覆性的、更聪明的做法，这反而导致权利人和地方组委会以"仿冒"或"盗用"为理由寻求法律补救，或是寻求法律保护来阻止这些组织通过暗示或歪曲的方式，将没有赞助资格的品牌和商品与赛事方搭上关系，以此来误导消费者。不幸的是，与更为直接或明确的知识产权侵权案件相比，国际上对伏击营销是一种仿冒行为的认知十分欠缺，对赛事赞助的保护也非常有限。其结果是可以应用于高层伏击营销的法理学依据很少。大多数要追究的案件已经在庭外秘密解决，对于那些严重侵权的案件，我们会发现庭审结果普遍对伏击营销者有利。这一结果鼓励了伏击营销者，也使赛事组织方意识到强化保护措施的必要性。

当代和未来面临的挑战

尽管如此，执行知识产权保护法仍然是重大赛事及其权利人保护商业权利的重要手段，影响着体育赛事主办方所采取的限制和防范伏击营销者的诸多措施。这些措施包括：制定更详细的门票使用或转售合同，对赞助商在赛事场馆和营销保护区内的权利与责任做更严格的规定，以此限制伏击营销人员与赛事现场粉丝及场外粉丝直接接触。同样地，组织方和其广播合作伙伴意识到他们自身也应行动起来，以减少伏击营销发生的可能。他们在许多国家也都保证过，将会把电视广告时间纳入赞助协议。在1996年亚特兰大夏季奥运会和1998年国际足联世界杯之后，包括国际奥委会和欧洲足联在内的主要商业权利人实施了新的协议，该协议旨在销售和分配电视赛事转播期间的广告权利。这些反伏击措施限制伏击营销者接触国际电视观众，并且在许多情况下成功阻止了伏击营销的发生，限制了伏击营销者利用赛事场地及周围场地进行宣传和营销的机会。

这不仅是预防伏击营销方面的重大进展，也是管理精细化和赞助合同成熟化方面的重大进展。如今，合作双方签署的合同进一步明确了彼此（赞助商和被赞助者）的权利与责任，并且明确规定了商业权利人在保护赞助商方面可采取的反"伏击"措施，其营销传媒公司合作伙伴则希望利用这些反"伏击"措施来最大限度地宣传他们的赞助。

在当代，权利干预和赞助保护的最有效方法可能就是在清除场馆内部的广告营销同时，在赛事主办场馆附近限制媒体广告。鉴于1996年亚特兰大夏季奥运会和1998年法国世界杯足球赛期间大量明目张胆的伏击营销事件，欧足联及其营销咨询公司国际体育与休闲公司（ISL）在2000年荷兰比利时欧锦赛期间，在主办场馆周围设立了营销禁区。欧足联和ISL在赛事场馆外设置了3公里的营销禁区，禁止非官方赞助商刊登广告。他们还将广告牌和公共交通标牌空间提供给欧足联官方赞助商，鼓励赞助商发挥想象力刊登新颖的广告，或将这些空间留白，以防止非赞助品牌在这些空间上做广告来抢夺大众视线。同样，国际奥委会长期以来一直在无广告营销的体育场馆里举行比赛，因此它清除了主办场馆里所有的品牌广告，包括官方赞助商的广告，以保持奥运会业余运动的理念，同时也防止了伏击营销以及由此产生的混乱的出现。

2000年的欧锦赛之后，这种营销禁区的规模迅速扩大。2008年北京夏季奥运会期间，主办场地周围30公里的区域被划为营销禁区。然而不幸的是，对赞助商和商业权利人而言，这些重点针对营销的反"伏击"措施似乎更加激发了伏击营销者的创造力，并引发了一些旨在规避这些规定的新方法、新媒体和新策略。例如，2008年，百事可乐请中国篮球明星姚明出演其营销广告的主角，以更好地利用北京奥运会提升其品牌知名度。北京受到营销保护，全北京的营销媒体都由北京组委会和国际奥委会所有，所以百事选择瞄准包括上海在内的中国其他市场，并成功地在一些大城市里"伏击"了北京奥运会。

同样在2008年，运动服装制造商盖世威（K-Swiss）成功地"伏击"了ATP／WTA法国巴黎网球公开赛，其方法是在赛事保护区外的一条主要通勤人行道上制造一场显眼又独特的游击促销活动。这家美国公司在体育场外的公共街道上停放了一辆车，在这辆车的上方放着一个巨大的印有其品牌的网球；在街道的另一面，一辆促销货车向游客分发赠品。这一营销技巧使盖世威荣登欧洲各大媒体头条，并使其营销车辆成了往来罗兰·加洛斯地区游客的重要观光点。许多营销活动都把关注点放在观赛人群前往比赛场地的途中，包括火车线路、火车站、主办城市的公交系统，以及城市内及周边的大型机场。

伏击营销者的这种创造力以及规避监管体系的能力都围绕着赛事与赞助商形成，最终导致大型体育赛事主办方越来越依赖于对特定赛事进行立法，以此来限制非赞助商和当地企业的营销活动。为了对即将到来的2000年悉尼夏季奥运会进行营销保护，1996年澳大利亚颁布了世界首部伏击营销法案，这是当代赞助干涉主义的一个重要里程碑。《2000年悉尼奥运（标记和图像）保护法案》为后来的赛事提供了一个模板，可用来加强重大赛事所拥有的现有知识产权。一般来说，所有国家都授予国际奥委会和其国家奥委会或其体育管理机构对奥林匹克名称、标识和相关图像的专有权。澳大利亚政府颁布的法案进一步加强了在奥运准备和比赛期间奥运赛事方所拥有的法律权利，这其中还包括历史上奥运赛事使用过的单词和短语，因为伏击营销人员可能会组合使用这些单词和短语来暗示与奥运会的关系。举个例子，在过去，"金牌"和"悉尼"虽然是奥运单词，但都不涉及商标保护与版权保护；但在新法案出现后，将这两个单词进行组合用于营销活动就是违法的，可能会招致法律诉讼。

在奥运组织方和国际奥委会的眼中，《2000年悉尼奥运（标志和图像）保护法案》是成功的，从此之后任何奥运举办城市都必须执行此法案。因此，欧洲乃至全世界的国家都不得不颁布伏击营销法案，对商业权利人进行了更加周密的保护，以防止潜在的伏击营销，其中英国和南非等地的立法尤为严厉。随着时间的推移，奥运立法的范围和规模逐渐扩大，使组织方几乎完全垄断了赛事的营销权。例如，为了减少伏击营销活动，2012年伦敦夏季奥运会获得了营销活动的特殊法律豁免权，可以使用类似或具有暗示性的体育图像进行营销活动。

尽管如此，因为商业品牌试图利用消费者对重大体育赛事的关注、意识和信任，所以它们会创造新营销机会、新媒体和新策略，伴随着这些新发展，伏击营销也不断演变。伏击营销人员所展示的创意和创新表明，规避干预主义对伏击营销至关重要，并突出了赛事组织者和东道国政府在制止伏击营销及其扩散方面所面临的困难。

案例研究8.1：脱掉他们的裤子？

近年来，欧洲上演了一系列重要而有影响力的伏击营销活动，这对伏击营销的发展具有重大意义，对赛事赞助继续受到竞争性营销实践的保护这一模式也有重要意义。从1996年英格兰欧足联欧洲锦标赛期间在温布利大道上游击式的伏击营销尝试，到2006年德国世界杯足球赛期间耐克"美丽足球"（Joga Bonito）病毒式营销的成功，再到2012年伦敦夏季奥运会上英国运动员头戴魔音耳机（Beats By Dre），欧洲"脱颖而出"，成为伏击营销商与商业权利人之间战斗的主战场。为了应对这种伏击营销的扩散，欧洲赛事开创了一些反伏击营销策略，包括在赛事场馆附近设置营销禁区、制定场内规章、清理场地，以及制定具有新的深度和广度的法律来保护重大赛事的官方赞助商。

在波兰和乌克兰举办的2012年欧锦赛中，出现了最近这些年最有趣、最刺激的伏击营销案例。2012年6月13日，在乌克兰利沃夫举行的首轮比赛中，同为B组的丹麦队与葡萄牙队相遇。尽管葡萄牙队以3:2战胜丹麦队，但丹麦前锋尼古拉斯·本特纳（Nicklas Bendtner）却上了头条新闻。本特纳拿下本场比赛的第二个进球时，双方2:2踢平。此时，他掀起衬衫，露出醒目的绿色短裤，上面印着爱尔兰博彩公司帕迪鲍尔的商标。这一营销技巧为其赢得了国际媒体的关注，成功地伏击了欧锦赛。这家博彩公司还曾策划过一系列伏击营销手段，包括2010年在圣安德鲁斯公开赛上安排模特陪同泰格·伍兹（Tiger Woods），2007年橄榄球世界杯上试图赞助汤加国家橄榄球队。然而，欧足联对本特纳进行了严厉的纪律处分，以此强调重大赛事对保护商业合作伙伴和自身形象的重视，对伏击营销进行限制来保护自身合法权益。

穿着非赞助品牌的内衣并进行展示，本特纳的这一行为违反了两个重要规定，即违反球员行为规则和宣传非欧足联赞助商。国际足联比赛规则第4条关于球员行为和穿戴的规定为："球员不得露出印有口号或广告的内衣。"这个规定是为了防止球员在进球庆祝时脱下衬衫，利用进球庆祝来传播或透露政治或品牌信息。例如，2011年，意大利的前曼城前锋马里奥·巴洛特利（Mario Balotelli）在和曼联的比赛中赢得一粒进球，在庆祝进球时，巴洛特利掀开衬衫，露出写有"为什么总是我"的内衣。巴洛特利的庆祝方式，以及许多球员类似的行为，即脱去衬衫或是展示内衣上的信息与图案，导致国际足联进一步加强了对球员行为和穿着的规定，并对违规球员直接出示黄牌。

更重要的是，欧足联制定的《2010–2012年欧洲足球锦标赛规则》第18条规定："决赛中所穿衣物不允许印有任何赞助商广告。"欧足联在国际足联的比赛规则外新加的这一规定，旨在保护赞助商免受竞争对手的伏击营销，同时也可以避免遭到更具创意和机会主义的非赞助商的伏击营销。

因此，与触犯国际足联法规第 4 条的后果相比，侵犯欧足联商业合作伙伴的合约保障权或者在比赛期间进行伏击营销活动面临的处罚要严重得多。尽管本特纳称对禁止球员参与非赞助商营销活动的规定不知情，并声称帕迪鲍尔牌短裤是他的幸运短裤，但他还是被罚款 10 万欧元并禁赛一场。

对丹麦前锋的处罚在欧洲伏击营销和赞助保护史上具有重要意义。对本特纳的处罚与欧足联在比赛期间对种族歧视事件和球迷不当行为的回应形成了鲜明的对比，而且也证实了伏击营销的严重后果，以及保护赞助商和欧洲锦标赛商业价值的重要性。例如，西班牙和俄罗斯的足球协会，因其种族主义行为和球迷在比赛中言行不当，分别被处以 2 万和 3 万欧元罚款。克罗地亚足协也同样由于种族歧视遭到 8 万欧元的处罚，而且这已经是其受到的第二次制裁了。

对本特纳的不当行为与西班牙、俄罗斯和克罗地亚足协的支持者对侵犯公民权利所采取的惩罚措施截然不同，这引起了国际媒体、支持者和球员对欧足联的广泛批评。比利时队长文森特·孔帕尼（Vincent Kompany）通过社会媒体强烈谴责了欧足联的这一处理方式，并指出防止伏击营销比保护支持者和运动员免受种族歧视或身体暴力更有价值。前英格兰队后卫里奥·费迪南德（Rio Ferdinand）也在推特上公开反对欧足联对帕迪鲍尔公司伏击营销的处理方式。

欧足联对本特纳身穿帕迪鲍尔短裤这一行为所做出的反应，引起整个欧洲乃至世界各地对伏击营销的合法性和道德感进行更为广泛的讨论，同样，大型赛事、商业权利人、东道国、官方赞助商正在实施的反伏击营销措施也同样至关重要。赞助保护活动的可行性和实施地点日益严格，例如奥运会举办国针对特定事件的伏击营销颁布法律，身着特定服装的球迷只能在场馆的指定位置观看比赛。同样，帕迪鲍尔公司雇佣参赛运动员，在 2006 年德国举办的国际足联世界杯上，巴伐利亚利用粉丝做其代言人，这些极具侵略性的营销目的值得我们深思。而对于伏击营销人员来说,到哪一步他们才满意?

更广泛地说,欧足联的行为强调了商业和市场营销对于体育运动的重要性,并揭示了商业权利人和赛事组织者为保护赞助商和公司合作伙伴不计一切代价。体育赛事与赞助商之间这种令人不太舒服但仍必要的关系给体育管理者带来了诸多挑战,例如如何满足官方赞助商的期望和需求,如何让当地企业、支持者和运动员从体育的价值和潜力中获取商业利益。防止伏击营销和外部竞争是当代赞助活动的重点,以降低更大规模更明显的伏击营销活动产生的风险。这些风险可能会降低赞助的商业价值,或对品牌形象和体育赛事的公平性产生负面影响。如今,这些规定是合作协议的一个重要组成部分,而且赛事负责人和权利人需在防御伏击方面发挥积极作用。然而,国际奥委会和国际足联等理事机构,禁止当地企业和社会团体以伏击营销的名义从本地区举办的大型赛事中获益,因此饱受诟病。

结语

伏击营销的兴起和发展是当代体育营销研究的一个重要议题。如果没有充分理解伏击营销作为营销传播策略的性质、作用和演变过程,就不可能真正评估伏击营销对官方赞助活动产生的影响,也无从得知权利人和赞助商可以获得哪些补救措施或追索权。伏击营销者不断发展,范围逐渐扩大,他们违法的赞助保护措施,致使重大赛事赞助的管理难度加大,赞助合同变得愈加复杂。此外,伏击营销者争夺粉丝关注度和举办新颖益智的活动时,都需要赞助商对他们进行更多宣传,以维持彼此的合作关系并实现其战略目标。商业权利人和企业合作伙伴已经达成并采取了更加积极主动的合作方式来预防伏击营销,进而发展多层次的协同合作协议和营销活动,以使官方赞助商拥有更多宣传空间。尽管伏击营销者并没有显示出减弱的迹象，但这种合作应该能够帮助体育赞助取得成功。

  根本上来看，伏击营销及其对赞助协议和市场的影响是一个相对较新的现象，并且这种影响也在不断发展变化。如今的伏击营销与1984年洛杉矶夏季奥运会上最早出现的伏击营销案例已大不相同。在体育赛事营销方面，今天的伏击营销与过去竞争性、寄生性的营销相比，实则是一种更具战略性、投机性和创造力的方法。它对体育营销、经营手段和法律法规产生的影响显而易见：赞助合同、政府法案、赛场规则、赞助相关的营销活动都受到了伏击营销者的影响，而且随着伏击营销的发展，这些影响也会继续发生重大变化。然而，伏击营销所产生的确切影响还有待考证。迄今为止，品牌公司已经认可了伏击营销人员的创造力和创新性，并对他们的努力加以赞赏。但是，赞助的潜在成本仍不应被忽视。目前还没有证据表明伏击营销对赞助价值产生负面影响，抑或官方赞助商因为伏击营销而与赛事终止合作。但是，大型赛事还是面临诸多挑战，对奥运会和欧洲足球锦标赛这类赛事而言，只有赞助商不断发展进步，才能保证赛事盈利。

第九章
体育、社交媒体和在线社区

巴斯蒂安·波普

赫伯特·沃拉特切克

引言：发展历史及现状

社交媒体的定义

　　哈格尔（Hagel）和阿姆斯特朗（Armstrong）提出团队中个体之间不断进行交流所带来的经济利益显著提高，他们首先从商业角度对在线社区进行广泛研究，并将其定义为"分散的人群就一个特定主题分享他们的兴趣和专业知识"（1997，p.18）。由于近年来社交媒体的兴起，管理者逐渐将重心从传统的在线社区转向社交媒体，这种社交媒体是"以 Web 2.0 思想和技术为基础的一组互联网应用程序，用于创造和交换用户发布的信息"（卡普兰和亨莱因，2010，p.61）。菲洛（Filo）、洛克（Lock）和卡格（Karg）在对体育和社交媒体研究的专题报告中将体育社交媒体定义为"促进互动性和共创力的新媒体技术，这些技术使得用户发布的信息在组织（如团队、理事机构、代理机构和媒体组织）和个人（例如消费者、运动员和记者）之间得以传播和共享"（2015，p.167）。因此，体育社交媒体包括社交网站、博客、微博、在线社区和讨论论坛等多种平台。图 9.1 为各种各样的社交媒体和它们的突出代表。

　　在不同的平台中，社交网络（如脸书、推特）在研究和实践领域所受的关注度最高。这些基于网络的服务"允许用户（1）在有界系统内构建一个公共或半公共配置文件；（2）建立与其共享连接的其他用户的列表；（3）查看并研究他们的列表"(博伊德和埃里森,2008,p.211)。例如全球最大的社交网络脸书每月有14.4亿个活跃用户(脸书,2015),这种现象不可避免地对公司和他们的品牌产生了重大影响。

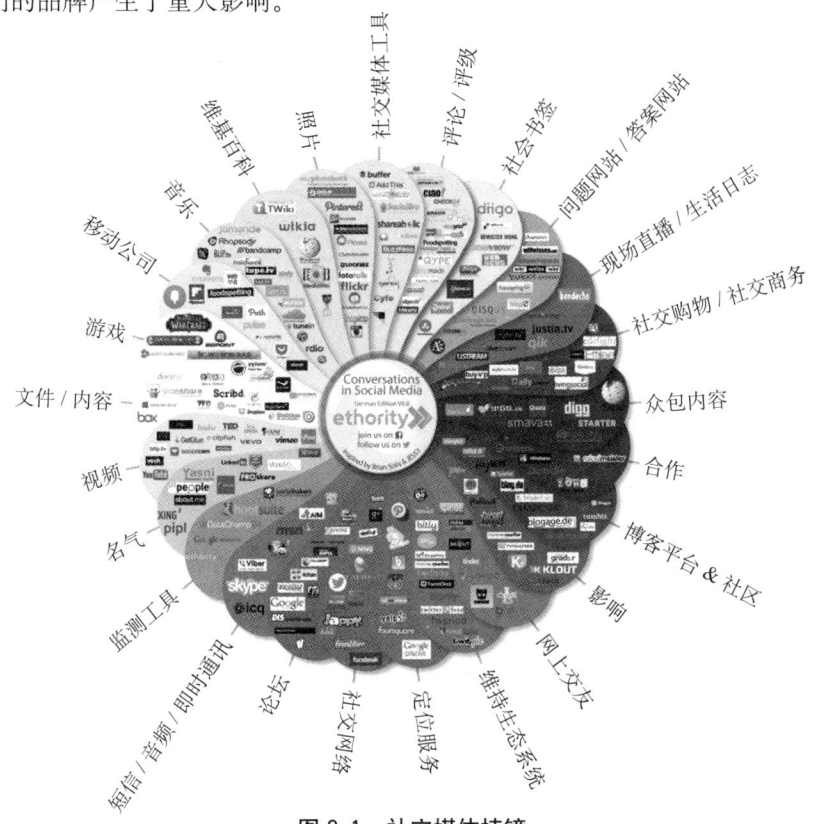

图 9.1 社交媒体棱镜

来源:埃索瑞特,2015

体育和社交媒体

社交媒体也深刻地改变了体育的传播和消费方式,这不足为奇。消费者和粉丝越来越多地使用社交媒体来制作、分享和讨论与体育相关的内容。因此,欧洲五大联赛中超过98%的足球俱乐部拥有官方脸书网页,99%拥有推特账号,85%有YouTube频道,以此来促进与品牌相关的在线互动。巴塞罗那足球俱乐部在脸书上拥有超过8400万的粉丝,在推特上有1500万粉丝,是全世界在社交媒体上最受欢迎的运动团队。目前,还另有10个欧洲足球俱乐部在社交媒体上有超过

1000万的粉丝。在欧洲五大足球联赛中，大量的用户显示了社交媒体对于运动队的巨大意义（见表9.1）。许多用户喜爱体育品牌（如公司，团队和运动员）及体育组织的脸书网页，也揭示了社交媒体对他们产生的深远影响，例如英超粉丝超过3000万，阿迪达斯超过3000万，罗杰·费德勒粉丝超过1500万。因此，职业团队、体育赛事、体育协会、体育组织的制造商和服务提供商花费大量时间和资源来监测社交媒体，以此推动受众的线上参与度，维持线上关系。

表9.1 社交媒体上的"五大联赛"足球俱乐部

联盟	俱乐部	脸书用户	推特用户	YouTube用户
英超联赛	曼彻斯特	65,165,423	5,314,524	无账户
	切尔西	42,537,135	5,728,535	431,877
	阿森纳	32,875,206	5,929,896	242,749
	利物浦	25,566,189	4,452,996	348,408
	曼城	19,124,844	2,540,012	404,782
西班牙甲级联赛	巴塞罗那	84,902,758	15,337,990	1,845,796
	皇家马德里	82,947,774	16,254,846	1,756,493
	马德里竞技	11,260,615	1,644,344	77,222
	巴伦西亚	2,511,962	574,371	24,526
	塞维利亚	1,005,234	472,956	14,151
德国甲级联赛	拜仁	30,105,040	2,172,904	351,070
	多特蒙德	12,830,914	1,656,020	112,829
	沙尔克	2,574,921	296,772	50,252
	莱沃库森	1,304,230	129,232	1,331
	云达不莱梅	838,076	182,556	28,454
意大利甲级联赛	AC米兰	24,376,969	2,621,233	271,476
	都灵	18,894,550	1,950,261	358,368
	国际米兰	5,264,444	818,884	153,394
	AS罗马	4,608,858	731,989	112,043
	那不勒斯	3,515,964	582,251	44,448

联盟	俱乐部	脸书用户	推特用户	YouTube 用户
法国甲级联赛	巴黎圣日耳曼	19,615,939	2,288,263	218,504
	马赛	4,148,859	1,502,877	39,241
	摩纳哥	2,591,090	608,990	20,693
	里昂	2,053,471	716,440	无账户
	里尔	616,045	366,047	6,770

来源：脸书，推特，YouTube

注释：截止 2015 年 6 月 22 日，按照脸书粉丝国家和数量进行排序

社交媒体的关键特征

社交媒体的多种特点使其成为用户之间、用户与运动品牌之间和体育组织之间进行互动的绝佳平台，这使得社交媒体在体育和商业领域的影响力日益扩大。例如，遍布全球的互联网克服了时间和空间的限制，并衍生出具有成本效益的宣传。而且，智能手机和平板电脑的普及使得人们能够及时与人分享他们对某项运动、某个运动队或体育相关事件的感受。因此，通信技术有助于更好地连接线上线下环境，即使球迷在体育场内观看比赛，他们也可以同时在社交媒体上进行互动。

社交媒体之所以对体育运动而言十分重要，是因为体育能促进网络互动和虚拟社区建设。首先，"世界上大部分人都花费时间和金钱来支持体育运动"（希克曼和沃德，2007，p.316），这一点也反映在社交媒体上；第二，运动能促进社会进行体育互动；第三，体育迷们积极参与体育活动，运动在许多球迷的日常生活中占有重要地位（萨顿等，1997）；第四，运动队是社会上最强势的品牌之一，它促进人们在社交媒体上进行互动；第五，体育运动是人们在网络上形成集体凝聚力的重要因素（斯塔夫罗斯等，2014）。

因此，许多体育迷在赛事全程都会使用社交媒体进行互动。社交媒体不仅可以在赛事期间，甚至在比赛淡季也能全天候为粉丝提供交流机会（吉田、赫尔和戈登，2015）。而且，粉丝们可以利用社交媒体讨论任意运动队的相关话

题，包括它们以前和即将参与的比赛、球员转会和赞助通告等。此外，粉丝团队还利用社交媒体来组织聚会、安排客场比赛等。

无论是俱乐部官方脸书账户，还是运动员私人账户，都是粉丝互动的重要平台。它们植根于社交网络中的品牌社区，能对品牌的各种活动产生积极影响，包括提高品牌知名度、创造良好口碑等（赞利亚，2013）。除了与自己喜爱的俱乐部进行交流外，球迷们也利用这些网站来抵制其他球队。有时候，这种对某个运动队甚至其赞助商的抵制或厌恶情绪，是在所谓的反品牌社区中将个体用户凝聚在一起的唯一原因。

体育社交媒体的形式与类型

体育社交媒体源自体育消费者和运动品牌（例如运动队、制造商、协会）的社交媒体活动，他们在社交网站（例如脸书、推特、YouTube）上转发文章、评论和媒体报道。由于在社交媒体中体育类互动多种多样，因此没有一种完善的体育社交媒体类型的分类方法。平台的所有权或管理是由个人、组织（例如运动员、粉丝俱乐部）或体育团队（例如公司、体育俱乐部、体育组织）来打理，是区分不同社交媒体活动的一种方式。此外，可以依据社交媒体用户的共同兴趣来区分

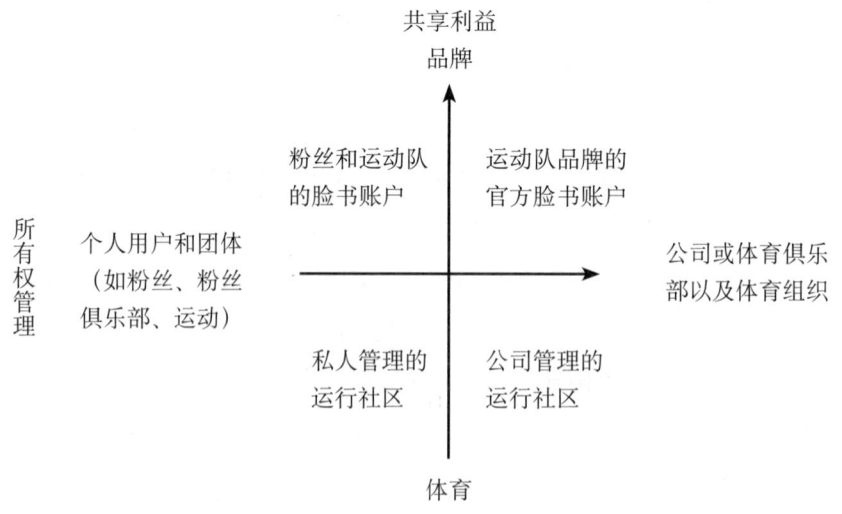

图 9.2　基于所有权管理或共同利益的体育社交媒体的分类

体育社交媒体：这种兴趣可能是一项运动项目，也可能是一个运动品牌（例如运动队、运动员、协会和制造商）。图9.2为上文所述的体育社交媒体类型。

许多运动品牌都在社交媒体平台上创建了官方账户。在欧洲，脸书和推特无疑是最杰出的社交媒体形式，它们在全球拥有大量用户。在所有社交媒体类型中，体育营销人员更倾向于选择Google+作为互动平台。尽管目前它的用户数量不如脸书，在用户参与度方面也有所不足，但Google+上的品牌展示有其积极的一面，例如Google有更好的产品排名系统，且拥有独特的服务，如"Google环聊"。此外，还有许多其他社交媒体平台，这些平台往往具有更专业的服务，如视频分享（如YouTube）、图片分享（如Pinterest，Instagram）、博客（如Tumblr）和定位入住服务（例如Foursquare，Yelp）。最近，直播应用程序（例如Meerkat，Periscope）使用户得以与其他社交媒体平台上的用户实时共享视频，扩大了社交媒体的前景。因此，体育迷和运动员能够观看现场直播比赛，增加了比赛的互动性，但同时也带来了一些法律方面的问题（例如侵犯直播权等）。

除了这些普通的平台之外，还有各种与体育领域密切相关的社交媒体网站。例如，运动员可以用RunKeeper之类的健身应用程序进行锻炼，并在社区网站或其他社交媒体（例如脸书）上与朋友分享。此外，为了利用社会资源（例如与朋友进行挑战或与他们分享自己的成功经验），像耐克这样的体育制造商也试图在他们自己的网站（Nike+）上吸引顾客。同样，有几家体育博彩公司（例如betandwin）也尝试通过社交互动来吸引客户。社交媒体催生了一批成功的在线足球经理（例如COMUNIO），他们允许成员管理自己的独特球队，并与他们的朋友共同创建一个虚拟联赛。此外，当然也有很多私人组织创建的社区和脸书网页来专门讨论一些特定类型的运动（例如篮球），成员们互相分享他们运动中的趣事，从而针对不同的话题进行互动，例如不同的联赛、技巧等。而且，社交媒体平台还提供了许多其他机会，例如为产品或服务的改进、市场调研和产品创新（例如耐克篮球）提供反馈意见（富勒、杰维卡和米尔鲍尔，2007）。

当代和未来面临的挑战及应对策略

实施社交媒体策略

社交媒体的这种普遍现象影响了消费者在体育管理中的各种价值共创过程。像脸书这样的社交网络已经成为良好的体育互动基本平台。体育组织和球迷之间以及球迷与球迷之间的互动已经极大地改变了体育组织对待体育迷的方式，及其与体育迷建立联系的方式。他们已经认识到消费者是价值共创的积极参与者，而不是体育营销活动的被动接受者（沃拉特切克、霍贝尔和波普，2014）。在体育社交媒体中，价值是体育产业、消费者、粉丝及潜在消费者、社交网站运营商和其他参与者共同创造的。从服务至上的角度来看，这些参与者通过整合（一个或多个）服务提供者的资源（如知识、能力和技能）和其他资源而积极参与到价值共创过程中（瓦戈和乐斯克，2004）。因此，体育社交媒体只能为其创造潜在价值提供一种价值导向，其社交媒体的表现代表了他们的价值主张，这使得多方参与者（主要是品牌的粉丝）能够共同创造价值。

体育领域中多方（例如体育俱乐部、赞助商、球迷和媒体）的积极参与使得体育实体逐渐将社交媒体视为一种合适的营销平台，这一营销平台能够促进合作双方建立联系。因此，在社交媒体的动态环境下，体育俱乐部、体育品牌，以及体育领域的其他组织必须不断推出具有发展前景的社交媒体策略。这一尝试的一个关键挑战在于要想从网络效应中获益，必须成功吸引社会受众。因此，俱乐部和体育组织想方设法在广播、线上营销、直接营销、广告以及比赛过程中引起社交媒体对他们的关注。另外，体育俱乐部面临的另一重大挑战是他们要在其社交媒体网站上不断提供有吸引力的内容以激起粉丝的兴趣。

首先，这可能意味着要将各种信息都发布到社交网站上。新闻公告，运动队、运动员或具体比赛的重要信息都应该在社交媒体上进行广告宣传，甚至可以公布在脸书等第三方网站上，以促进粉丝间的互动，并通过"病毒式"营销效应进行传播。俱乐部也可以利用诸如推特一类的社交网站来报道比赛的实时排名，并及时提供比赛结果。社交网络使得粉丝能够很容易跟进赛后采访和新闻发布会，并讨论相关话题。

使用社交网站能迅速传播信息，人们分享或讨论故事、图片及视频时，相关内容会被推荐到他们的人际网络上。特别是社交媒体所具备的共同标准，使得体育组织可以成功利用其独特的互动网络特征。例如，"#"号标签使读者能够轻松地关注他们喜爱球队的所有推文，不管这些推文是由俱乐部发布的，还是其他推特用户发布的（例如，曼联足球俱乐部的所有推文都带有#mufc符号）。此外，"#"号标签还成功用于识别特定比赛的所有互动内容（例如，用#UCL符号表示欧冠决赛，用#BVBFCB符号表示多特蒙德队和拜仁慕尼黑队之间的比赛）。提供有关赛事的赛后报道可增加粉丝体验，也有可能提高大众对赛事的总体满意度，并加强俱乐部与粉丝之间的联系。

因此，提供体育社交媒体平台具有促进作用，而且社交媒体使得体育消费者能够获取信息，及时发布信息，积极参与各种活动。社交媒体和移动技术迅速发展，粉丝们的见解和价值观得以传播，使得他们能够发表看法，表明自己的身份，并与其他人区别开来（艾丝卡拉和贝特曼，2005）。由于某些粉丝的这种象征价值比产品或服务的实体属性和功能（即比赛本身）重要得多，因此社交媒体上的粉丝互动对运动品牌与消费者间的长期的情感关系起着重要作用。

而且，体育品牌的社交媒体活动，不仅影响粉丝与体育俱乐部的关系，也是该品牌粉丝与其他粉丝（包括竞争对手的粉丝）进行互动的重要手段（卡尔森、多纳万和康米斯基，2009；安德伍德、邦德和贝尔，2001）。因此，即使在运动队没有获胜的困难时期，运动队相关网站上的社交融入也有助于确保粉丝的忠诚度。

最后，越来越多的用户关注体育品牌的社交网站，并且他们已经不受社交媒体种类的限制。因此，用户不仅在脸书上与运动品牌进行互动，这种互动也感染了其他社交媒体平台的用户，从而使他们也加入到对该品牌的交流中。社交媒体可以使特定品牌的粉丝团结一致，形成更强大、更有影响力的团体，从而增加消费者的权力（福尼尔和艾弗里，2011）。例如，MyFootballClub.co.uk就是一个众所周知的例子，但它存在的时间并不长。MyFootballClub.co.uk是一个在线平台，它首创一种做法，即允许其付费会员通过网上民主投票来控制一个英国足球俱乐部。2007年它拥有至少5万名会员，该组织在2008年至2013年控制了埃布斯福利特联合俱乐部（Ebbsfleet United FC）。然而这期间，该项目决策不佳，会员数量减少，最终该俱乐部被移交给投资财团。

品牌社区

运动队深知与品牌相关的团队建设过程在社交媒体中发挥着十分重要的作用。通过广泛研究，最终将品牌社区定义为"以品牌粉丝间社会关系为基础，形成的一种与地理位置无关的特定社区"（穆尼斯和奥吉恩，2001：412），这说明粉丝团体在运动队和品牌之间起到了纽带作用。在一个社区中，一个为大家所喜爱的品牌使个体成员间建立起联系，粉丝从中获得社会利益。社区参与者爱好相同，拥有共同的仪式、传统和道德责任感（穆尼斯和奥吉恩，2001）。而且他们在社区中参与度很高，并与其喜爱的品牌和运动队关系密切（彭伊特罗斯皮和施罗德，2011）。实践经验证明，许多大型品牌社区都关注运动品牌（彭伊特罗斯皮和施罗恩，2011），研究人员认为运动队是社会中最具影响力的品牌社区之一（黑雷和詹姆斯，2007）。鉴于在线粉丝互动所产生的积极作用，足球迷社区被视为"价值共创的平台"（彭伊特罗斯皮和施罗恩，2011）。体育营销人员尝试利用品牌社区来强化自己的品牌，并培养粉丝与团队对品牌的认同感。因此，体育营销人员基于他们的运动或团队品牌，建设并维护品牌社区。俱乐部也可能会在自己的网站（例如，拜仁慕尼黑的"MYFCB社区"）上组建一个社区，或者使用第三方社交网站（例如，脸书）为粉丝互动提供一个官方品牌页面。

挂牌社区

然而，并不是每个运动品牌都能够永远成为客户互动的平台。虽然运动队可以经常调动忠实粉丝的情绪，并促使粉丝对团队品牌进行长时间讨论，但其他体育实体（例如，制造商、协会）可以在网络上采取其他社区建设策略。制造商可以就某项运动建立一个社区，如耐克建立了Nike+社区，该社区集产品、移动技术和运动员社区于一体，并从不同类型的价值共创中获益（例如，挑战、技巧、分享成功和情感）。

Fussball.de 由德国足球协会（DFB）和德国领先的邮件服务提供商德国邮政集团（Deutsche Post）经营，是一个有关足球的在线社区，同时也是通过体育相关在线社区进行品牌营销的又一实例。这样的"品牌社区"通常被定义为一群人就"某一品牌为实现其营销目的，而赞助或运营的特定主题，分享他们的兴趣爱好和专业知识"（波普和沃拉茨切克，2015）。品牌在线社区的现象表明，与体育相关的社交媒体也为品牌带来了新的赞助机会。

社交媒体和体育赞助

事实上，社交媒体对赞助来说也越来越重要（查瓦特和德伯特，2014）。体育俱乐部如果在脸书和推特上拥有大量粉丝，就相当于拥有了一个招募投资的最佳平台，在这个平台上有与赞助商相关甚至赞助商自己发布的帖子。而且，社交媒体中与俱乐部相关的互动越多，该品牌在顾客心目中的价值越高，对赞助商的吸引力就越大。显然，社交媒体拓展了传统体育赞助领域，不再局限于现场赞助以及传统媒体使用，因此赞助俱乐部、运动员和赞助商都需要对"赞助2.0"有更全面的了解。

运动员更是认识到了社交媒体的价值，不仅与粉丝保持密切联系，还为他们的赞助商做宣传（汉布瑞克和马奥尼，2011）。运动员通过发布个人与体育相关的信息以及生活动态，设法定期与粉丝进行互动。他们经常在这些社交媒体活动中为他们的赞助商做宣传，例如使用与赞助商有关的标志、宣布与赞助商有关的事件或宣传产品。值得注意的是，粉丝们对运动员的这种做法十分宽容。因此，运动员越来越多地在社交媒体上提及他们与赞助商的关系，例如，贴出包含赞助商产品的图片或与赞助商有关的链接。

社交媒体上的粉丝权力

然而，社交媒体也有消极影响，包括公司控制权丧失、反品牌的激进主义活跃以及对赞助的恶劣影响。这些消极影响可能会造成利益相关方的经济损失，因此值得体育经理特别关注。

社交媒体为有效促进利益制衡（例如，球迷对高票价或开球时间的不满）提供了新途径。近年来，在欧洲的职业体育运动中，可以看到大量通过社交媒体活动增加粉丝权力的例子。其中很多都是在大众媒体上实现，并成功地影响了管理层的决策。例如，在2014–2015赛季，德国汉诺威96足球俱乐部的粉丝使用网站和社交媒体联合抵制球队的主场比赛，俱乐部最终不得不放弃其所推行的政策。由于粉丝有足够的时间、金钱和信息等个人资源，社交媒体帮助粉丝们强制俱乐部倾听他们的意见，使粉丝免受双重剥削。

另外一个著名的例子是德甲联赛在2012–2013赛季出现的"12:12"事件，在比赛开始的前12分钟，粉丝故意不为球队加油，以抗议德意志足球联赛提出的更严格的安保体系（斯蒂勒、魏斯曼和戈尔曼，2014）。社交媒体平台，如脸书（https：//www.facebook.com/12doppelpunkt12）或在线社区（http：//www.12doppelpunkt12.de）也是这一强大的抗议队伍形成的重要因素。因此，体育组织和管理者必须认识到，大量使用互联网也增强了粉丝的力量，会带来负面影响。

特别是基于社交媒体的在线互动催生了一系列反品牌社区，这些社区用于宣泄对某品牌的反感情绪（霍伦贝克和津克汗，2006）。粉丝经常故意使用脸书等社交媒体平台与其他团队和粉丝划清界限，以此表示他们与其他团队的对立关系，从而更加享受与体育相关的社交活动。发布信息、进行评论和分享消息、图片、视频等社交媒体功能是激怒和诋毁竞争对手的团队和粉丝的有力手段，有利于提升反品牌社区的成员以及竞争团队中的粉丝对其喜爱的品牌的忠诚度，反品牌社区也可能会影响对立品牌，以及与之相关的行为方。

发展与运动队相关的反品牌社区的主要驱动力包括对立品牌粉丝的忠诚度、幸灾乐祸的心态，以及与特定俱乐部脱离关系的意愿，并与联赛中对立俱乐部的粉丝团结一致（波普等新闻报道）。特别是面对商业化、腐败或违法行为等有争议的问题,实力雄厚的俱乐部可能会面临社交媒体上的反品牌运动。脸书上，反对主要团体性运动品牌的各种社区，如反对巴塞罗那足球俱乐部、切尔西足球俱乐部、拜仁慕尼黑国际米兰的社区,说明了这一现象与运动队及其赞助商的相关性。此外,体育品牌和国际足联等体育组织一直是激烈的线上反品牌活动的重点攻击对象,例如,针对2014年巴西世界杯足球赛的腐败行为进行的线上反品牌活动。

负面的帖子、用户制作的图表和评论内容可能会使人们重新定义该品牌,形成所谓的"幽灵"形象(汤普森、林德弗莱施和阿塞尔,2006)。因此,反品牌社区成员会对品牌定义产生消极影响,在社区内以及其他接触到负面信息的脸书用户群体中会产生对竞争对手的负面评价。

考虑到俱乐部对赞助商的潜在溢出效应,社交媒体中的反俱乐部社区也包括对俱乐部赞助商的反对,因而赞助商应关注社交媒体中的反品牌活动。特别是运动队的赞助商可能会失去对立运动队的反品牌社区成员的支持,或者自己的品牌形象因运动队的负面形象受到影响。因此,赞助商应该重视反品牌运动对其造成的威胁。恶意反对某特定品牌的粉丝数量可能轻而易举就超过支持该品牌的粉丝数量。这样的话,对赞助的消极联想便会多过积极联想。

此外,最新的实例证明,由于社交媒体的反品牌社区可能直接针对赞助商和体育俱乐部的投资者,这些都会给赞助商以及他们赞助的运动队带来极其严重的消极影响(见案例研究9.1)。

共同反感某一特定品牌的人群在社交媒体上组成了反品牌社区。而在体育领域,有专家将运动队作为对立品牌,专门研究了这个现象。研究发现,有些反品牌社区并非反对某个运动队,而是反对它的赞助商或投资者。接下来的两个案例说明了这些反赞助社区或反投资者社区的性质和影响。

案例研究 9.1:反 RB 莱比锡运动

德国足球俱乐部"莱比锡草地球类运动队"在奥地利红牛功能饮料公司的倡导下成立。为了使俱乐部跻身德甲联赛,红牛(BF)公司于2009年购买了第五分区的联赛球队马克兰斯塔特。德国足协(DFB)规定红牛不能作为公司名称的一部分,所以俱乐部取了一个不同寻常的名字"莱比锡草地球类运动队",通常会故意将其称为"RB莱比锡"。此外,俱乐部的标志借鉴了红牛品牌的标志。该俱乐部的成立符合德国足球联盟(DFL)的"50+1"规则,可以免受外部投资者的影响,但红牛作为投资者和主要(球衣)赞助商的实际影响力受到公众质疑。2014年,RB莱比锡晋级后,成功进入德国乙级联赛,这激起了反RB活动。脸书等社交媒体平台和网络社区在组织各种反RB运动中发挥了重要作用(见图9.3)。

图9.3 反RB社区的标志和标语

来源:http://www.nein-zu-rb.de(检索于2015年6月20日)

特别是德国乙级联赛中其他俱乐部的支持者发起了一项抗议,宣称:"对红牛说不!对你而言,这只是营销,对我们来说,这就是我们生活的意义!"一个相应的在线社区(http://www.nein-zu-rb.de)和脸书(https://www.facebook.com/GegenRedBull拥有超过13000个粉丝)为表达对RB的厌恶之情,以此开展抵制活动并向德国足球联盟(DFL)提出索赔。社交媒体上反RB的用户量快速增长,很可能令投资者、赞助商和俱乐部措手不及。此外,反RB人员在主流媒体和体育杂志上也开展了抗议活动,从而受到大众瞩目。

对反RB社区的内部研究表明,大多数用户加入社区并与红牛做斗争,共同抵制足球商业化。用户抱怨红牛从事足球行业只是出于营销目的,他们批评红牛投资造成传统公平竞争的缺失。他们蔑视赞助商、俱乐部,以及那些只会发挑衅性言语或图片的粉丝。此外,竞争对手的球迷要求抵制莱比锡的比赛,或在莱比锡的比赛中进行抗议。激进分子更是要求足球协会抵制商业化,他们认为红牛的行为使联赛规则形同虚设。最后,RB 莱比锡的球迷们造访反 RB 莱比锡社区,试图捍卫自己的球队,从而促进了球迷之间的互动并加剧了他们之间的竞争。因此,RB 莱比锡的案例也表明,球迷对红牛投资行为的看法取决于球迷是否喜欢它所投资的俱乐部。虽然很大程度上来说是对手球队的球迷推动了反 RB 激进主义的发展,但 RB 莱比锡的粉丝和莱比锡的居民似乎对红牛作为俱乐部的投资者和赞助商持更乐观、开放的态度。

案例研究 9.2:反维森霍夫活动

社交媒体驱动下的反品牌激进主义也可能只针对某一特定赞助商。例如,反对维森霍夫作为德甲俱乐部云达不莱梅的球衣赞助商的群体,组成了一个反赞助商社区。2012 年 8 月,云达不莱梅宣布该赞助项目后,13000 多人迅速加入了脸书上 "Wiesenhof as sponsor of Werder? NO thanks" 这一话题("维森霍夫成为云达的赞助商?不,谢谢",https://www.facebook.com/Allez.Werder.Fans.Gegen.Wiesenhof)。反对维森霍夫的活动人士均表示反对这个赞助项目,这使赞助商和俱乐部很是为难。成员们发表评论,分享图片,以此来抵制维森霍夫成为云达不莱梅的赞助商。此外,为了能让俱乐部听到自己的声音,用户们一同发布垃圾邮件,还在俱乐部的网站上发表负面评论。虽然该社区有一些能与反莱比锡社区相匹敌之处(例如,反对足球商业化),但仔细研究后就会发现,人们加入反维森霍夫社区的动机不尽相同。几乎一半的成员表示,成为云达不莱梅的粉丝意味着要设法保护俱乐部,避免其因赞助商声誉扫地。他们表示维森霍夫和云达不莱梅不适合合作,维森霍夫成为赞助商影响了他们与俱乐部的关系。因此,他们打算抵制包含赞助商品牌的一切商品,甚至包括云达不莱梅的主场比赛。同时,不喜欢维森霍夫这一品牌的人也加入了这个社区，以保护动物权利为由诋毁赞助商。他们的帖子和评论主要抱怨家禽饲养标准不佳，而云达不莱梅是造成这些问题的罪魁祸首。

电视和报纸等大众媒体报道了反赞助社区及其活动，从而使抗议活动更加活跃。维森霍夫和云达不莱梅俱乐部采取的后续行动说明了被赞助者和备受诟病的赞助商所处的两难境地：俱乐部召开球迷讨论会和球员一起参观维森霍夫，虽然公共媒体赞赏赞助商和俱乐部的反应，但是就反赞助团体来看，这些都起到了相反的效果，引发了更多负面评论。然而，反赞助商社区的内部互动逐渐减少，2014年俱乐部宣布赞助协议延期在社区内激起的反维森霍夫行动主义也只持续了很短的时间。

通过以上两个案例对体育行业的商业化进程进行了鞭辟入里的分析。尽管体育实体可能影响公司形象这一问题已经得到广泛的研究，并受到运动员、体育组织和体育商业合作伙伴的高度重视，但赞助的负面影响仍需进一步研究。

反对赞助商或投资者的反品牌社区对不同行为方（如俱乐部、赞助商、投资者和协会）的多方面负面影响表明，赞助商和俱乐部必须考虑并监督这种现象。社交网络的强大影响力以及反赞助商或反投资者社区规模通过其他媒介不断扩大也进一步证实了监督的必要性。而且体育实体必须意识到，社交媒体上的反品牌激进主义不仅限于虚拟空间，还伴有线下活动。最后，球迷但凡对球队、投资者和赞助商中的任意一方产生负面情绪，就可能致使球迷对球队的态度发生负面变化。因此，团队和品牌经理应该努力辨识会员（不同）的动机，以找到应对反赞助者和反投资者激进主义的策略。

然而，本章的两个案例表明还有许多类似问题亟待解决：例如，面对反品牌激进主义要采取什么策略？特别是粉丝间存在不同意见时，体育管理者应该如何有选择性地听取这些意见？鉴于欧洲职业运动队内部竞争激烈、对金融资产依赖性强的现状，球队（和运动员）必须权衡选择某一特定赞助商的利弊。

结语

社交媒体是一个非常强大的平台,它对体育创造价值的方式,既有积极影响,又有消极影响。体育组织必须以更平等、真实和用心的方式与观众互动。

选择正确的社交媒体平台是一个关键问题。通常情况下,团队会选择最好、用户数量最大的平台,即脸书和推特(几乎所有来自五大欧洲足球联赛的俱乐部都在这两个平台上有官方账户)。然而,如今社交媒体平台日新月异(几乎每天都有新的平台被推出,还有一些平台被并购,另外一些平台则不得不关闭),所以体育公司要持续关注这个市场,定期总结经验教训。此外,社交媒体平台在不同国家或地区的传播情况各不相同。尽管本章介绍的平台在欧洲国家(和美国)非常成熟,但中国市场的主流平台是微博和腾讯。因此,体育产业必须根据市场特点选择适合的社交媒体。

尽管许多现有的第三方社交媒体平台(例如,脸书、推特和YouTube)拥有大量用户,但他们也可能会因为存在一些缺点而限制了体育实体的使用情况(例如,限制布局、内容和可用性)。此外,在第三方公司提供的社交媒体平台上,运动品牌的线上广告收入相当有限,还不允许向用户收取订阅费或让用户一次性付费。由于这些限制,体育俱乐部可能会(另外)采取措施,例如自己经营一个品牌社区,并分享视频和其他内容(例如,曼彻斯特联队的MUTV和拜仁慕尼黑俱乐部的MYFCB)。

最后,运动品牌、运动员和组织在选择好平台后,要确保在不同平台和媒体上开展的活动保持一致(例如,电视、新闻稿、网站和电子邮件)。体育领域的管理者应充分利用所有平台的独特优势。

对于体育实体来说,管理多个社交媒体平台是一项复杂的工作。他们必须找到一个整体通信方法,统筹各个平台,照顾所有利益相关方。根据特定平台发布的相应内容,对所有平台进行监控。因此,体育组织必须调整其职能部门以应对这些挑战。此外,不断崛起的专业社交媒体管理咨询公司和提供商可能会对体育实体有所帮助。这些服务提供商执行各种有关社交媒体的任务,也可进行各种指导，例如发布信息、编排内容和开发分析型应用程序等。

一个品牌，尤其是体育品牌，想要吸引更多消费者，不仅需要采用积极主动的策略，还要重视社交媒体的作用。消费者之间的互动是对品牌感知的实时反馈，据此，品牌可以提高产品质量或改善其服务。因此，体育组织应该使用网络分析法，即对相关社交媒体渠道进行定性分析，并通过互动内容来识别相关信息。此外，许多定量工具可以调动粉丝和追随者的情绪，这对体育管理十分有益。这些活动有利于优化社交媒体（例如，发帖的时间和内容）以及在自己的社交媒体页面上有效地整合第三方（例如，赞助商）的帖子。

然而，通过社交媒体调动粉丝互动似乎效率很低。尽管许多 NBA 和 NFL 球队在体育场内积极推广他们的社交媒体活动，球迷也的确在比赛期间通过社交媒体进行了互动，但这种方法在欧洲的传统体育项目中似乎是行不通的。正如最近埃因霍温俱乐部的支持者抗议体育场设置无线网络，（至少有一些）支持者团体对数字媒体的介入持怀疑态度，因为他们认为引入这个技术，并不是改善现场粉丝观赛体验的明智之举（《卫报》，2014）。

体育管理者也必须认识到，由于品牌粉丝和对手粉丝的力量都在不断壮大，所以他们对品牌的控制力有限。虽然社交媒体上大多数粉丝互动都是为了强化自己的运动品牌，但是一旦有黑粉加入就可能带来管理问题。此外，脸书的程序设置可以决定向特定用户显示哪些帖子。最后，体育实体无法控制其通信的传播，而是依赖于社交网络的管理者，管理者也可以决定向用户显示哪些帖子和广告（例如，来自竞争对手的体育品牌或赞助商发布的帖子）。

对于欧洲体育实体来说，另一个挑战性的任务是解决社交媒体用户的隐私问题和数据保护问题。有些用户由于太过担心隐私问题，所以不使用某个社交媒体平台。例如，2014 年，用户就德国脸书隐私保护和使用条款进行了激烈的讨论，该讨论引发了一场辩论，辩论内容是社交媒体公司的诚信形象对品牌在社交媒体中取得成功的重要性（潘迪娜、张和巴努瓦，2013）。此外，欧洲严格的在线服务法律法规可能会对社交媒体中的价值共创产生负面影响。

第十章
企业在体育领域的社会责任

马修·德雅巴拉赫

引言

过去10年，体育组织的社会行为日益备受瞩目。2014年《卫报》的一项调查显示，即将在卡塔尔举办的2022年世界杯已造成900多名外籍工人死于其基础设施建设（吉布森和帕蒂森，2014）。在巴西，有超过100万人参加反世界杯公众示威活动，对数百亿雷亚尔的公共资金用于建设体育场，而非社会福利提出抗议（温特和特谢拉，2014）。在欧洲，2014年的索契奥运会被大众和各种非政府组织称为是一场生态灾难（格鲁夫，2014）。与此同时，体育组织（尤以欧洲为主）采取各种措施来改善这一状况。职业俱乐部致力于社区发展，采取了一系列创新举措，如建立"埃弗顿免费学校"，为残疾青少年提供可行的学习方案；达特福德俱乐部的"生态屋顶"使用可再生木梁和绿色植物建造，供鸟类和昆虫栖息和生活。国家体育协会设立了一些特定的职位，如法国网球联合会的"CSR主任"，英国柔道联合会的"俱乐部福利官员"等。体育赞助商诸如EDF（电力公司）、宝马、思科（电信设备公司）等公司也顺应这一趋势，成为2012年伦敦奥运会的"可持续发展合作伙伴"。

所有这些例子都表明了两个重要的观点：（1）企业社会责任引发的全新商业道德对体育来说同样适用；（2）企业社会责任在体育领域具有独特形式。因此，在本章中，我们将探讨企业社会责任在体育领域的特殊性。在分析体育企业社会责任之前,本章先对普通的企业社会责任问题和争论进行简单描述。然后,我们以国家体育组织为例,让读者了解企业社会责任的活动以及这些活动的不同背景。由于企业社会责任涉及各种体育组织,因此本章还列举了其他几个例子。总而言之,我们对这些做法持批判性态度,因为有时这些做法只能作为追求品牌形象或名誉目标的工具,而不能获得真正的社会效益。

企业社会责任和体育运动之间的关系

企业社会责任的根源

20世纪80年代中期以来,企业社会责任作为一种全新概念出现,而且这一概念似乎在学术研究和企业实践方面都相当成功。但事实并非如此。霍华德·鲍恩(Howard Bowen)在1953年出版的《企业家的社会责任》一书中,首次提出企业社会责任的真正定义。鲍恩认为,企业社会责任指的是"商人实施政策、做出决定、履行社会目标和价值观要求的行为准则时所要遵循的义务。"(1953:6)。必须指出的是,虽然这个定义已被广泛认可,但鲍恩的这本著作原意不是为公司所用,而是按基督教协进会的要求完成的。此外,在鲍恩的著作发表后,企业社会责任并没有马上受到大众关注,尤其是二战后,欧洲经济不断增长,发展福利政策,企业通过家族主义经营方式来减少其社会责任(马藤和穆恩,2008)。事实上,鲍恩并不是第一位反思企业社会责任的作者。正如本章的几位作者所述,自古以来,经济活动在人类社会中一直都举足轻重。

因此,在20世纪80年代经济持续低迷时期,企业社会责任才得到重视,而这源于一些企业丑闻,如1989年的埃克森·瓦尔迪兹(Exxon Valdez)石油泄漏事件,2001年的安然公司倒闭等。除此之外,自企业社会责任被首次定义后,大众也开始逐渐对其有了真正的认知,而且也可以辨别企业社会责任在美国和欧洲的本质区别。马藤和穆恩将美国企业社会责任定义为自由主义,并以企业慈善传统为基础,而欧洲企业社会责任在很大程度上是依据20世纪60年代出现的可持续发展原则定义的,这一原则也成为欧盟政策的一部分(2008)。

这些差异一定程度上解释了为什么至今对企业责任尚没有官方定义，以及为什么企业社会责任引起了诸多争论。

企业社会责任的矛盾观点

尽管对企业社会责任的研究已相当成熟，但研究人员还未对其达成真正共识。相反，相较于解决问题，它却引发了诸多争议。研究企业社会责任最重要的两位作者是希欧多尔·莱维特（Theodore Levitt）和弥尔顿·弗里德曼（Milton Friedman）。在《社会责任的危险》（1958）一文中，莱维特设想不应该赋予企业普遍利益使命，因为它们的所有者和管理者并不是普选产生的。因此，普遍的利益只适用于国家层面。与莱维特不同的是，弗里德曼的批判基于自由主义经济观。作为芝加哥学派的创始人和20世纪最有影响力的经济学家之一，他强烈反对企业社会责任原则，并指出"企业的社会责任就是增加利润"（1970：122）。他认为，作为企业社会责任分配资源的管理人员，应该对股东（通过吸收利润）、客户（通过提高价格）、员工（如果利润和价格都不受影响，通过降低工资）征税。虽然这些首批反对者不能阻止企业社会责任传播到整个企业界，但这三大问题仍有待解决——企业负责什么？它们对谁负责？它们怎样负责？

第一个问题涉及企业社会责任的范围，因为大多数作者认为这个概念不仅仅是纯粹的经济和法律问题。为了明确公司的各种责任，卡罗尔提出了一个具有四个层次的金字塔结构模型（1991）。金字塔底层即第一层，是经济责任，企业首先要通过盈利生存下来。第二层是法律责任，即企业必须遵守的法律法规。因此，鲍恩对企业社会责任的定义实际上是从第三层开始的，即所谓的道德责任，管理者在遇到法律未涉及的内容时，必须遵循社会默认的规范和价值观。卡罗尔指出，虽然道德责任不是强制性的，但忽视道德责任的公司可能会面临员工罢工或消费者抵制活动等一系列经济制裁。第四层是慈善责任，换句话说，即社会没有专门规定的社会行为，卡罗尔称之为"锦上添花"（1991：42）。慈善活动包括对教育、艺术或人道主义事业的贡献。虽然这个金字塔的逻辑是企业一个接一个地履行这些责任，但有些企业在他们的核心业务中并未满足道德标准,只做慈善事业。这种形式的企业社会责任通常被称为粉饰(或环境方面的绿化),例如耐克公司发起各种慈善活动,但却对其亚洲工厂的劳动条件保持沉默(卡尔、鲍西和菲尔普斯,2000)。

第二个问题也是企业社会责任的一个重大障碍,因为它不能完全涵盖企业所负责的所有团体或者说是利益相关者。尽管像克拉克森(Clarkson)(1995)这样的作者认为利益相关者只是与一家公司(股东、客户、供应商和雇员)进行经济交易的团体,但费里曼(Freeman)(1984)等其他作者却把利益相关者定义为"任何能够影响或受到组织目标实现影响的团体或个人",包括公司附近的居民甚至他们的子孙后代。因此,所谓的利益相关者理论实际上是一些矛盾的方法的堆积,从操作层面看,对利益相关者的管理只是实现经济目标的一种手段;从道德层面看,不管战略价值如何,都应把每个合法利益相关者考虑在内。这种主要困惑产生了许多其他问题,例如个人可以分属于多个利益相关者类别(一个人可以同时是员工、消费者和公司附近的居民)。

第三个问题是企业社会责任的自愿性和强制性。尽管卡罗尔金字塔将道德责任视为自愿行为,但其中一些做法往往是国家立法要求的。例如,芬兰、丹麦和法国的碳税发展就是如此。除了这些例子之外,国际机构也认可了企业社会责任的自愿性,例如欧盟2001年颁布绿皮书以构建欧洲企业社会责任框架等。对于大多数企业代表来说,履行企业社会责任只是为了避免新的监管约束(贡德、康和穆恩,2011)。因此,如果企业社会责任已覆盖几乎所有类型的企业,那么无论是因为文化差异还是行业差异,它在各个部门间含义都不尽相同。从我们下面即将描述的道德、经济和组织因素来看,体育是一个非常特殊的企业社会责任领域。

企业社会责任与体育:二者的道德观点是统一还是矛盾?

体育具有各种各样的精神,这些精神可以在各种情况下鼓舞个人、团体和组织。从批判的角度来看,体育继承了宗教信仰的角色(茱莉亚诺蒂,2005)。这个角色的核心支柱是体育道德。尽管这种道德从古到今已经发生了巨大演变,但是自它通过《奥林匹克宪章》正式建立以来，在整个20世纪都保持基本不变，体育道德可以概括为"一种可以平衡整体，提升身体素质、意志和精神的生命哲学"。弥撒（2007）提出了六项道德原则：不歧视、人文主义、大众化、团结、文化和教育。奥林匹克运动不断强调这些原则，这些原则同时也被大多数非奥林匹克运动所采纳（伊莱亚斯和邓宁，1986）。体育道德使得体育运动支持这样一个观点，即社会责任是体育组织的遗传密码，而且已经被纳入了21世纪初的宪章和可持续发展战略中（贝尔等，2011）。这就解释了为什么体育企业社会责任在过去10年里发展迅速。但是，也可以在一定程度上对这个想法进行解构。第一个也是最简单的论点是，不一定所有体育组织都要以道德方式行事。但更根本的是，体育道德与企业道德（即企业社会责任）的内在原理有本质区别。事实上，体育道德是一种信念，在这样一种信念的支持下，体育对社会大有裨益，它能够促进社会融合，提高社会凝聚力。另一方面，商业道德是一种责任，它以商业对社会产生的潜在的负面影响为基础（万·马勒惠克，2003）。因此，这两种道德具有相反的原理。体育道德旨在传播体育的积极作用，而商业道德旨在减少企业的外部负面效应。因此，这两种道德可以并置，但不能混为一谈。尽管如此，不可否认的是，体育企业社会责任的成功也包含着其他因素。

体育组织经济和组织层面上的企业社会责任驱动因素

体育管理研究人员对体育领域的企业社会责任越来越感兴趣。首批相关研究提出了体育的慈善力量（科特，2005）。随后几位作者对这些特定方面做出解释。体育组织似乎受到了两组决定因素的影响，即独特的内部资源和强大的外部压力（巴比亚克和乌尔夫，2009）。

内部资源具有不同的起源。首先，体育运动作为一个整体，它所具有的一些特征诸如青年吸引力、积极的健康影响、社会互动、可持续发展意识及文化融合等，使其成为企业社会责任的有效载体（史密斯和韦斯特比克，2007）。除了体育的内在价值外，其他资源与体育组织本身有关。专业运动队和运动员、国家体育协会，甚至一些体育设施都极具优势，这些优势可以概括为三个方面，即钦佩、激情和认同（巴比亚克和乌尔夫，2009）。而体育赛事的庆祝性使它们在有限时间内创造无限的社会价值（查里普，2006），因此特别适合重大活动，比如2006年超级碗的植树计划（巴比亚克和乌尔夫，2006）。

另一方面，体育组织面临强大的外部压力，迫使他们以更负责任的方式行事。巴比亚克和乌尔夫总结了各种类型的外部决定因素（2009）。首先是具体经济结构，它们经常依靠公共补贴或基础设施，因此它们也应回馈社会。其次是活动透明，体育组织的外在形象及内部运转引起了媒体和粉丝的好奇心。另一个企业社会责任因素是体育组织间强大的相互关联性，这使他们可以分享最佳社会实践经验，尤其是国际奥委会和大多数国际体育组织在此类事项上的整合。同样值得注意的是，企业社会责任也会对赞助交易造成影响，因为大多数赞助商是作为一个企业来面对自己的企业社会责任问题的，因此他们打算利用体育组织来分担自己的企业社会责任（沃尔特斯，2009）。最后，外界的压力也来自对这些组织越来越多的批评声音，例如国际足联2015年爆发的腐败丑闻。

当代和未来面临的挑战

体育组织对企业社会责任的理解日益透彻。虽然他们的观点不一定具有战略性，但履行企业社会责任的行为可以"吸引粉丝，保护企业赞助商，在各利益相关方之间建立友谊，并与国家和地方政府进行有效合作"（巴比亚克和乌尔夫，2006：215）。但是，这些益处并不能一概而论。尽管上文提及的体育价值观已足够广泛，但它们并不适用于所有运动。例如，自行车赛事比其他运动项目更能提高人们的环保意识，而由于兴奋剂丑闻损害了自行车比赛的形象，因此这项运动并不能传达出其对健康的积极影响。由于某些体育的"商业方面"过度膨胀，例如薪水过高，亿万富翁商人购买职业俱乐部，以及体育博彩业所占的经济比重超标，导致公众对其信任感降低。因此，很难在职业足球背景下传达出基层足球的价值。而论及体育赛事，特别是像奥运会或国际足联世界杯这样的大型赛事，研究人员表示这些体育赛事的成本远远超过了它们给东道主创造的价值（普罗伊斯，2004）。除经济方面外，体育赛事也会产生其他不利影响，诸如交通拥堵、体育场内的噪音污染、暴力和安全问题、环境影响等（利奥凯和帕伦特，2009），这些影响限制了他们承担企业社会责任的能力。最后，体育企业社会责任往往依赖于个人运动员的名声和榜样地位，运动员潜在的不道德行为存在巨大风险，如兰斯·阿姆斯特朗（Lance Armstrong）的兴奋剂丑闻极大影响了他的癌症基金会，导致基金会董事终止了与专业自行车选手的合作。

体育企业社会责任所面临的挑战不仅仅来自体育组织本身。由于公众和个人合作伙伴可以利用体育道德来履行自己的社会责任，所以一系列复杂的企业社会责任理论共同存在，不论他们属于体育组织、赞助商、公共机构还是非政府组织。鉴于体育企业社会责任实践活动各不相同，人们想要知道谁的企业社会责任处于危险中。一些利益相关方实际上可能不会担忧体育组织的核心企业社会责任，只要他们为自己的企业社会责任提供交流空间即可。因此，体育企业社会责任实践活动可能指的是卡罗尔金字塔结构的慈善水平，而非道德水平。这就对体育企业社会责任的真实性提出了质疑：体育固有的企业社会责任问题在体育社会责任实践中的作用和地位如何？体育组织应该为利益相关企业履行社会责任，而不承担自己的社会责任吗？他们是否应该与利益相关者特别是有意将他们作为粉饰者的公司频繁联系？本章不妄加任何评判，只是在品牌宣传与真正的道德问题之间来深入解读体育企业的社会责任。为此，我们以法国网球联合会为例进行分析。在下面的章节中，我们将介绍这个案例的具体内容，并详细分析该联合会的企业社会责任战略。

案例研究10.1：法国网球联合会——真正具有战略意义的企业社会责任

案例背景

法国网球联合会（FFT）是法国最古老的体育协会之一。它创建于1888年，并于1920年改成了如今的名字。就预算规模和成员数量而言，它是法国第二大体育协会，仅次于法国足球联盟（表10.1）。虽然FFT是一个非营利组织，但它也是最具商业性的国家协会之一。原因在于FFT是一场大型体育赛事的所有者，也就是说它占据了法国网球公开赛的大部分收入（2014年为5000万欧元）。

表10.1 FFT的关键数据

数字	预算	其他关键数据和因素
110万（法国首次个人比赛项目） • 30%是女性 • 52%在18岁以下	2亿欧元 （2014）	• 每年220万场比赛 • 每年12,500场锦标赛 • 32,000场网球赛 • 27,800个职位，18,000名全职员工 • 法网的所有者

FFT也是积极履行企业社会责任最活跃的国家体育协会之一。这是因为与其他体育联合会相比，FFT董事会以战略性眼光来看待社会责任，而其他体育联合会仅仅采取了一些社会行为（或者只是环境行为），或者遵守体育运动及法国政府的道德要求，这些联合会把社会责任当作他们应履行的责任，而非发展自己的机遇。

2008年，FFT提出一项可持续发展政策，并与法国奥林匹克联合会和法国体育生态部签署了一份章程。该章程有九个目标：（1）将国家和地方层面的可持续发展相结合；（2）向社会传播其价值观；（3）普及网球运动；（4）利用网球增加平等机会，创造幸福生活；（5）确保员工的工作满意度；（6）把利益相关者与其行动结合起来；（7）确保采购和生产可靠；（8）优化能源利用和废物回收；（9）减少环境污染。FFT开设了一个特定部门并招聘娴熟的员工来执行这些目标。很快，联合会决定将目标转向"企业社会责任"而非"可持续发展",这成为他们战略方针的真正起点,正如企业社会责任负责人所说:"显然,我们发现企业社会责任更加适合我们,首先因为可持续发展过于侧重环境方面,其次是它涉及政治领域,而我们想要加深与我们的企业合作伙伴的联系。"从这一点上,FFT为企业社会责任建立了一个真正的商业案例。

企业社会责任战略

第一个发现是FFT的企业社会责任得到广泛宣传。"FFT行动"作为一项全球性措施,有自己的名字和标识。其核心行动具有特别标签,以引起公众广泛关注。例如,"黄球行动",在全国范围内收集和回收二手网球。2014年第六届"黄球行动"从31个参赛的区域联盟中收集了160万个网球,并碾碎这些网球制造出40吨橡胶粒,为医院、学校和社会机构修建运动场地。这一创新行动通过各种媒介得以传播,并坚持其"三重底线"准则,即环境、社会和经济(因为它有助于维持法国复杂的废物回收行业分支机构的正常运转)。

FFT的企业社会责任还将法网公开赛作为主要宣传手段。由于FFT解决了诸多问题,它也因此成为承担企业社会责任的典范。在环境方面,该联合会创办了一个汽车共用网站,以减少大众交通产生的碳排放量。它还提供安全的餐饮产品,部署"绿色团队"为公众介绍废物分类方法,以此提高公众的环保意识。在社会层面的一项主要活动是"儿童节",在此期间会举办各种活动吸引小朋友,如举办友谊赛、签售会和音乐秀等活动。法国网球公开赛也使得残疾人可以参与进来,创办聋人网页,扩大轮椅场地,这一系列举措都呼应了该联盟"全民运动"的目标。所有这些举措都使得2014年法网公开赛成为继2012年伦敦奥运会之后第二个获得ISO 20121活动可持续性发展管理系统认证的国际体育赛事。

FFT将利益相关方纳入企业社会责任政策的战略选择中,这一举措产生了重要的战略影响（表10.2）。而受影响最大的当属企业赞助商。该联合会将自身定位在企业社会责任平台上，把企业社会责任伙伴关系作为品牌内容，以提升赞助商的形象，同时完成自己的企业社会责任计划。因此，这些合作伙伴关系以一种叙事形式为基础，通过这种形式，赞助商可以帮助FFT完成其社会和环境方面的目标。比如法网公开赛的长期合作伙伴标致公司（Peugeot）为参赛选手和组委会提供电动车和自行车，以减少FFT的环境污染，并借此向大众展示了该汽车公司的各种车型及其环保承诺。这种原则也适用于像美国国际商用机器公司（IBM）这样的企业合作伙伴，类似活动可以向公众展示其可持续信息技术（IT）系统。还有一些其他的案例，比如法国燃气公司苏伊士集团（GDF Suez）提倡性别平等，法国巴黎银行提出儿童倡议，在法国网球公开赛期间毕雷矿泉水瓶和奈斯派索胶囊被它们的母品牌雀巢回收利用。

　　FFT的企业社会责任合作伙伴不仅限于企业赞助商。该联合会与法国体育总局密切合作，它每年的补贴（超过100万欧元）在一定程度上取决于它在社会和环境方面取得的成就。国家体育总局为良好实践交流搭建了一个平台，并定期与国家体育协会召开会议，正如企业社会责任负责人所说："起初体育总局设立了一个包括五大体育联合会在内的'碳俱乐部'，其目的是进行碳审计……但我们的关系已经涉及许多其他方面，现在我们的各个行动都备受瞩目，体育总局把我们看作是一个构建新想法和合理建议的实验室。"法国奥林匹克协会也为FFT提供了帮助，该协会担任了FFT的顾问，为联合会的工作人员提供培训，并于2003年正式制订了一项关于可持续发展的自愿行动计划（称为"21世纪议程"）。其他企业社会责任合作伙伴，尤其是慈善机构，是企业社会责任行动的受益者，同时也是合法推动者。两个主要的慈善机构分别是由退役球员亚尼克·诺亚（Yannick Noah）创办的Fête le Mur，以及"网球自由"，前者主要致力于帮助受剥削的孩子们,后者则利用网球运动来促进机会平等。

　　FFT最需要承担的企业社会责任是妥善管理内部沟通,因为法国拥有8000多个网球俱乐部,它们是影响政策制定的重要因素。因此,2010年FFT启动了呼吁社会责任的项目。这一举措不仅可以增强其企业社会责任政策影响力,扩大其企业社会责任政策实施范围,还加强了国家决策中心与地方协会之间的联系。FFT还建立了一个双向的沟通渠道,通过这个渠道,使地方举措丰富了中央数据库,也实现了有效举措共享。迄今为止,200多家俱乐部已开展了大量活动,致力于推动教育发展、促进团结、帮助身心残疾的人,目前总共6000多人因此受益(包括4000多名儿童)。为了更好地帮助俱乐部改善社区参与现状,拉近当地利益相关者之间的关系,FFT在29个地区联赛中亲自培训并指定企业社会责任的工作人员。

表10.2　FFT的企业社会责任合作策略

合作伙伴类型	FFT的目标	合作伙伴的目标
私人赞助商	• 为企业社会责任行动融资 • 借此履行与赞助商行业相关的企业社会责任	• 通过企业社会责任沟通提升形象 • 其他营销目标——增加销售/市场份额,建立贸易关系,使员工更加团结(取决于赞助商的目标受众)
公共当局	• 为企业社会责任行动融资 • 受益于与公共当局的社会和环境政策相关的企业社会责任手段和专业知识	• 激励国家体育协会实现可持续发展 • 将体育作为社会和环境创新的模范

合作伙伴类型	FFT 的目标	合作伙伴的目标
体育运动	• 分享履行企业社会责任的有效方法 • 获得机构支持	• 使体育组织中的企业社会责任制度化 • 通过企业社会责任展现体育道德并为利益相关者创造价值
慈善活动	• 使企业社会责任行动合法化	• 财务慈善行动 • 提高慈善事业的曝光率和知名度 • 招募新的志愿者

案例讨论

总之，FFT 的企业社会责任战略基于三大关键要素，即企业社会责任外部沟通、企业社会责任伙伴关系和企业社会责任内部沟通，如图10.1所示。

企业社会责任战略越来越受到重视，因为网球的固有价值与社会或环境问题并不存在必然联系。但事实是每年有数百万网球报废，所以网球运动是污染最严重的体育项目之一。而且作为一项上流社会的运动，它不利于促进不同阶层进行交流。由此可见，FFT 通过企业社会责任战略完成了一项十分艰巨的任务。此外，虽然体育组织有时会因其利益相关者的企业社会责任目标而放弃履行自身企业社会责任，但 FFT 仍然利用其合作伙伴的资源，维持项目正常运行，以履行其社会责任。因此，卡罗尔金字塔模型的慈善责任与道德责任相辅相成，即有关核心体育企业社会责任问题的行为，例如，年度企业社会责任报告中"道德规范"部分提到的非法赌博、赛事造假和使用兴奋剂等行为。

尽管如此，该战略依然存在诸多缺陷。首先是 FFT 的企业社会责任实际履行情况和企业社会责任象征性管理形式并不相符。然而，从战略角度和非道德角度分析，这可能是因为 FFT 的内部沟通太过成功。事实上，

FFT能在履行企业社会责任方面取得成功，主要是因为倡议的自身价值而不是倡议的实际结果。就环境影响而言，事实与人们的认知恰恰相反，法国公开赛的碳排放量实际比达喀尔拉力赛这样的赛事要多四倍，但备受指责的却不是法国公开赛。此外，尽管"黄球行动"有重要的社会意义，但需要注意的是，真正可以回收的网球只有50%（另外50%是由不可回收的合成橡胶制成）。就社会影响而言，FFT通过呼吁社会责任项目为地方俱乐部提供的8万欧元资金根本无法与法网公开赛的奖金相匹敌，在公开赛中冠军获得180万欧元奖金，亚军获得90万欧元，进入半决赛的选手获得45万欧元，进入四分之一决赛的选手获得25万欧元（FFT，2014）。

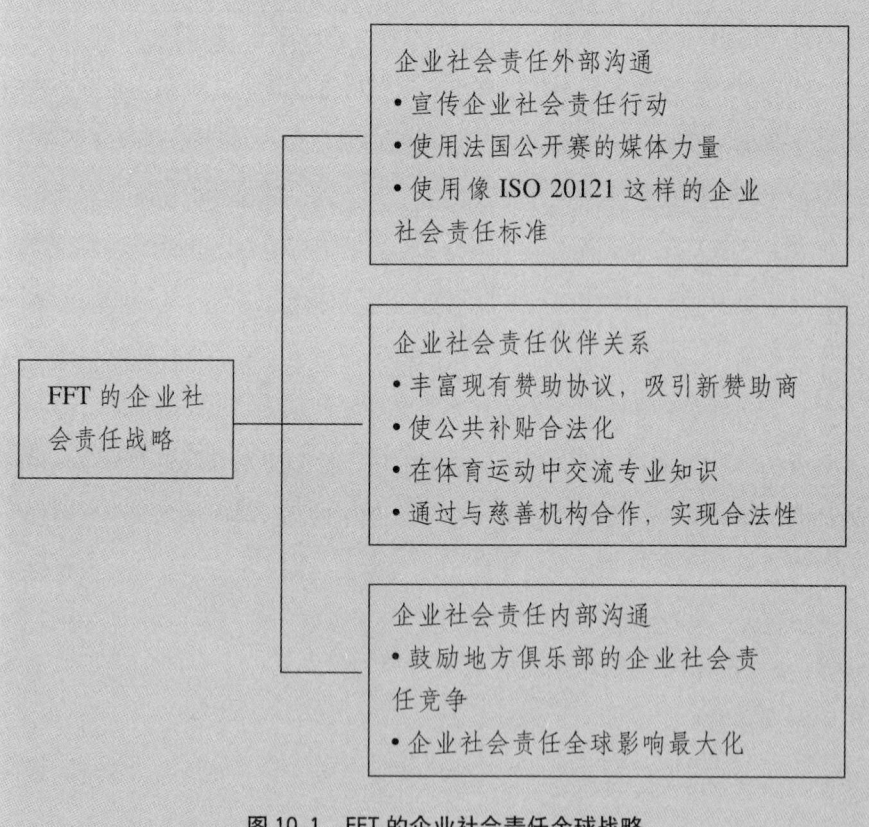

图10.1　FFT的企业社会责任全球战略

> FFT的企业社会责任战略存在的另一个缺陷体现在经过五年争论，法国政府才同意为了举办2015年锦标赛整修罗兰·加洛斯球场（法国电视信息，2015）。罗兰·加洛斯球场的扩建项目共耗资3.5亿欧元，其面积从21英亩扩大到了34英亩。虽然该联合会早已将此项目提交全国公共辩论委员会，但并没有进行公开辩论，因为委员会建议在担保人的主持下进行调解。法国生态部于2015年2月发布消息称该部门反对该项目扩建，这使得项目通过审核的希望更加渺茫。由于扩建后将侵占附近的植物园遗址，所以当地居民和野生动物协会也强烈反对该项目。FFT试图通过游说和威胁等方式，将比赛移至巴黎以外的地区举办，这突出了企业社会责任与商业利益的矛盾，也证明了我们的结论的合理性。

结语

本章旨在说明企业社会责任既为体育组织带来了机遇，也为其带来了挑战。机遇源于体育道德的象征力。皮埃尔·德·顾拜旦（Pierre de Coubertin）提出的奥林匹克哲学，充分利用体育运动来解决各种社会问题，从而培养体育组织履行企业社会责任的意识，帮助他们树立诚实和模范形象。虽然这一优势实质上源于慈善事业的影响力，但随着企业社会责任和可持续性原则在经济中越来越普及，人们会逐渐忽略这一点。将关注点从广泛的社会杠杆能力转移到他们无法解决的核心问题上，这有可能损害体育道德的可信度。因此，体育运动面临的挑战越来越多。

也许最令赞助商担心的是对资金的依赖性。赞助的主要目标之一是使运动实体的正面形象为赞助商自己的品牌形象带来积极影响（格温纳和伊顿，1999）。对于大多数企业来说，企业社会责任已经成为影响其品牌形象最重要的因素（史密斯，2003），一些体育产业由于没有履行自身企业的社会责任，可能会失去越来越多的赞助机会。当然该结论会与实际情况有所出入，因为并不是所有赞助者都会为了企业社会责任价值观而赞助体育。恰恰相反，有些人为了利用体育来强化他们富有激情又有韧劲的品牌个性（李和丘，2009），与声誉不佳的体育实体合作，例如终极格斗锦标赛（UFC）曾出现暴力事件，很多国家禁止其举办专业比赛，但锐步还是与其达成了合作共识（UFC 工作人员报告，2014）。不过，越来越多的赞助商积极呼吁体育合作伙伴切实履行企业社会责任，其中环法自行车赛的赞助商，发起了禁止使用兴奋剂的倡议。幸运的是，赞助商似乎很乐意帮助体育组织开展企业社会责任活动。这可能导致形象逆转换模式，即赞助商通过扭转体育实体的不良企业社会责任形象，来彰显其在解决体育企业社会责任问题中做出的贡献。FFT 与标致和国际商用机器公司的合作就是这种逆转模式的最佳例证。

另一个缺点就是盛大的体育企业社会责任活动与日常企业社会责任管理之间存在差异，并且这种差异极易被忽视。这种差异的危害性在于体育组织通过体育赛事履行企业社会责任，只是一种一次性履责方式，并不会带来长久效益。但是，与其怀疑他们存在洗白意图，不如思考一下这种混合式组织履行企业社会责任的真实目的。例如，在大多数国家，国家体育总局向来愿意参与一些大众感兴趣的活动，如提高青年教育质量或改善人们的健康状况。他们所做的这些到底是他们社会责任的一部分，还是他们的本性使然？虽然对于兴奋剂和腐败等问题，不是体育组织的直接责任，而是其合作伙伴、供应商和媒体等外部行为者的责任，但整个体育界真有能力承担社会责任吗？

从本质上来看，体育企业社会责任将一般利益私有化，是最受争议的企业社会责任之一。事实上，因为企业社会责任剥夺了公共当局的监管权力，有些研究人员将其视为资本主义的胜利（贡德、康和穆恩，2011）。同时，也会将体育喻为资本主义的前哨（布雷，1983）。结合这两个观点就会发现体育成了资本主义视角下实现企业社会责任的途径。更具体地说，体育组织具有特殊的能力，可以使公司与各种社会组织和慈善机构建立合作关系，而合作方的目标与公司的目标往往截然不同。这反映了一个恶性循环：在企业界的鼓动下，公共领域缩小，慈善机构愈发重要，同时慈善机构不得不接受企业的财政支持。

在这个全球性的计划中，体育组织通过体育企业社会责任来激活企业与慈善之间的联系。例如，大众救济协会作为法国最大的消除儿童贫困协会，与巧克力糖果制造商费列罗通过与法国篮球联合会（FBA）建立合作关系，发起了多项社会倡议。有人可能会问，费列罗公司曾因健达巧克力和能多益巧克力酱等品牌导致儿童肥胖问题而备受责难，那么它所履行的企业社会责任是否已经违背了道德要求？

总而言之，负责企业社会责任项目的体育管理者制定的企业社会责任战略，不能仅为了自己的形象而践行体育道德。上文案例分析说明，利益相关者和公众舆论是不会认可体育组织为了扮演善良的人而利用体育美德举办慈善活动的。体育组织的企业社会责任必须以具体问题为中心。这个基本原理应该特别适用于企业社会责任合作伙伴关系，原因有两个：（1）没有利益相关者的帮助，体育组织无法解决兴奋剂、腐败、足球暴力或环境污染等问题。（2）这种帮助是一种非常有趣的内容创建手段，因为它往往更加真实可靠且不易觉察，与其他形式的交流相比，不易觉察是赞助的关键优势，因为这样消费者才不会有所怀疑（普乐瓦和奎斯特，2011）。2012年奥运会准备阶段，英国奥林匹克协会与伦敦证券交易所最大的33家上市公司建立了合作关系，英国各种体育协会在内部治理、人力资源管理和环境管理等方面均得到了这些公司的支持（道宁、鲁滨孙和华盛顿，2013）。

最后一点就在于体育组织采用了企业社会责任标准。事实上，ISO 20121标准才是体育领域最盛行的标准，该标准在2012年奥运会期间生效，旨在使所有类型的比赛或与比赛有关的各种活动满足可持续性赛事管理系统的具体要求。虽然这种标准可以增强利益相关者之间的联系，并改善体育组织形象，但通过它的形式特征也可以看出，这一标准减少了体育组织创新的机会，使其不再对赞助商，即体育企业社会责任的主要融资人之一，有任何吸引力。因此，2012年国际足联表示，ISO 20121标准十分一般，2014年世界杯期间不会采用这个标准（FIFA，2014）。

第三部分

体育与金融

第十一章
欧洲职业体育的利润、锦标赛和预算约束

克劳斯·尼尔森

拉斯穆斯·K.斯托姆

引言

职业团队运动企业不同于普通企业。它的产品竞争环境和性质十分奇特，这就解释了为什么在该行业中，消费者和生产者的行为不同于其他行业的经济参与者。尼尔在他的文章中提出了一个新观点，即在垄断机构组织的封闭联赛中，北美职业体育运动之所以很特殊，是因为体育竞赛的结果具有不确定性（1964）。然而，北美团队运动企业的特点就在于其动机和潜在目标与普通企业不同。但团体运动专营权的所有者就像其他企业的所有者一样也追求利润最大化。

在欧洲，以普通企业的标准来衡量职业团队运动企业，它同样会显得十分特殊。然而，在竞争和管理方面，它与北美的团队运动企业有着本质性的不同。与北美相比，至少欧洲背景更为特殊，因为利润最大化似乎并不是企业行为的最终目标。相反，"胜利最大化"才是欧洲职业体育团队做出决策的关键性因素。对于所有团队运动俱乐部来说，无论赞助商是一个非营利的志愿组织还是一个营利性的企业，都改变不了一个事实，那就是取得最佳成绩才是他们最大的动力。欧洲专业体育俱乐部往往在盈亏平衡的情况下获得最大胜利。只要成本不超过收入，俱乐部就会为了在各自的联赛中取得最好的成绩而倾其所能。

有很多实例可以证明这种观点。欧洲的体育俱乐部似乎没有营利的欲望，不曾赚取利润，更不用说利润最大化，他们一向只为赢得比赛而努力。然而，俱乐部真的会在盈亏平衡或零赤字约束下实现胜利最大化吗？通常来说，并非如此。许多职业团队运动俱乐部为了追求体育上的成功，从不会考虑预算约束。他们的账目往往是赤字状态，而且债务不断增加。尽管存在这些问题，俱乐部的存活率依然很高。他们遇到经济困难时，绝大多数情况需要有钱人（"甜爹"——施恩或送贵重礼品以博取年轻女人欢心的老色迷）、政府或其私人债权人救助。

为了解决资金短缺问题，俱乐部可能会调整处事方式。但他们的表现似乎在告诉外界：他们并不在乎是否收支平衡，经济损失也不会对他们的生存构成威胁。换句话说，在软预算约束下，超出收入的支出可以以各种方式来弥补，因此他们关心的不是能否盈利，而是在软预算约束下，能否实现体育成功最大化。

软预算约束现象存在于各级职业团队运动中。但矛盾的是，当俱乐部资金充裕时，这种现象更为常见。通常俱乐部收入越高，赤字越高，这在欧洲顶级专业足球中愈加明显，最富有的联赛，累计亏损也最大。虽然本章以足球为例进行分析，但欧洲其他职业团队运动也存在软预算约束现象，例如，篮球、冰球、手球、橄榄球等。

为什么在职业团队运动企业通常存在软预算约束？为什么在不同背景下，"软度"也有所不同？如何解释软预算约束现象？为什么总有"救助者"帮助亏损的体育俱乐部解决财务危机？这种现象有多普遍？

本章将回答这些问题，内容安排如下。第一部分概述盛行的胜利最大化理论的背景。第二部分提供证据，证明在盈亏平衡约束条件下，人们追求的并不是胜利优化。第三部分是对软预算约束现象的总体介绍，最后讨论了欧洲职业团体运动在制度方面做的准备，以及它们的社会依附和情感依附。最后一部分通过举例，说明"软"的六种不同表现形式，并研究了两个案例进行总结。

胜利最大化而不是利润最大化

营利性企业通常不仅为了生存而努力,还要尽可能谋取更多利益。如果企业没有利润或利润下降,那么投资者可能撤资,重新选择投资对象。这意味着,为了生存,公司必须实现利润最大化,而且在经济理论中,通常会假设企业的目标是利润最大化。实际上,企业并不总是遵循这种行为规则。他们可能会优先考虑市场份额的增长,或者采取"满意策略"而不是优化策略(西蒙,1979),也就是说他们不追求最完美的,而是想要一个令人满意的解决方案。他们可能是非营利性社会企业,主要追求社会目标并将盈余投入到企业本身。它们也可能旨在实现共同价值,即在不考虑公司资产负债表的情况下,既实现利润最大化,又创造社会价值(波特和克雷默,2011)。

越来越多的欧洲职业团队运动俱乐部成为其所有人注资的商业企业,也可能成为新上市公司,这一现象严重影响了俱乐部的运作方式。他们在实践上和理论上都实现了商业化(霍恩,2006;斯托姆,2010)。收入最大化已成为他们关注的焦点,即赞助、媒体权利、商品、豪华座椅套件、品牌推广和多元化服务等。随着专业管理和劳动力市场兴起,公司治理已经成了一个热门话题。此外,人们已经开始从经济和管理的角度对商业化俱乐部的管理问题进行探讨。但是,俱乐部的利润少到可以忽略不计,当他们的收入增加时,支出也相应增加,几乎不会有盈余。如果职业团队体育俱乐部所有人为俱乐部注资是为了实现利润最大化,那么他们投资这样一个没有前途的企业的行为,实在令人匪夷所思。

这些现象令体育经济学家感到十分困惑。一些人主张直接应用主流经济理论来解释这一现象,例如俱乐部所有者利润最大化的假设(多布森和戈达德,2001;桑迪、斯隆和罗森塔尔,2004)。然而,其他人则认为,"俱乐部所有者同样可能成为实现胜利最大化的运动员"(布鲁明,2007:353)。大家似乎都已经认识到,俱乐部会根据胜利最大化原则采取行动(加西亚·巴里奥和西曼斯基,2009)。假设俱乐部所有者忽视资本回报,而是优先考虑如何在体育竞赛中取得成功,那么零利润也无关痛痒。但是,假设俱乐部所有者不想失去投资资本，那么所有者就会在零赤字约束下实现胜利最大化。

但是，福特并不同意这个观点。他认为，欧洲专业足球俱乐部实际上是利润最大化者（2000）。然而，有充分的证据表明欧洲专业运动团队一直在追求胜利最大化，而不是利润最大化（加西亚·巴里奥和西曼斯基，2009）。

与北美主要联赛进行比较，欧洲联赛的特点才会更加突出（安德列夫，2011）。北美联赛是封闭的，没有降级和晋级，而欧洲联赛是开放的。北美联赛具有地方垄断性，加入条件苛刻。他们限制球员的流动性，并且采取措施来平衡各个俱乐部的竞争力，比如反序排练。还通过合并联赛电视转播权来重新分配收入。这些联赛就如同不受美国反托拉斯法规约束的卡特尔集团。这些条件有利于实现利润最大化，而欧洲开放性的联赛竞争结构为胜利最优化创造了有利条件。

这种差异有深厚的历史渊源。北美的主要联赛从一开始就是纯粹的市场活动，而欧洲的情况则截然不同。欧洲职业团队运动起源于民间的自愿组织，这对联赛结构一直有影响。当代结构逐渐兴起，也在发挥作用，但总体竞争结构仍受到旧结构的严重影响，欧洲的主要联赛仍然或多或少地与后继的民间团体组织有联系。

持续亏损，但存活率高[1]

可以说，胜利最大化的假设对于了解职业团队运动企业，解释欧洲俱乐部所有者的行为很有价值，这也解释了收入增加，成本也随之增加的原因。正如托特纳姆热刺足球俱乐部的前任所有者艾伦·苏格（Alan Sugar）在评论英超联赛新版电视版权交易时所说的那样："这就像西梅汁。它会从这端进，从那端出。"[2]

---

1. 本节是斯托姆和尼尔森（2012）的一部分。
2. 详情请登录 http://www.bbc.co.uk/sport/football/31391778。

但是，这并不能解释为什么在没有任何盈亏平衡限制的情况下也能实现胜利优化。可以从欧洲专业体育俱乐部的持续亏损中看出，在追求体育成功的过程中，所有者往往可以接受赤字所导致的负债增加和资本亏损的现象。

欧足联的俱乐部许可基准测试报告显示，超过50%的欧洲高级俱乐部存在经营亏损现象（欧足联，2010）。而其中28%的俱乐部，单单工资这一项就占收入的120%以上。

欧洲各大联赛的情况更糟糕。英超联赛是欧洲最富有和最受欢迎的联赛。1992年有先见之明的甲级俱乐部单方面决定离开足球联赛之后，俱乐部的收入增长速度迅速至极。1992年到2007年间，英超通过利润丰厚的电视转播权，收入增长超过了900%。尽管如此，英超也没有盈利（哈米尔和沃尔斯特，2010）。增加的收入多用于支付球员的薪水或转会费用，所以没有剩余。事实上，在此期间英超不止一年为英超俱乐部创造税前总利润（哈米尔和沃尔斯特，2010）。

其他欧洲国家也出现了类似趋势，例如，意大利（莫罗，2006；西曼斯基和津巴利斯特，2006）。所有意甲俱乐部的经营亏损都持续增加。从1996–1997年赛季到2006–2007年赛季，除转会赤字，意大利甲级俱乐部累计亏损就达14亿欧元（哈米尔等，2010）。从1996年到2002年，排名前六的俱乐部球员薪水支出增长了700%以上（巴龙切利和拉戈，2006）。

西班牙足球俱乐部也一直存在赤字（加西亚和罗德里格斯，2003；波斯卡等，2008）。西甲联赛经历了与英超类似的快速增长。但是，俱乐部在球员工资和转会上的支出更多，以致债务总额不断增加。尽管收入快速增长，西班牙几家俱乐部仍因超支面临倒闭。从负债、再融资能力，以及与营业收入有关的球员支出等方面来考虑，如今一半甲级俱乐部和乙级俱乐部都举步维艰（巴拉哈斯和罗德里格斯，2010）。例如，2008年，两大顶级联赛的总亏损高达280万欧元（安德列夫，2007）；90%的俱乐部存在累计亏损，九家俱乐部在技术上处于破产状态。甲级俱乐部中总薪酬占收入的99%，在乙级中占98%（巴拉哈斯和罗德里格斯，2010）。这种情况并不稀奇。在西班牙，累计经营额一直是负数，一半以上的俱乐部每年都出现赤字（巴斯克特等，2008）。

虽然法国足球也饱受经营亏损困扰，但亏损情况没有那么严重（安德列夫，2007）。在1997–2007年期间，法国顶级联赛的总亏损为2.98亿欧元。

但德国是一个例外。德甲显然是欧洲主要足球联赛中盈利最多的。与其他主要联赛相比，德甲球员的收入占联赛总收入的比例要低得多（德勤，2011）。毫无疑问，这与德国足球领域的特殊所有制结构有关。除了少数几家俱乐部（乌尔夫斯堡、勒沃库森和霍芬海姆）由公司所有，其他德国顶级俱乐部51%的股份由其成员所有。

从欧洲足球的历史来看，尽管存在上述经济困难，其俱乐部生存率依然非常高。西曼斯基将它与一般的商业公司进行比较（2009）。尽管英格兰足球俱乐部长期存在赤字，自1985年以来，也只发生了三起一级破产案件（比奇等，2008）。1923年，88支足球队组成足球联盟，分为四个级别：其中97%的球队存活至2007–2008赛季，54%的球队保持1923年时的级别（库珀和西曼斯基，2009）。相比之下，1912年排名英国前100的公司中，只有20家在1995年仍然榜上有名（西曼斯基，2009）。

意大利足球俱乐部的存活率也非常高。1929年意大利顶级联赛成立时，拥有60家俱乐部，其中58家存活到了2010年。值得注意的是，1929年有36支球队处于意大利甲级联赛或意大利乙级联赛这两个顶尖等级，现在这其中的20支球队仍然保持在这一级别上。近年来，一些意大利顶级俱乐部由于财务危机而被降级。然而，这些俱乐部在重组后几乎全部重回顶级联赛。

西班牙足球俱乐部的存活率也很高，只是略低于英格兰和意大利。1929年，西班牙甲级联赛或乙级联赛有20支球队，现在20支球队中仍然有13支（65%）继续活跃于西甲或西乙联赛中，这说明西班牙足球俱乐部的存活率很高。

欧洲职业足球俱乐部大多债台高筑，入不敷出，为什么会有如此高的生存率呢？正如斯托姆和尼尔森所指出的那样，我们认为，通过科尔奈的软预算约束方法可以很好地理解这一吊诡之事（2012）。接下来我们会详细说明这一观点。首先，我们简要介绍一下这个观点；其次，我们阐释了软预算约束风靡的原因；

最后，我们探讨了欧洲职业体育俱乐部出现软预算的背景。

软预算约束：理论联系实际

什么是软预算约束？这个概念最初由匈牙利经济学家科尔奈提出，主要为了研究社会主义经济体系下物资短缺和效率低下的现象，尤其是研究这一经济体系改革失败的原因（科尔奈，1980；科尔奈、马斯金和罗兰，2003）。后来，科尔奈使用这种方法来研究后社会主义的经济转型（科尔奈，2001）。这一方法中的许多概念也被用来解释资本主义经济中的许多现象（科尔奈、马斯金和罗兰，2003）。软预算约束现象描述了这样一种情况，即企业即使在经营中反复出现赤字也能生存。因为环境经济行为者或多或少地帮助他们摆脱了困境。

然而，救助本身并不会导致软预算综合征。单独来看，帮助一个企业免于倒闭是明智之举。但如果企业在经营时就期待财政救助则是一个很大的问题。如果企业指望一遇到财务困难就可以依靠外部的财政支持，那软预算约束就会变成一个"病症"。

如果是这样的话，他们就不再愿意去赚取利润，甚至保持收支平衡。他们不再重视效率，而是囤积稀缺资源，因为积累这些资源实际上是无成本的。它们将重心放在讨好财政支持组织上，而不是妥善管理公司资源。在典型的社会主义制度下，企业会对财政救助产生依赖，它们认为即便经营出了问题，没有达到预期的经营目标也会有财政资金买单。这一制度严重打击了企业经营的积极性，使其无心提高管理效率和开发创新产品。

科尔奈认为，与社会主义社会相反，资本主义经济总体上受硬预算约束支配，因为在自由市场环境下经营的企业一般不能依靠外部支持者的援助来维持生存。相反，如果他们不能高效运营，或在赤字情况下不遏制开支，他们将面临破产。换句话说，资本主义企业只有认真把握销售与成本的关系，高度重视效率，才能长期生存。

在理想情况下，硬预算约束保证了低效率组织的创造性破坏，高水平的创新和高质量的产品。

科尔奈概述了评估企业是面临硬预算还是软预算约束的五个主要标准（1980；科尔奈等，2003）。当满足以下条件时，企业面临硬预算约束：（1）企业是投入和产出的价格接受者；（2）企业无法影响税收规定，政府不按照税收数量或征收日期给予免税；（3）公司无法得到国家或其他组织的免费补助金，来支付当期费用或加大投融资；（4）无法从其他公司或银行获得贷款（所有交易均以现金形式进行）；（5）没有外部的金融投资，即企业只能利用净利润进行投资。

如果所有这些条件都得到满足，那么这家公司就受到硬预算约束。但是，这种极端的情况只在特殊条件下才会出现。一般而言，（4）和（5）在金融体系发达的货币经济体中并不适用。此外，（1）是假设不存在有能力影响市场价格的企业。但第一点在资本主义经济中有很多例外。在实践中，人们一般认为，资本主义经济中效率驱动的预算硬度与（2）和（3）相关。一般来说，小企业无法决定自己的纳税额，也无法通过与社会主义国家中强大的国有企业谈判，来获得国家补贴。矛盾的是，前社会主义经济体中有一个比较极端但很理想的硬预算约束案例，即家庭行业，除了没有消费信贷，在其他四个标准下都符合硬预算约束。

事实上，资本主义国家的许多企业也面临着上述预算约束软化的情况，这表明软预算约束综合征不只出现在社会主义国家或后社会主义国家中。在资本主义国家中，军队、公共交通、医院，以及银行部门等大型（通常是公共的）组织也面临着严重的预算软化。一般来说，如果利益相关方认为一个组织"太大而不能倒下"，那么在该组织出现问题的时候就有强烈的动机来保护它。一旦变成这种情况，该组织就会变得越来越依赖于外部救助。

欧洲职业足球的软预算约束

欧洲俱乐部在盈亏平衡约束下追求赢球最大化，虽然它们一直存在财务问题，但是有利的社会环境有效地提高了它们的存活率（斯托姆和尼尔森，2012、2015）。俱乐部破产情况很少发生，而且似乎也只发生在乙级或更低级别的俱乐部身上。通常情况下，国家和私人救助者会援助它们，债权人也会接受它们的债务拖欠甚至允许其不进行偿还。

使用科尔奈（1986）的框架，我们将软性区分为六种。软定价（S1）、软税收（S2）、软补贴（S3）、软贷款（S4）和软投资（S5）代表了科尔奈五个硬度条件的软化。我们增加了另一个类别：软核算（S6）。在下面的段落中，我们将列举一系列的例子来说明欧洲职业足球不同类型的软性。

软定价（S1）的出现情况：公共体育场和/或训练设施以低于市场价格提供给足球俱乐部，以及市政府或市议会以高于市场价格购买体育场的冠名权（见下面的案例研究 11.2）。这种情况已经在包括西班牙、意大利和丹麦的许多国家出现。

软税收（S2）采取免税、不缴税、非强制执行税收债务或特赦税收债务等形式。在西班牙（巴拉哈斯和罗德里格斯，2010）和意大利（福特，2006）都有许多软税收的例子。例如，2005 年，拉齐奥俱乐部濒临破产，政府采取重大救援行动放宽其纳税期限，该俱乐部才得以幸存下来。为了防止俱乐部倒闭，拉齐奥俱乐部与意大利税务行业达成协议（福特，2006；斯托姆和尼尔森，2012），它将分 23 年还清 1.4 亿欧元的税款。

软补贴（S3）既可以是政府公开或私下提供的补贴，也可以是富有的"光荣追求者"提供的补贴，用以减少俱乐部赤字并帮助其还清债务，使俱乐部在面临严重财务危机时依然维持运行。这种情况经常出现在英国（格兰特，2007）和法国（安德列夫，2007），但在欧洲其他地区也有很多这样的例子。其他补贴的形式帮助俱乐部建立创收机制，如足球资金池、高额赞助交易和其他间接补贴。

软贷款（S4）主要体现为接受透支，不清偿欠款和不强制执行还款协议（例行推迟和重新安排债务）。通常，顶级俱乐部可以享受这样的软贷款（阿斯卡利和甘蓬，2006）。

软投资（S5）的主要体现：例如，当俱乐部建立新体育场或其他增加收入的基础设施时，政府或其他赞助商支付一部分或全部成本，并且不会获得任何实质性的直接或间接的经济收益。

最后，**软核算**（S6）往往比较随意，有时甚至是违法的，其目的是绕过规则，利用法律条款和信用标准来欺骗债权人。政府往往都会接受这一行为，意大利政府甚至鼓励这一行为，在某些情况下政府也会改变立法以支持软核算（福特，2006）。最近的一项研究显示，引入欧足联财政公平竞争条例后，欧洲足球俱乐部的财务报表质量下降（迪米特普鲁斯，2015）；核算质量的衡量标准包括盈余管理情况、有条件的会计稳健性和审计师转换，一份对84个俱乐部四年（2009-2012）的研究表明，核算质量在所有三个维度都出现了下降。软核算似乎成了在不改变其本身和实际财务结果的前提下规避FFP处罚的有效手段。

科尔奈认为，软预算约束综合征是国家与微观经济组织垂直关系的结果，这反映出他主要关注社会主义和后社会主义经济。更广泛地来看，软预算现象反映了一个组织与其环境之间的关系（科尔奈等，2003）。

在本章中，软预算约束概念的应用拓宽了研究视角。将经典的支持者与被支持者关系进行扩展，以理解一个更为复杂的情况，在这一情况下，公司会将许多类型的利益相关者（不仅是公共支持者，而且包括私人投资者、债权人等）视为潜在的支持者，因此，即使垂直支持与被支持者关系在公司遭遇经营困境之前并没有正式存在，但其依然会指望在遭遇困境后得到他们的支持（详见斯托姆和尼尔森，2012）。

在经典案例中，经历软预算约束的组织扮演着重要的社会角色，服务且影响着许多人。其结果就是，支持者认为这一组织"太大而不能倒下"，企业会指望在遭遇困境后得到支持。在利益相关者眼中，许多欧洲职业体育俱乐部都"太大而不能倒下"。

通过这一方法，我们可以了解欧洲足球的悖论。私人和公共利益相关者经常扮演着各自俱乐部支持者的角色，创造了有利于软预算约束综合征发展的环境，这一环境往往处于资本主义行业，深受水平环境影响，但却在垂直组织的行业中起支持作用。

斯托姆和尼尔森（2012）认为引起欧洲足球软预算约束综合征出现和制度化的两个主要因素是：（1）欧洲足球市场的制度；（2）以赢球为核心的体育情感。我们将在下面依次介绍这两者。

制度、社会、情感依赖

竞赛的制度框架是欧洲职业足球软预算约束存在的原因之一。严重的财务问题至少部分源于欧洲联赛竞争结构的一些负面因素：（1）开放的联赛结构；（2）联赛收入分配不均；（3）国内甲级和乙级联赛之间的差距日益拉大；（4）向国内冠军得主发放外部奖金（参加国际比赛）。（迪特尔、弗兰克和朗，2008）

在体育经济领域，开放式联赛问题广为人知。这种开放是一种威胁，因为它迫使（表现差的）俱乐部投资训练球员以避免降级，这使得其他俱乐部无法进入顶级联赛获得高收入。对于顶级体育俱乐部而言，它们想要保持自己的地位，所以会加大对球员的投资，以此保持对低水平俱乐部的竞争优势。此外，发放外部奖金进一步激励了顶级俱乐部的投资，例如参与欧洲冠军联赛，可以大幅增加收入。

根据迪特尔等人的研究，同一联赛内俱乐部之间的分化和分属不同联赛的俱乐部之间的分化，使俱乐部更倾向于孤注一掷求得成功（2008）。其结果就是"招标破产"、"僵尸"[1]竞赛的涌现，从而增加了大多数俱乐部的赤字风险。

---

1. 详见弗兰克（2013）。

由于俱乐部指望在经营困难时得到外部支持，因此表现不佳或者降级威胁都不能使其降低成本，反而会刺激其增加成本。

足球市场的这种体制机制肯定会给俱乐部带来问题。但是，如果没有这种明显的软预算，足球俱乐部就难以为继。这将毁掉整个体育行业。

软预算约束方法有助于解释为什么体育行业背负着如此多的债务和赤字，却还能如此风靡。或者换句话说，如果俱乐部普遍面临严格的预算约束——自行承担在体育竞赛中孤注一掷而失败的后果——他们很可能会遏制自己的开支，实行（至少是）盈亏平衡预算约束，认清自己在联赛层级中的位置。持续的超支预示着预算约束的软化。

导致这种综合征的第二个主要因素是社会和公众对体育的情感依赖。足球俱乐部往往是各自所在地的象征，对铁杆粉丝而言如此，对普通公民和政治家而言亦是如此。因为足球俱乐部是当地的象征和品牌，所以这种依恋往往十分显著。这为俱乐部提供了足够的资源来应对破产的威胁，由于该行业的竞争遭到严重破坏，这一威胁已异常严重。

欧洲足球良好的声誉也提高了俱乐部的成功率。一些投资者被这个行业吸引，因为他们把职业团体运动俱乐部看作一种消费品，或是因为作为媒体曝光度最高的大众运动之一，足球运动能使他们备受关注。这为他们创造了一个区别于其他人的新身份，这也促使他们去软化俱乐部的预算约束。

案例研究 11.1：软预算约束和西班牙救援行动

软预算约束综合征在西班牙足球俱乐部中最为盛行。在西班牙，足球的受欢迎程度之高，使得政府不得不出手救援那些面临崩溃的俱乐部。

例如，1985年，政府提供了大量公共补贴，以帮助西班牙联赛俱乐部，当时这些俱乐部的债务超过了1.24亿欧元。1992年，西班牙俱乐部再次债台高筑，政府免除了他们1.92亿欧元的债务（巴拉哈斯和罗德里格斯，2010）。

此外，西班牙地方政府帮助本地的俱乐部，使他们不需盈利也能存活下来。根据软预算约束方法，这一行为是衡量"软性"的主要指标。巴拉哈斯和罗德里格斯的研究显示，地方政府通过赞助当地的俱乐部或购买他们的股票来帮助他们（2010）。有时地方市议会也会以高于市场的价格购买俱乐部所属体育场。此外，地方政府也经常以补贴价格出租体育场给俱乐部使用。

总的来说，无论是国家政府取消债务还是当地政府鼎力支持，支持西班牙足球俱乐部的这种意愿会使人们留下这样一个印象，即西班牙俱乐部无论遇到多大的损失都能够幸免于难。如果俱乐部不能独立经营，外部利益相关者就必须要准备足够的财政支持以备其不时之需。

针对2013年7月西班牙议会提出的质疑，政府被迫披露该国甲级联赛和乙级联赛所欠下的未付税额，这个数字是惊人的6.63亿欧元（《独立报》，2013）。而欧盟对俱乐部提供的财政救助可能高达1000亿欧元。西班牙政府去年计划免除足球俱乐部所欠的国家债务，但是被德国阻止了（《欧盟观察家报》，2012）。

未缴税款不包括四家俱乐部的免税额，因为他们不需要将自己重组为公共有限公司，所以可以继续为俱乐部成员所有。这四家俱乐部分别是皇家马德里、巴塞罗那、毕尔巴鄂竞技和奥萨苏纳，其中皇家马德里和巴塞罗那占西甲联赛电视转播总收入的50%左右。

然而，欧盟委员会已经开始调查这四家有免税特权的俱乐部。欧盟委员会开展了三次深入的调查，审核西班牙政府支持包括皇家马德里和巴塞罗那在内的七家俱乐部的各种公共措施是否符合欧盟国家援助规则（欧盟委员会，2013）。

案例研究 11.2：丹麦的软定价和软补贴——以维堡队为例

上述证据表明，软预算约束在最大的欧洲联赛里盛行。不过，较小的欧洲足球国家也面临软预算约束。以维堡队为例——该队目前在丹麦顶级联赛中踢球，展示了如何通过软定价（S1）补贴来软化足球俱乐部的预算约束。

2008年，维堡队被降级到乙级联赛，并在不久之后陷入财务困境。2010年，俱乐部面临破产。该俱乐部所处的城市对自己足球队和手球队的成就引以为豪，因此该俱乐部成了该市的重要象征。此外，维堡队所在的丹麦地区，乙级联赛中的各球队激烈竞争，以争取进入甲级联赛的名额。

降级和随之而来的赤字预示着球队在这方面可能会遭遇重大挫折，如为了减少赤字而减少培训球员的投资。2010年，该俱乐部需要大量现金（约合250万丹麦克朗）注入以平衡收支。

当地的政客们希望找到办法帮助俱乐部摆脱困境。足智多谋的市长负责救援方案的设计与实施。就丹麦的标准而言，这一方案相当复杂。它采取间接补贴的形式，分为两个相互关联的步骤：

• 维堡市政府以每年5万丹麦克朗的价格，将5年的市体育场冠名权出售给维堡俱乐部。

• 维堡俱乐部将冠名权以三年300万丹麦克朗的价格转卖给当地能源企业——维堡能源（由市政府100%控股）。

这一交易使维堡俱乐部得到了所需的支持，其实就是间接将纳税人的钱转给了俱乐部。之后，维堡能源公司也斥巨资购买了该队的赞助权。

毫无疑问，市长及其政治盟友当然希望这些交易能够瞒天过海，但现实击碎了他们的幻想。市议会和维堡能源董事会中的反对者向媒体爆出了这一交易，并且希望市长向他们解释这一交易的合法性。2014年，丹麦中央政府认定该交易是通过非法手段补贴私人公司的行为。

结语

欧洲职业足球队饱受软预算约束困扰。欧足联发布财政公平竞争条例，这显示出政治高层意识到了软预算约束对俱乐部管理的负面影响和对俱乐部之间竞争的不公正影响。

FFP条例旨在将平衡预算约束制度化，这将有效遏制，并在一段时间之后消除俱乐部的软预算约束和负债经营现象（弗兰克，2013；皮珀，本书）。根据收集到的原始数据分析，FFP条例对英超联赛的俱乐部起到了预期作用（科恩，2015）。软预算约束逐渐淡出人们的视线，甚至已成明日黄花。

然而事实可能并非如此。欧足联的条例遭到了严重抵制，因此不得不放松一些规定。此外，这一条例的长期效果难以预测。人类想象力是无穷的，有些人可能会成功地规避一些规定，使该条例的效果大打折扣。

考虑到软预算在欧洲的盛行，借鉴北美大型联赛也许会有所裨益。斯托姆和尼尔森（2015）发现，从软预算约束这一角度来看，欧洲和北美职业球队之间有许多相似之处。

研究显示，北美的俱乐部在遇到财政困难及因此产生的经营困境时，很少会期待外部援助。但是，美国大型联赛也存在着与欧洲相似的软预算约束，并对资源分配产生了相似的扭曲。北美联赛在运营期间就能得到大量的支持，这些支持与欧洲联赛典型的六类软约束十分相似。

第十二章
欧洲足球领域的《财政公平法案》

简·皮珀

欧洲足球俱乐部的监管问题

根据欧足联 2011 财年比对报告,在过去五年里,700 多家欧洲顶级俱乐部的收入达到 132 亿欧元,平均年增长率为 5.6%。总收入最高的 26 个欧洲顶级俱乐部在五年内增长了 42%(欧足联,2013)。虽然 27 个中小型的顶级俱乐部收入有所波动,但 2007 年至 2011 年总收入同比仍然增长了 29%。尽管经济形势严峻,但足球业仍在欧洲各地蓬勃发展。

在同一时期,俱乐部的净亏损总额从 6 亿欧元增加到了 17 亿欧元,增长了将近两倍;38% 的俱乐部在 2011 财年负债大于总资产,陷入负净资产,53 家欧洲顶级俱乐部中有 45 家公布了净亏损总额(欧足联,2013)。

足球收入呈爆炸式增长,但俱乐部仍旧亏损。之所以出现这种矛盾的现象是因为俱乐部花在球员身上的钱与其支付能力不符。俱乐部的支出增长速度比收入增长速度快,尤其是在工资和净转会费方面的支出。在 2007 年至 2011 年间,仅工资就增长了 38%,从 62 亿欧元增加到近 86 亿欧元。决定俱乐部是否亏损的关键比率,即工资和净转会费与总收入的比率,从 62% 上升到了 71%。由于增加的收入无法弥补增加的工资和转会费,所以俱乐部累计亏损。

俱乐部代表、球员、联赛和国家联合会均认为,这种状况会严重威胁欧洲足球体系的经济稳定和长期发展,因此欧足联于 2011 年开始实行《欧足联财政公平法案》(*UEFA Financial Fair Play*,简称 FFP)。

FFP 条例及其规定

FFP 条例是为了强化 2004–2005 赛季开始实行的俱乐部许可制度。为了参加欧足联俱乐部比赛（冠军联赛和欧洲联赛），俱乐部在体育、基础设施、人事、法律和财务状况等方面必须符合其明文规定的各项标准。FFP 的新条例还包括对财务状况的要求，主要是为了强化足球俱乐部的财务纪律，控制俱乐部在工资和转会费方面的支出。

FFP 条例最重要的一项规定是"盈亏平衡要求"。[1] 总的来说，这项新规定就是要求俱乐部在自己的财力范围内经营。更具体地说，俱乐部如果遵守盈亏平衡的要求，那么他们在一个"监控周期"内，支出超出收入的部分应该在"可接受的偏差"即 500 万欧元以内，这个"监控周期"包括初期两个以及后期三个连续的报告周期。监控期间的亏损不能超过 500 万欧元，因此在一个报告期超出预算的俱乐部需要在下一个报告期实现盈亏平衡。[2] "可接受的偏差"[3] 目前可以达到 4500 万欧元的水平，前提是股本参与者愿意为俱乐部注资。为了监督和执行 FFP 条例，欧足联已经成立了一个独立的法律和金融专家组成的俱乐部财务管理机构（CFCB）。对俱乐部最严厉的制裁是禁止参加欧足联俱乐部比赛，其他制裁包括罚款、扣留奖金和禁止运动员转会等。

对相关收入和相关费用的定义说明俱乐部必须根据新的 FFP 条例对薪资注入进行上限管理。如果俱乐部将大量资金用于工资和转会费，导致支出超过收入的部分高于"可接受的偏差"范围，公共和私人投资者就不会为了获得许可而继续为俱乐部注资。体育场馆、青少年学院和社区项目投资不算相关费用，因此不在收支平衡的计算范围内。

---

1. 协议第 58–63 条规定了盈亏平衡要求（参见欧足联，2012）。
2. 2013–2014 赛季首个监测周期包括截至 2013 年底的报告期及截至 2012 年底的报告期。
3. 《欧足联俱乐部许可和金融公平竞赛规定》第 61（2）条解释道，在 2015–2016 赛季、2016–2017 赛季和 2017–2018 赛季监测期内，可接受偏差总额将降至 3000 万欧元。

俱乐部过度投资比赛实力的原因

俱乐部过度投资比赛实力的原因主要有两个。[1] 首先，过度投资倾向在国内和国际俱乐部足球比赛的竞争结构中普遍存在。其次，许多俱乐部根据科尔奈（1980a，1980b，1986）的软预算约束进行经营，也就是说，他们即使长期超支，也不会像其他行业的公司那样因入不敷出而破产。

足球比赛的竞争结构

投资达到一定数额，边际投资成本就会等于边际投资回报，而俱乐部通常会使投资金额超过这一数额，这种现象在职业团队运动联赛的等级竞赛中十分普遍（阿尔奇安和德姆塞茨，1972）。例如，如果俱乐部 A 通过使用或购买其他比赛技巧而使排名上升，那么在其他条件不变的情况下，所有被超越的俱乐部的排名都不可避免地会下降。由于俱乐部收入（即奖金、广播、赞助、出场门票和商品）在很大程度上取决于排名，所以现在排名较高的俱乐部 A 收入会增加，与此同时，排名降低的俱乐部收入较少，会受到俱乐部 A 负外部性的影响。因此，等级比赛本质上是零和博弈，每个俱乐部都希望通过增加比赛实力投资，提高排名。然而，即使"金钱得分"和"得分产生收入"等条件不变，所有俱乐部投资都增加，单个俱乐部的获胜概率仍未改变。

阿克洛夫用老鼠间的比赛作类比，其中许多参与者即老鼠，争夺一个固定的价格即奶酪（1976）。老鼠跑得越快，获得奶酪的机会就越高，燃烧的卡路里也就越多。由于只有最快的老鼠会赢得奶酪，所以其他老鼠将无法收回其投资（卡路里）。在足球竞赛中，即使是利润最大化的俱乐部，也往往通过长期过度投资比赛实力而消耗资源。[2] 正如大多数欧洲足球俱乐部的财务状况，胜利

---

1. 以下部分主要参考弗兰克（2014）对为什么足球俱乐部会过度投资的讨论。
2. 详见例如迪特尔、弗兰克和朗（2008）以及米勒、拉默特和霍夫曼（2012）对体育联盟的过度投资现象的详细分析和讨论。

最大化的俱乐部更可能过度投资。[1]当俱乐部都在尽可能多地投资比赛实力以追求更大的胜利时，消费能力是竞争优势的关键驱动力。[2]实际上，在这个特殊的消费能力游戏中，任何盈利需求都会成为阻力，因为追求盈利，就无法最大限度投资比赛实力。

不断发展的商业化和各种监管变化是形成目前欧洲足球竞争格局的重要原因，也是促使足球俱乐部过度投资的重要因素。[3]例如，冠军联赛中安排种子选手和小组赛的做法使巧合不再重要。其他条件不变的情况下，如果通过金钱获胜的概率加大，那么投资的动力也会增强。欧洲冠军联赛收入强劲增长，加之目前实施的分配方案对取得比赛胜利十分有利，全国锦标赛中不同名次的球员间收入差距拉大，并为获得参赛资格的选手带来了巨额收益。球员市场管制松散，例如欧洲法院1995年颁布的《博斯曼法案》，也是造成过度投资的原因之一，因为工资和比赛胜利之间的关系愈加密切。

总之，从某种程度上来说，欧洲足球俱乐部过度投资的趋势是"正常的"。既然理智的俱乐部和追求利润最大化的俱乐部都经常过度投资，那么追求胜利最大化的俱乐部这样做的概率更大。然而，理论论证并不足以解释过度投资使很多俱乐部破产的极端程度。

软预算约束及其影响

为了更好地了解导致欧洲足球俱乐部损失惊人的机制，几位作者（安德列夫，2007、2011；斯托姆，2012；斯托姆和尼尔森，2012；弗兰克，2014）使用了软预算约束的概念（科尔奈，1980a、1980b、1986；科尔奈、马斯金和罗兰，2003）。匈牙利经济学家亚诺斯·科尔奈最初提出了这个概念，用来说明社会主义经济中亏损企业长期效率低下的原因，这些企业一再需要接受公共当局救助。

---

1. 详见例如柯塞尼（1996，2000）进行的正式分析，或加西亚·戴尔·巴罗和西曼斯基（2009）为西班牙和英格兰总结的实验性证据。
2. 详见弗兰克（2014）对俱乐部足球消费权的重要性的讨论。
3. 详见迪特尔、弗兰克和朗（2008）的正式分析和弗兰克（2010）的详细讨论。

简而言之,足球软预算约束的经济学逻辑可以表述如下。俱乐部面临赤字时,各种形式的支持组织(科尔内等,2003:5)(无论是国家还是私人投资者)都蜂拥而至,替俱乐部支付超出原始基金和收入的开销,以减轻其压力(科尔内等,2003:5)。因此,软预算约束下的俱乐部即使长期超支,也不会像其他行业的公司一样倒闭。[1]

到底是国家(最终纳税人)还是私人投资者(个人参股者或相关方)成了"资助足球运动员的保时捷",这两者肯定会有所差别(库珀,2009)。与国家不同,私人投资不可能让无辜的公众为其足球投资负责。直觉上,人们可能会认为,私人可以随心所欲地进行资助。只要继续比赛[2]并且所投资金来自正当渠道,就可以不断注资。然而,真正的问题在于无论公共资金和私人资金是否已经用完,俱乐部的决策者都会受到软预算约束以及由此产生的预期的不良作用的诱导。[3]

人才需求不断扩大,球员成本持续攀升

如果俱乐部在软预算约束下运作,那么他们会因为对有天赋的球员有需求而使投资失去弹性。高度软预算约束下的俱乐部为了得到心仪的运动员来打败对手,基本上可以接受任何价格。例如,成为俱乐部老板的前几个月,罗曼·阿布拉莫维奇在切尔西投资2.836亿欧元,谢赫·曼苏尔在曼城投资2.343亿欧元,卡塔尔投资局在巴黎圣日耳曼投资2.126亿欧元(巴尔纳,2012)。这些数据向我们完美地展示了什么是高度软预算约束。

虽然人才需求不断增加,但是我们将人才定义为能力比大多数球员强的人,他们数量有限(弗兰克和伯南克,2004)。由于软预算约束充斥整个足球行业,对精英球员的需求越来越多地超过了精英球员的现有数量。因此,有限数量的精英球员的工资和转会费与该领域的新注资金不平衡,这种模式完全不可持续。

---

1. 详见斯托姆和尼尔森(2012)以及弗兰克(2014)的进一步讨论。
2. 详见希曼诺夫斯基(2010)提出的一系列论点,即为什么足球俱乐部几乎总是能够在遭遇财务危机时保持活力。
3. 以下关于软预算约束导致的各种低效率的讨论与弗兰克(2014)的进一步讨论大体一致。

风险升级，管理疏忽

软预算约束下的足球俱乐部价格弹性下降的另一个后果是风险升级。俱乐部管理者试图冒险搏一把，而不是通过负责任的投资决策使收支平衡。在软预算约束下，这种管理道德风险行为是在不同背景下研究后得出的标准结论。一个众所周知的例子就是金融领域"大而不倒"的问题，即管理者事后可以全身而退，所以他们愿意冒更高的风险（如施特恩和费尔德曼，2004）。弗兰克和朗已经证明，如果得到救助的概率很大，那么足球俱乐部管理者会选择风险较大的投资项目（2014）。

而且，没有严格的预算约束可能会导致管理疏忽。俱乐部没有受到生存威胁的时候，决策者不会投入足够的时间和精力挑选出好的项目进行开发。钱如甘露，源源不断，往往会加剧浪费现象，并削弱俱乐部经理的商业责任感（科尔内，1986，p.12）。

寻租，而不是真正的商业发展

软预算约束下的俱乐部管理者责任重大，他不仅要赢得资助者的青睐，还要保证资助者始终对俱乐部充满兴趣。软预算约束下的组织往往可以通过寻租行为获得回报，所以管理者不再致力于提高质量，降低成本，引入新产品或运营方式，以努力培养俱乐部的可持续性竞争优势（科内尔，1986，p.10）。对于俱乐部管理者而言，实现真正的商业发展比寻求新的注资弥补不利发展更难，至少从长远来看，软预算约束下的俱乐部可能不具有很强的创新性，他们的管理者也缺乏创新精神。

排挤硬预算约束下的俱乐部

软预算约束在足球行业蔓延，这对硬预算约束下的俱乐部产生了负面影响。如果一些软预算约束的俱乐部使球员的市场价格膨胀，其他俱乐部只有增加支出才能维持现有实力。在一定程度上，预算拮据的俱乐部可以通过更好的俱乐部管理来解决消费能力匮乏这一问题。然而，因为竞争对手在软预算约束下消费能力几乎无上限，所以他们的竞争力终将低于其竞争对手。

因此，硬预算约束的俱乐部只有两种选择：一是接受实力不如对手的事实，二是改变立场,为了成功赌一局,希望赌局失败后能有外部注资来救助。实力下降会对俱乐部的决策者和球迷造成很大的负面影响,并且软预算约束下的俱乐部会迫使其他俱乐部寅吃卯粮,所以软预算约束可能会进一步扩散。由此可见,软预算约束会使得那些具有可持续性和前瞻性的商业管理模式遭到排挤。

国家采取激励措施

国家为了软化足球俱乐部预算约束而采取的救助措施,通常包括减免或取消俱乐部的税捐债务和逾期应付款、通过国有控股银行提高信贷额度、提供低于成本的公共基础设施、增加国有控股或国家资助的企业赞助交易额等。[1]

西班牙就是一个很好的例子,由于国家一直不执行税法,所以西班牙专业俱乐部的预算约束弹性很大。截至2012年9月,西班牙专业足球俱乐部欠西班牙政府7.5亿欧元税款和6亿欧元社会保障金,实际上这些都是欠西班牙纳税人的款项(范龙佩,2012)。

弗兰克认为,国家拯救超支俱乐部的原因之一是避免公共投资损失。问题在于,每一次救助都降低了国家承诺的可信度,人们认为政府以后还会救助经营困难的俱乐部(2014)。

每一次政府救助都助长了俱乐部不在乎是否超支的心态。范龙佩举例说明了这种心态(2012):

苏格兰流浪者俱乐部拖欠了900万英镑的未付税款后,政府便强制要求其缴纳。在西班牙,马德里竞技俱乐部拖欠1.55亿欧元的巨额税收债务,却毫无压力地在2011年8月以4000万欧元的价格转入了最佳射手法尔考。(第2页)

正如弗兰克所言,政府有正当理由拯救超支俱乐部(2014)。如果真要关闭某个俱乐部,理性的政治决策者必定权衡总救助成本与关闭俱乐部后为当地带来的经济损失。如果关闭俱乐部,许多支持者会因为失去共同喜爱的对象而

---

[1] 详见科尔奈(1986:5-6)对国家干预可能采取的措施进行的详细讨论。

十分恼火,俱乐部的员工也会失业。供应商将不得不取消俱乐部的到期应付账款,这可能会导致更多人破产。城市形象可能因此受损,投资者也会倍感失望。

考虑到过去的救助计划助长了俱乐部无视超支的心态,总的救助成本可能会逐年呈几何级数增长。与这些"无穷无尽的"救助成本相比,关闭俱乐部所带来的一次性附带损失应该是比较容易接受的。然而,当选的政治家们往往忽略了未来的救助成本,因为他们的主要目的是在任职期间让选民开心。新任的政治家们几乎不会想要打破前者的承诺。政治家们只比较一次救助的成本和附加损失,而不考虑未来救助方案的制定问题,这样做的结果只有一个:越来越多的俱乐部需要国家救助。

欧盟国家援助法适用于国家出资进行的援助行动。[1] 国家援助法的作用是限制政府操纵市场,控制公共资源用于帮助具体企业或特定经济活动的量。这意味着皇家马德里和阿森纳这样的对手俱乐部,无论是在各种市场上还是在球场上竞争,都得不到非法的政府帮助。

尽管足球产业一再出现滥用公共资金的行为,但鉴于其具有经济和国际意义,欧盟委员会并未采取具有实效的执法行动。直到2013年底,欧盟委员会才对西班牙高级足球俱乐部进行了国家援助调查,例如,皇马和巴塞罗那俱乐部。尽管到目前为止还没有最终调查结果,但是这样一个有争议的且声势浩大的公开行动,显然会对相关俱乐部产生负面影响。

欧盟国家援助法基本符合FFP条例的要求:FFP条例要求俱乐部采取具有可持续性的商业模式,这样公共救助金会有所剩余。同样,FFP的盈亏平衡要求也会因为宽松的国家援助政策遭到严重破坏。因此,委员会和欧足联公开表示要密切合作(欧盟委员会,2012)。欧盟委员会和欧足联强调,他们将采取更强有力的市场激励措施,不会将政府的支持视为一个可靠的安全网,无视FFP的开支限制。

---

1. 这一部分主要介绍了克雷文(2014)关于欧盟国家援助法在职业俱乐部足球运作中的更详细的讨论。

委员会不愿意在2013年之前采取果断的行动，说明该调查的结果与会员国支出自主权相冲突，令人十分不安。在会员国和欧盟，足球在经济和文化上都有强大的影响力，这无疑加剧了政治敏感度。社区和足球之间的联系深入欧洲社会，委员会似乎缺乏正面解决问题的意愿和力量。此外，在欧洲经济环境充满挑战的时代，委员会可能会非常谨慎，选择不去妨碍职业足球的商业发展。

无论国家援助法和FFP条例有多好的互补性，可以肯定的是，FFP条例会要求严格审查俱乐部的资金，例如来自媒体的资金。只有正确认识国家对那些本就由国家资助的俱乐部采取的救助行为，纳税人以及符合FFP条例要求的俱乐部才会不再容忍这种行为，特别是当他们发现国家资助的俱乐部在明星球员方面支出过高时。除了强制执行制裁，公众的压力很可能迫使政府减少国家出资实施救助的次数，从而使俱乐部的财务纪律更加严格。

私人投资者采取激励措施

私人投资者年复一年地为俱乐部弥补损失，解决其流动资金短缺问题，从而产生俱乐部内的软预算约束，这在欧洲足球俱乐部中十分普遍。欧足联的基准测试报告显示，2012财年，700多家欧洲高级俱乐部报告称俱乐部所有者和利益相关方共融资15亿欧元。例如，罗曼·阿布拉莫维奇（参见案例研究12.2）和谢赫·曼苏尔在曼彻斯特队成为2011–2012赛季英超冠军之前，差不多四年就支付了15亿欧元（康恩，2012b）。在意大利，截至2012年，马西曼·莫拉蒂已经向国际米兰支付了约10亿欧元，而西尔维奥·贝卢斯科尼在AC米兰的花费约为5亿欧元（亚里亚，2012）。

即使为私人投资者（或者一个相关方）带来的收益超过了救助成本，资助者也可能亏损。为了更好地理解私人投资者向足球俱乐部注资的具体激励措施，弗兰克建议区分以下两种私人投资者（2015）。"真正的投资者"正在寻找具有竞争力的经济回报，而"纯粹的成功寻求者"则愿意为成功付费。这两种类型不仅在激励方式上存在系统差别，而且FFP新条例对他们的影响也不同。

在详细讨论之前，需要注意的是，对于"真正的投资者"和"纯粹的成功寻求者"来说，他们的俱乐部的治理结构至关重要。俱乐部治理结构在很大程度上决定了如何管理和获得预期奖励。[1]与成员协会管理的俱乐部以及公有制股份公司管理的俱乐部相比，私有公司管理的俱乐部更能吸引私人投资者。[2]主要原因是所有权自动为所有者分配剩余控制权。剩余控制权不仅对于制定和执行内部决策十分重要，而且在公众认知中，与那些决策和最终取得的体育成就有关。[3]因此，私人投资者非常希望成为俱乐部老板。

"真正的投资者"采取激励措施

在足球俱乐部的投资中，"真正的投资者"正在寻找有竞争力的经济回报。[4]一个足球俱乐部以及它的体育成绩引起的公众关注可能极具吸引力，因为从中可以管理和获得其他业务积极的金融溢出效应。这种溢出效应最常见的形式可能是赞助。赞助商购买特定的赞助权利和服务，例如，体育场的命名权，在球员衬衫上印制其标志的权利，以及利用球员的影响力开展促销活动的权利等。反之，俱乐部经过媒体曝光可以吸引更多赞助商。[5]

除了可以增加曝光度，赞助商还可以通过俱乐部的积极影响力改善自身形象。[6]在与俱乐部达成赞助协议时，"曝光度"和"提升形象"就是赞助商"离

---

1. 详见弗兰克（2010）关于俱乐部治理结构对从私人投资者获得资金的能力的影响的进一步讨论。
2. 53个欧足联国家协会全国顶级赛事中700多家俱乐部中的大多数都是会员（42%）管理制。另外一些俱乐部治理结构是股份有限公司（38%），还有一些是股票上市公司（4%），国有企业（3%）或特定体育公司（13%）（欧足联，2012）。
3. 在会员制管理的俱乐部中，直接民主原则不允许任何私人投资者获得剩余控制权，以插足管理和获取回报，为俱乐部亏损找理由。在公众看来，体育的成功归功于拥有俱乐部的私人投资者。分散的俱乐部匿名股东是受约束的，因为股份公司根本没有剩余的控制权，并且他们与俱乐部的成功毫无瓜葛[参见弗兰克（2010）的详细讨论]。
4. 本节主要依据弗兰克（2015）关于真正投资者的激励机制的讨论，以及它们如何受到FFP条例的影响。
5. 广告对等方法通常用于评估各种公共关系活动的价值。该方法通过使用传统的广告格式（参见例如杰弗里斯·福克斯，2003）来计算实现同等曝光量的成本，以此确定赞助的价值。
6. 赞助专业评估公司通常使用乘数法对通过使用广告对等方法计算出的有形价值进行形象转移，从而获得更多的潜在价值。

开时所带走"的东西。当然，赞助协议还包括赞助商的直接消费机会，例如，参观比赛的特权等。然而，这些附加优惠不需要任何赞助协议也可以直接购买。因此，一个知识渊博、信息灵通的赞助商没有理由在特定的足球赞助中，为"离开时所带走"的东西支付比在其他交易中增加曝光度和改善形象更多的费用。"真正的投资者"和俱乐部将基于公平的市场价格签署赞助合同。[1]

"纯粹的成功寻求者"采取激励措施

"纯粹的成功寻求者"并不在乎他们对足球俱乐部的投资是否能获得经济回报，恰恰相反，他们愿意以金钱为代价，获取成功。[2] 为了理解"纯粹的成功寻求者"的动机，我们可以假设有些人愿意为成功付费。对于一个非常富有的人来说，自己的足球俱乐部赢得冠军杯的梦想，与其他梦想不同，为了这个梦想他更愿意心甘情愿地贡献自己的财富。

罗森认为"纯粹的成功寻求者"之所以心甘情愿为了足球俱乐部赔钱，还有一个原因，那就是他们从某种消费活动中获得的回报，往往与消费性产品或服务的质量成正比（1981）。感知质量的一个重要特征就是排他性。在职业体育中，俱乐部所有权向来是一种少数富有的运动员才能参与的消费活动。近年来足球行业的经济增长使得俱乐部所有权成为人们消费能力所及的非常独特的消费品。

位置竞争或消费现象可能是另一个相关动机（弗兰克，2005）。因此，足球俱乐部的实际赞助商和潜在的赞助商可以分为不同群体，例如，中东酋长、俄罗斯寡头、发展中国家的政治领导人等。除了可能会为他们的国家、企业等带来回报，这样的个人可能会在与他们社会地位相同的群体内进行比较从而获

---

[1]. 公平市场价格是对自愿卖方和自愿买方能够接受的（最高）价格进行评估，他们有知情权，处事谨慎、学识渊博，在一个开放的、不受限制的市场上进行自由交易。这个概念在税法和会计界中是最重要的。
[2]. 本节主要依据弗兰克（2015）关于纯粹成功追求者的激励机制以及它们如何受FFP条例影响的讨论。

得个人成就感。赢得欧冠（或世界杯举办权、奥运举办权等）可能对他们来说更有意义，因为这表明他们赢了群体里社会地位相同的其他成员（即其他发展中国家的酋长、寡头或领导人）。

只有在具有系统性市场失灵和监管赤字的经济环境中，才能快速积累购买大型足球俱乐部所需的巨额个人财富，人们常常将其与社会和政治合法性缺陷联系在一起。足球俱乐部的所有权以及因为其体育成绩而受到的公众关注和赞赏，可能会产生一种有可疑背景的俱乐部所有者需要的社会和政治合法性。在新的FFP条例下，公平市场价格合同可以视俱乐部的成绩而定。例如，如果一个俱乐部成功晋级冠军联赛，赞助商可以获得额外的公共曝光并提升形象。作为一个公平市场价格合同的一部分，根据比赛成绩制定的薪酬方案必须事先达成一致，如果超过与俱乐部交易的商品和服务的公平市场价格，"纯粹的成功寻求者"不能再为俱乐部注资了。FFP将限制那些赞助商注资后却没有为其带来公平市场回报的赞助活动。

相反，在体育场、青年学院和社区项目中的支出不受任何监管限制。这些支出明确排除在盈亏平衡计算范围之外。

在这种情况下，FFP的工资上限将"冻结"欧洲俱乐部等级制度，并降低俱乐部之间的竞争悬念，因为即使是最富有的俱乐部投资人也不能仅凭金钱来挑战顶级俱乐部的权威（例如，沃尔普，2011；萨斯，2012）。

乍看之下，追求比赛胜利的投资人对俱乐部进行无限注资究竟能否给欧洲足球比赛带来更多悬念，对此，人们观点各异。在欧洲顶级俱乐部，FFP评论家指出：切尔西、巴黎圣日耳曼（PSG）和曼城等俱乐部得到了资本大佬的支持，这使得近年来巴塞罗那、皇家马德里和拜仁慕尼黑等顶级俱乐部的竞争压力不断增大。然而，以PSG为例，其赞助者卡塔尔投资局（Qatar Investment Authority）为法国冠军比赛制造更多比赛悬念，而PSG以前的劲敌里昂、马赛及波尔多俱乐部肯定会反对这一行为。在法国，PSG已经变得无可匹敌了。

因此，目前对评论家声称的FFP条例"冻结"了欧洲俱乐部等级这一说法，赞成和反对的声音并存。但经仔细研究就可以发现，批评家的这种说法显然没有根据。[1] 在足球消费能力博弈战中，小市场俱乐部不太可能比大市场俱乐部吸引更多资金，无法增加其相对消费能力，来挑战大市场俱乐部。一般而言，无论其真正潜在动机如何，"纯粹的成功追求者"都会对俱乐部进行严格挑选，并把资金投入到最有成功潜力的俱乐部中。

如果没有外部资金注入，俱乐部的获胜概率就取决于其市场潜力大小，良好的俱乐部管理和好运能提高其市场潜力。俱乐部的市场潜力是否长期保持不变无足轻重，关键在于俱乐部不能改变地区、国家，以及联赛的市场潜力的决定因素。因此，大市场俱乐部能击败小市场俱乐部在意料之中。小市场俱乐部不会比大市场俱乐部管理得更好、运气更好。"纯粹的成功追求者"会挑选最大的俱乐部，使它们优势更为明显，从而减少比赛悬念。

最新 FFP 条例显示，"真正投资者"以公平的市场价格投资俱乐部，帮助其增加收益，从而提高俱乐部的市场潜力，因此这种做法是被允许的。然而，"纯粹的成功追求者"通过注入资金，明显增加了俱乐部的消费能力，提升了俱乐部的市场潜力。通过控制"纯粹的成功追求者"的资金注入，FFP 条例限制了这种内在的"钱生钱"机制。

因此，虽然这不是一个公开的目标，但最新硬预算约束实际上阻止了进一步"冻结"欧洲俱乐部等级制度。FFP 条例有助于增加比赛悬念。然而，在竞争压力下，所有俱乐部仍为私人投资者敞开大门，并在必要情况下改变其治理结构以保持强大竞争力。[2]

---

1. 详见弗兰克（2014）的详细讨论。
2. 德甲所有俱乐部都为私人投资者敞开大门，它们甚至需要联赛的监管调整。德甲独特的"50% 加一票"规则保证了足球队对其成员协会的剩余控制权。例如在拜仁慕尼黑俱乐部，如果俱乐部成员同意，可以将其 49% 的股份出售给投资者。为给新体育场融资，该俱乐部把 18% 的股份卖给了阿迪达斯和奥迪，目前会员协会仍然持有其 82% 的股份。"50% 加一票"规则只有两个例外：第一个是勒沃库森职业足球队于 1999 年由一个会员协会转型为一家有限责任公司，拜耳公司获得该公司 100% 的股份；第二个例外是乌尔夫斯堡球队于 2001 年由一个会员协会转型为一家有限责任公司，德国汽车制造商大众汽车（Volkswagen AG）获得该公司 90% 的股份。

FFP条例的有效性

当然，目前所有对FFP条例的评估都还在起步阶段。迄今为止，已经有FFP前两个监测周期的相关数据。所有申请参加欧足联俱乐部2013–2014赛季赛的俱乐部，有18家不符合FFP盈亏平衡要求，并因此受到俱乐部财政控制委员会（CFCB）的调查。据称，其中九家违反盈亏平衡要求的俱乐部最终都同意与CFCB达成和解。[1]处罚方式包括控制薪水、减少欧洲足联俱乐部比赛的场次并处以罚款等。罚款最多的是巴黎圣日耳曼和曼城俱乐部。这两家俱乐部同意各支付6000万欧元罚款（其中4000万欧元用以支付CFCB强加的几个条件）。

在2014–2015赛季，CFCB与14家违反盈亏平衡要求的俱乐部达成和解协议。处罚方式也包括控制薪水、减少欧足联俱乐部比赛的场次并处以罚款等。罚款最多的两个俱乐部是国际米兰（2000万欧元，其中1400万欧元用以支付强加条件）和摩纳哥（1300万欧元，其中1000万欧元用以支付强加条件）。

对旁观者来说，这些处罚手段可能显得过于温和，尤其是考虑到许多俱乐部私人投资者的巨大财富，这些手段并不能从根本上改变俱乐部的消费行为。然而，从2008年到2013年，700多家欧洲顶级俱乐部薪资和收入的年增长率情况明确表明，FFP条例和违规制裁手段的确会影响俱乐部的消费行为（见表12.1）。年薪增长率从2008年的14.0%降至2013年的4.3%。2013年收入增长率（6.7%）近年来首次高于年薪增长率（4.3%）。

自2008年来，俱乐部在2013年首次显示出积极的总体运营结果[2]（见图12.1）。自2012年以来，总体亏损明显呈下降趋势。当然，未来几年的数据是否能够证实这一发展趋势还有待观察。

---

1. 详见欧足联（2015）关于CFCB对违反FFP盈亏平衡要求的俱乐部进行制裁的所有案例。
2. 运营结果是指结算工资和所有经营成本后，转移活动、融资和投资或撤销投资前的亏损或收益。

表12.1 700多个顶级俱乐部的年增长率

年份	工资	收入
2008	14.0%	7.3%
2009	6.0%	3.2%
2010	9.1%	9.0%
2011	5.2%	3.2%
2012	6.9%	6.7%
2013	4.3%	6.7%

来源：弗兰克（2015）

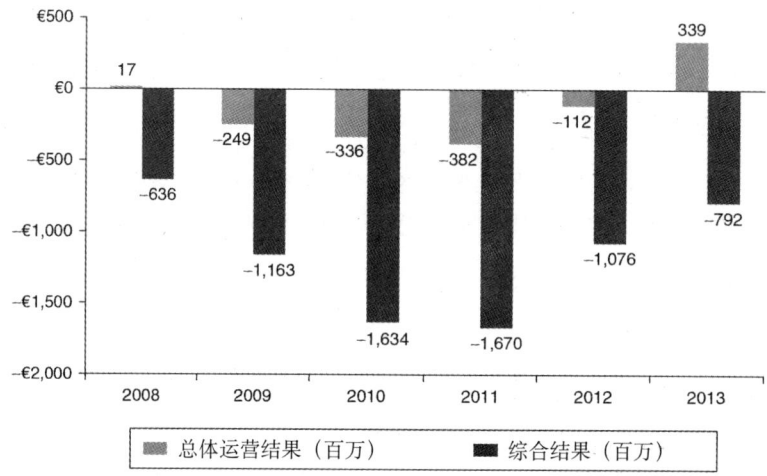

图12.1 总体运营结果

来源：弗兰克（2015）

案例研究12.1：拜耳公司是勒沃库森俱乐部的"真正投资者"

德国甲级俱乐部勒沃库森可以被视为公开投资商，甚至可以说它涵盖拜耳公司（德国化学和制药企业集团）的各种业务。为符合最新FFP盈亏平衡要求，拜耳公司在赞助协议中向其子公司支付的费用，不得比其作为投资商在自由市场上投入的资金多。

过去情况可能也是如此。但是，根据最新FFP盈亏平衡要求，拜耳公司必须在赛前签署赞助合同，在向俱乐部支付款项之前具体说明所有交易权利。只要合同符合公平的市场价格，赞助收入就不会与盈亏平衡要求相冲突。

FFP条例只会限制超过公平市场价格的注资。因此，FFP条例并不妨碍想要与足球俱乐部共同赚钱（而不是亏钱）的"真正投资者"。换句话说，FFP条例使得拜耳公司的股东不必支付勒沃库森俱乐部花费在球员身上的费用，这些股东正追求一种竞争性收益。"真正投资者"将继续把资金投入俱乐部薪水中，因为公平的市场价格代表了他们愿意支付的资金上限。

公平市场价格逻辑适用于FFP条例下"真正投资者"进行的所有类型的交易。"真正投资者"不受FFP条例的影响。

案例研究12.2：罗曼·阿布拉莫维奇是切尔西足球俱乐部的"纯粹的成功追求者"

罗曼·阿布拉莫维奇是个人投资者最显著的例子之一。2003年6月，这位俄罗斯亿万富翁成了西伦敦切尔西足球俱乐部公司的老板。到2012年，他已经向该足球俱乐部注入约10亿英镑资金（康恩，2012a）。

在某种程度上，阿布拉莫维奇可以称得上是一个"真正的投资者"，他把俱乐部作为推动他其他业务发展的工具。然而，由于没有关于他的业务结构的详细信息，阿布拉莫维奇似乎不太可能成为"真正的投资者"，他对切尔西足球俱乐部进行投资以寻求竞争性来收益。相反,俱乐部为阿布拉莫维奇带来的非财务回报远远超过了给他带来的财务回报。否则,阿布拉莫维奇可能会退出足球投资事业。因此,与其说阿布拉莫维奇是一个"真正的投资者",倒不如说他是一个愿意为成功付费的"纯粹的成功追求者"。

作为俱乐部的老板,阿布拉莫维奇当然对俱乐部赢球感到十分自豪。谁不会呢?同样,切尔西俱乐部的所有权也久负盛名,它是获取社会地位的有效手段,因此,阿布拉莫维奇绝不会忽视这一点。

但在阿布拉莫维奇眼中,实用性比体育精神和虚荣心更重要。更具体地说,他对俱乐部的所有权以及比赛成功带来的公众关注度和赞美声,使其符合社会和政治的合法性,这种合法性正是前俄罗斯寡头所不断追求的。另一个俄罗斯寡头米哈伊尔·霍多尔科夫斯基(Mikhail Khodorkovsky)在2003年被捕,并于2005年被送往西伯利亚监狱,这可能使阿布拉莫维奇意识到自己在俄罗斯的脆弱身份。在这种情况下,他选择支持切尔西足球俱乐部也就不足为奇了,况且这个俱乐部能参加全球最大的足球联赛,且坐落在世界上最大、最富裕的地区之一。阿布拉莫维奇成为俱乐部老板后,切尔西成为由公司控股的最大的足球俱乐部。而像皇马、巴塞罗那,以及拜仁慕尼黑等具有更大的市场潜力(因此也更有成功潜力)的俱乐部,由于它们实行会员制管理,因此并没有投资者收购它们。

当然,像所有俱乐部老板一样,随着时间的推移,阿布拉莫维奇的真正动机也逐渐变得复杂多样。然而,在向切尔西俱乐部注资十多年且该俱乐部赢得几个奖杯后,阿布拉莫维奇闻名西欧乃至全世界。切尔西俱乐部的成功与他密不可分,这似乎也证实了他在收购俱乐部之初所说的那样:"我没有拿破仑那样伟大的梦想,我只是勤奋工作,脚踏实地。"

最新FFP条例使得阿布拉莫维奇不愿为成功投入更多资金。为了增大

> 切尔西足球俱乐部第二次夺得欧冠冠军的机会,阿布拉莫维奇本可以建一个更好的体育场,投资更多有潜力的年轻人才,并设法增加俱乐部的球迷。在体育场、青少年学院和社区项目上的支出不受监管限制,这些支出并不在盈亏平衡款项之内。然而,他为了实现盈亏平衡不能增加俱乐部的工资。

结语

FFP条例的主要目标是维持欧洲俱乐部足球的长期财务稳定。在这方面,FFP的盈亏平衡要求激励俱乐部管理者严格控制球队的工资,使之不超过俱乐部收入,并保持在"可接受偏差"内。通过引入硬预算约束,FFP的盈亏平衡要求解决了足球产业中"太受欢迎而不能失败"的问题,而俱乐部管理者的投机取巧状况也有所缓解。

足球竞赛已经退化成一个"僵尸竞赛"行业,在这个行业中,越来越多的俱乐部破产,而FFP条例使"良好俱乐部管理"激励机制在这个行业中重新复苏。[1] 若两个俱乐部具有类似的市场潜力,经营不善者不可能会通过赢得投资者的投资而胜过经营良好者。

FFP带来的另一积极(但并非官方意图)作用在于,它有助于保持欧洲俱乐部比赛中的竞争平衡。[2] 在尚未规定工资上限时(即FFP条例出台之前),财力最雄厚的投资者自然会选择市场潜力最大、获胜概率最高的俱乐部。这些俱乐部除了具有优越的市场潜力外,投资者的注资还使它们的优势更加明显。为了改善这一状况,FFP条例强迫优势俱乐部只能在特定的市场潜力下运作,不允许它们利用投资者的钱来增加自己的消费能力,从而缩小劣势俱乐部和优

---

1. 另见弗兰克(2014,2015)的持续论证。
2. 另见弗兰克(2014,2015)的持续论证。

势俱乐部之间的差距。

包括欧洲俱乐部协会（ECA）在内的欧洲足球俱乐部，[1] 它们的主要利益相关方已经多次明确表示支持FFP条例（例如欧足联，2014）。俱乐部的软预算约束可能仍然存在漏洞（例如用创造性的市场价格计算和夸大的赞助交易），但是随着欧足联经验不断增加，以及FFP条例的相应更新，这些漏洞会逐渐缩小。

和解程序是FFP条例当前实施过程中的一个关键步骤。相较于禁止超支俱乐部参加比赛而言，它与CFCB之间达成的和解协议可能更符合双方利益。同意CFCB条款之后，超支俱乐部仍能参加欧足联的比赛，在许多情况下，这一比赛是俱乐部的主要收入来源之一。俱乐部在体育仲裁法庭（CAS）的上诉既昂贵又耗时，而且结果也往往并不确定。对于欧足联来说和解就是保证事情到此结束。FFP条例不会挑战CAS的权威，而且它可以为欧足联节约时间和昂贵的法律成本。此外和解程序提供了灵活的个案解决方法。过度监管使得俱乐部的投资变得愈加困难，风险承担能力也有所下降，而监管不足则会导致FFP无法实施，因此，找到二者之间的平衡点并非易事。实行和解程序似乎是FFP条例实施过程中的一个微妙的方式。

1.ECA是一个代表欧足联足球俱乐部协会利益的机构。这是欧足联认可的唯一一个类似机构，而且它在每个欧足联成员协会都设有会员俱乐部。ECA成立于2008年，取代了由少数精英俱乐部组成的欧洲足球豪门联盟，因为这一联盟并未得到欧足联认可。

第十三章
体育的腐败和治理

阿尔努·海拉尔特

引言

近年来，国际体育联合会（ISFS）爆发的道德丑闻数量惊人、形式多样，如贿赂、操纵选票、敲诈勒索、诈骗和洗钱等。对国际足联的腐败行为进行的起诉无疑引起了人们的广泛关注。最近，世界反兴奋剂机构（WADA）发布的两份报告显示国际田径联合会（IAAF）有严重的勒索、欺诈和贿赂行为（世界反兴奋剂机构独立委员会，2015、2016）。也许鲜为人知的是，包括国际排球联合会（FIVB）、国际举重联合会（IWF）和国际手球联合会（IHF）在内的一些规模较小的国际体育联合会也已因某些腐败行为受到指控（霍伊，2005；阿尔，2013；哈特曼，2013）。随着对国际体育联合会腐败的指控越来越多，形势愈加严峻，各级公共机构呼吁世界体育理事机构对此加强道德治理。各国议会和政府、欧洲议会，以及欧洲理事会议员大会都要求对此进行整改（兰德尔和布雷迪，2011；英国议会，2011；欧洲理事会议员大会，2012；欧洲议会，2013、2015）。然而，在整改之前，我们需要对国际体育联合会日益增多的腐败问题产生的根本因素进行深入了解（哥特，2006）。腐败仅仅是少数的"坏苹果"现象吗？还是我们经常批判的个别人缺乏道德品质的现象？我们能否确定国际体育联合会腐败现象不断增加的具体原因？

本章探讨了可能导致国际体育联合会产生腐败现象的具体因素。事实上，本章并不认为国际体育联合会有普遍的腐败倾向。然而，系统和组织因素都可以增加国际体育联合会腐败的概率，因为它们为国际体育联合会官员的不道德行为提供了腐败的动力和机会：首先，体育商业化和体育政治工具化为腐败提供了动力；其次，腐败文化和不良治理为腐败创造了机会。为降低腐败风险，国际体育联合会需要加强治理，巩固组织结构，完善规则。但是，改善治理往往十分困难，需要有足够的外部压力才能进行改革。

滋生腐败的系统性趋势

国际赛事使有组织的运动从一项小范围的业余活动转变为一项复杂的跨国网络支配的全球现象。它不仅涉及私人利益，也与公共利益息息相关，这致使国际体育联合会所承担的腐败风险日益严重。商业化和政治工具化相重叠的系统性趋势，使得群体贿赂和欺诈的动机更加广泛多样，而这两种做法使得国际体育联合会深受腐败威胁。本部分回顾了国际体育腐败治理的起源，探讨了体育商业化和体育政治工具化的发展趋势。

体育商业化

20世纪初，由于国际竞争加剧，第一批国际体育联合会需要将体育组织集中起来，施行统一规则，这样国际体育联合会才能够巩固其垄断地位，成为各自运动领域的全球监管机构。随之出现的治理体系被描述为一个"等级金字塔"，在这个金字塔上，就单项体育而言，国际体育联合会站在指挥系统的顶端，它指挥着全球各大陆、各国以及各个地方的俱乐部（海拉尔特，2016b）。现代奥运会的成功进一步巩固了这一体系（夏普莱和库伯勒·马布特，2008，p.64）。由于公共参与者对干预体育领域的兴趣并不高，因此体育金字塔在本质上基本是私人性质的。其中最重要的一个原因是公共部门长期以来一直把体育运动当作是一项文化活动，或是业余活动。体育的商业化价值直到20世纪七、八十年代才得以体现出来。[1]

体育商业化起源于二战后，当时人们休闲时间变多，这不仅增加了人们参与（组织）体育运动的机会，还使得人们在体育上的消费日益增多（安德列夫，2008）。收音机和电视广播技术发展迅速，使体育运动得以走向全球，为人们远程观看体育赛事提供了途径。20世纪90年代有线电视、卫星电视和数字电视技术革新换代，欧洲公共广播垄断解体，进一步推动了大众对体育广播的需求（安德列夫和斯得哈尔，2000；安德列夫和布尔格，2006）。互联网的出现使即时传播（和消费）大型体育赛事成为可能（安德列夫，2008）。大型国际体育联合会从体育赛事的广播交易中获取巨额利润，也越来越意识到举办体育赛事的商业潜力。自20世纪80年代中期以来，他们已经采取了更有效的措施来推广自己举办的活动，并以巨额资金出售独家营销权（汤姆林森，2005；夏普莱和库伯勒·马布特，2008）。

体育运动不仅风靡全球，其经济效益也愈发重要，这使国际体育联合会经手的资金越来越多。这在两方面刺激了腐败的发生：第一，国际体育联合会拥有巨大的财富与权力，这诱惑着高级官员进行权钱交易（亨廷顿，2002；布劳格，2014）。第二，体育运动已不再是业余活动，它变得越来越商业化、职业化，其管理也变得越来越复杂。为了管理好各自的运动领域，国际体育联合会代表越来越多不同类型的参与者，执行更多（或更多样）的任务（格拉特，2016a）。简而言之，为了应对日益繁杂的任务，国际体育联合会颁布的规则和决定呈指数增长，这也使其影响范围越来越广。许多参与者会主动贿赂高层官员，试图左右国际体育联合会制定的规则和做出的决定（坦齐，1998，p.563）。此外，国际体育联合会实施的任何规定都会伤害到一些群体的利益，因此这一群体有可能会采取贿赂手段（麦克米伦，1961，p.196；格拉特，2016a）。

---

1. 在北美，体育很早就被视为一种商业活动。因此，职业体育比赛在封闭的联赛中进行组织，这些联赛无论在范围上还是意义上都是相当具有国家性的。国际体育联合会对其运转影响微乎其微（范·博滕伯格，2011）。

体育的政治工具化

除了体育的商业化之外,体育的政治工具化也刺激着腐败的发生。本质上来说,现代体育结构植根于结社自由这一概念(西曼斯基,2006)。因此体育应当保持自治,不受监管和公众干预,这一理念不仅深入人心,而且也是体育界所珍视的原则。国际体育联合会尤为看重这一原则,努力保持(国际)体育管理的私密性(格拉特、麦康尼和查普乐,2015)。杰克逊和黑格把体育界关于体育与政治关系的论述总结为"一种天真的道德和哲学观点规定,体育不能也不应该与政治有关"(杰克逊和黑格,2008,p.349)。然而值得注意的是,体育界从来没有明确定义过体育自治,也从没证明过体育自治的合理性。在国际奥委会代表奥林匹克和体育运动向欧盟提交的一份文件中,它将自治定义为"保持体育的价值观及现有体制"。关于合理性,文件中提到了体育在社会中所承担的责任和体育利用自治自我管理,这两点是它可信性和合理性的缘由(国际奥委会,2008,p.1)。这个奇怪的循环论证表明,体育界认识到,严格定义体育自治和严格探讨自治合理性将使其概念变得清晰,从而使得该概念不能像之前那样滥用。因此,自治是一个模糊的概念,并常常用作证明自我管理合理性的借口。

然而,与此同时,如果我们考虑到许多国际体育联合会成员迫于(非正式的)政治压力做出决定时,他们所宣称的自治听起来就非常空洞了。杰克逊和黑格认为:"在世界联系愈加紧密的背景下,毫无疑问,全球格局、商品和现代体育的文化现象影响着政治和外交政策,同时也反过来受到这两者的影响。"(杰克逊和黑格,2008:349)这一共生关系在近几年变得尤为明显,因为各国都开始将体育视为一种政治资源。国家将体育作为提升国际声望的手段,以此增强它们在国际政治舞台的影响力。体育在如下两方面可以增强国家的国际声望:第一,许多(大的)国家在体育上花费巨资,谋求在国际体育赛事,如奥林匹克运动会上获得更多奖牌。如果一个国家在奖牌榜上名列前茅,或其运动员发挥出色,这就会增加其国际声望。第二,越来越多的国家试图举办大型体育赛事(奈伊,2008;科内利森,2010;布兰纳甘和古力娜提,2014;佩尔森和彼得松，2014）。这在俄罗斯、中国、巴西和印度等国家的政治和政策方面尤其明显，而阿塞拜疆和卡塔尔则倾向于将大型体育赛事视为"民族融合和有影响力的象征"。

在巨大的政治压力下，体育越来越成为一种政治工具，这使国际体育运动的道德品质遭到侵蚀。首先，国家领导人对国际体育联合会施加压力，让其对性能增强药物的使用和违规行为睁只眼闭只眼。国家间激烈争夺国际体育赛事奖牌，这使运动员、教练、俱乐部和联合会都倍感压力。这可能会刺激药物滥用，使服用药物成为惯例甚至使国家支持药物服用。世界反兴奋剂机构（WADA）最近发表的两份报告证实这些行为依然存在，并详细描述了俄罗斯运动员长期服用性能增强药物的行为。许多国家都不愿意曝光这些行为，因为这种有组织服用兴奋剂的行为会有损国家形象，从而产生不利的政治影响。第二，试图得到大型体育赛事举办权的国家可能会涉嫌贿赂行为。因为这个国家不能确定其他国家会不会用不道德行为（如贿选）来增加申办的胜算。一旦有国家贿选，就会促使竞争对手采取相同行为，因为如果不这么做，就会输掉赛事申办权（坦齐，1998，p.563）。

导致腐败的组织性因素

上文概述了一些整体趋势，这些趋势使更多的群体倾向于采取贿赂行为。虽然这些趋势增加了腐败风险，但他们并不会必然导致国际体育联合会的腐败。本节探讨了导致国际体育联合会卷入腐败的组织因素。只要有一点机会，腐败就会滋生。组织性腐败是通过不同的认识论来实现的，因此本文通过两种不同的视角来看待导致腐败的组织性因素：一是文化视角，二是结构视角（格拉特，2017）。第一个视角是假设行动的概念基础，侧重于文化因素；第二个视角强调结构性因素，并认为这是腐败行为的主要决定因素。

腐败文化

文化与腐败紧密相连，腐败的内在动力可由文化决定（巴尔和塞拉，

2010）。人们通过社会化这一交流过程形成社会准则，社会准则的内化使人们倾向于以某种方式行事。在一种文化中，当社会准则内化之后，人们会共同遵守准则，行为偏离者会被社会排斥并产生羞耻感和内疚感（埃尔斯特，1989；巴尔和塞拉，2010，p.862）。在腐败的文化中，反腐败准则并没有在人们心中内化；内在动力对他们决定参与或拒绝腐败的影响十分微弱。比如说，在某些文化中，向官员行贿是很正常的。腐败文化不仅存在于国家之中，也存在于组织之中。经过一天天的社会化，员工的价值观会和组织文化趋同（德巴克、海姆和德兰，2015）。一个组织内的文化甚至可以改变员工的性格（勒琼和沃什，2008）。此外，员工一般会根据组织内部的准则行事。

由于反腐败准则存在感微弱，所以国际足球联合会、国际田径联合会、国际排球联合会、国际手球联合会和国际举重联合会等组织的内部员工对其组织明目张胆的腐败行为熟视无睹。在腐败文化中，人们并不认为腐败不合法或不道德。由于反腐败准则没有内化，腐败行为并不会遭到社会排斥，也不会让人产生羞耻感和内疚感。因此，在这样的文化中，人们可以随意地做不道德的行为。而且，这类文化相当持久，因为人们心中准则的改变非常缓慢（桑德茨和泰格帕拉，2005），并且腐败组织也会吸引更多腐败分子，从而使其内部环境更加腐败。

到底是什么导致了国际体育联合会的腐败？这一问题并不容易回答。许多社会和组织因素形成了参与腐败的内在动力。至于国际体育联合会，其原因显而易见（格拉特，2017）。最重要的是，腐败行为长期不受惩罚，这会使腐败文化不断滋长（路易斯和斯图尔特，2014）。瑞士当局对腐败的国际体育联合会管理松懈，制造了滋生腐败行为的温床，直到最近，瑞士当局的管理才变得严格起来。此外，国际体育联合会没有有效的内部问责制度，结构因素是腐败问题的核心。

劣治

我们将以结构视角看待组织腐败。如果人们认为腐败行为不会被发现，不会被惩罚或只是轻微地惩罚，那么他们就会更倾向于参与腐败行为。从结构腐败的视角来看，组织的内部规则和结构影响着对官员违规行为进行（严厉）惩罚的真实性。如果这些规则和体系只是摆设，那么人们就会有大量的机会进行腐败活动。"良治"这一术语通常指的是，有一个原则作为基准来评估不同组织的内部规则和体系（伍兹，1999）。因此，一个组织如果缺乏强健的内部体系就很有可能导致"劣治"，而国际体育联合会现在就处于劣治之中。

由于缺乏有效的外部问责，国际体育联合会对自己的活动拥有巨大的自主决定权（格拉特，2016a、2016b）。由于国际体育联合会在全球范围内运作，因此它们可以选择监管薄弱的地方作为其进行国际活动的基地。通过选择一个具有战略价值的地点作为总部驻地，许多国际体育联合会得以逃脱严格的监管。例如，《瑞士民法典》（*the Swiss Civil Code*）对联合会只有最基础的一些规定，整个瑞士法律框架给予联合会很大的财政自由和组织自由，对腐败的检举十分有限。此外，国际体育联合会总部所在国之外的法律和政策都无法管束它，缺乏外部约束使国际体育联合会产生了严重的"管理赤字"。

在体育还是一项业余运动时，很多国际体育联合会就已经成立了。因此它们这种基于业余运动的原始架构已经跟不上体育快速商业化和职业化的步伐了。在某种程度上，缺乏被普遍接受的、同质的、可操作的良治原则是国际体育联合会未能建立牢固的组织架构的原因。最近几年，这一方面取得了巨大进步，特别是查普乐和麦康尼（2013）以及国际体育组织良治行动（AGGIS）团队（AGGIS group，2013）所做的工作。查普乐和麦康尼提出了"国际体育良治基本指标"（BIBGIS），这些基本指标分为七个层面：组织透明度、报告透明度、利益相关方的代表性、民主程序、监管机制、体育廉正和团结。AGGIS 团队从透明度、民主程序、制衡和团结这四个方面确定了 44 个良治因素。

格拉特进一步将 AGGIS 总结的因素细化为 36 个治理因素，并通过评分系统对这些因素进行量化（2015）。格拉特用这些指标研究了 35 个奥林匹克国际体育联合会的管理情况。研究结果显示，其中的大多数联合会都存在"管理赤字"。这其中与腐败紧密相关的"赤字"涉及透明度、民主与制衡。当这些"赤字"出现时，腐败就不太可能被发现、被惩罚。

首先，透明度的定义为：传递信息的开放性（鲍尔，2009：297）。透明度让外部行为者可以监督组织运转，从而减少腐败的发生（凯威特和麦库宾斯，1991）。在测量国际体育联合会的透明度时，格拉特发现大多数联合会都不向公众报告其内部活动（2015）。最引人注目的是，只有8家联合会公布其议程和会议记录，4家联合会公布主管部门的决定，6家联合会发布全面的年度活动报告，没有一家联合会公布其高级官员的薪酬，23家联合会不在其官网上向外界发布金融审计报告。

其次，民主程序与民主行为固有的规则和准则密切相关。民主程序通过让受政策影响的群体参与政策的制定，增加了利益相关方对组织的监督，从而加强了对其的问责（卡尔弗特、麦库宾斯和温格斯坦，1989；费伦，1999；克利金和科彭扬，2004）。格拉特称，大部分国际体育联合会都没有严格实施民主程序（2015）。总的来说，运动员不能充分享有其代表权，只有8个联合会允许运动员选举运动员委员会的主席。此外，大约一半的联合会每隔数年才举办一次全体大会，重大赛事举办权的分配不是按照透明度和客观的可重复过程进行的，这导致该领域极易发生腐败。而且31个联合会（占联合会总数的绝大部分）不根据专业和诚信标准筛选候选人。特别值得注意的是，所有联合会都缺乏足够的任期限制，只有11个联合会有某种形式的限制，这导致了权力的集中和滥用。

最后，制衡和互相监督确保了没有一个高官或部门拥有绝对的决定权（波文斯，2007）。这种制衡关键在于建立一个可以监督决策者行为的机构（凯威特和麦库宾斯，1991，p.33–34）。机构制衡（内部和外部），如审计委员会和道德委员会等通常可以防止贪污、内幕交易、腐败、权力滥用和权力集中。格拉特称，在国际体育联合会的治理领域中，制衡领域问题最为突出（2015）。内部审计质量、道德规范的存在和质量以及利益管理和执行原则的冲突，这三者之间的差距备受瞩目。只有6个联合会设有内部审计委员会，其职责明确，有权监督内部审计并评估内部监督体系的质量，7个联合会没有在其管理文件或官网上提及任何道德准则，只有6个联合会有明确的利益冲突规则，只有5个联合会的道德委员会独立于理事机构，并有权主动提起诉讼。

案例分析：国际足联丑闻和国际体育联合会的腐败案例

为了说明上述因素是如何导致腐败的，本节将对国际体育联合会遭受的最严重腐败指控进行讨论，着重介绍国际足联的多起贿赂和欺诈事件，探讨针对国际田联和一些小型国际体育联合会的腐败指控。

自20世纪70年代以来，国际足联深陷贿赂、操纵选举、敲诈勒索、电信诈骗和洗钱等丑闻之中。这并不令人惊讶，因为国际足联在极其商业化和政治化的环境中运作，所以极易发生腐败。在世界范围内，足球都是极具吸引力的商业产品，足球世界杯有着最广大的收视群体。因为电视转播权和与赛事相关的营销权成为国际足联的主要收入来源（汤姆林森，2014），世界杯因此被称为国际足联的摇钱树。通过出售2014年世界杯足球赛的媒体权，国际足联总营收达21560亿欧元，其中出售营销权就获得了14030亿欧元（国际足联，2014）。国际足联目前与可口可乐、维萨、阿迪达斯和百威等非常成功的大型跨国公司有着互相依赖的合作关系（萨格登，2002；汤姆林森，2005）。尽管它是正式的非营利组织，但其2014年的财政储备高达13.52亿欧元（国际足联，2014）。因此，国际足联成了财富和权力的巨大源泉。难怪其最高级别官员有着权钱交易的冲动。从1974年到1998年，国际足联主席——巴西人阿维兰热把国际足联的会员国扩大到了大部分贫困的国家。他随后以财政支持和赞助作为奖励来控制这些国家（萨格登和汤姆林森，1998，p.144–151）。作为阿维兰热的门徒和继任者，布拉特继续执行这个成功的战略（汤姆林森，2014）。根据马克·匹茨的说法，阿维兰热和布拉特利用他们与国家联合会的关系建立了一种"赞助制度"，在这一制度中"与其关系密切的人得到私人利益，或者为他们的国家协会、联合会或者当地的基础设施筹集资金来报答支持他们的恩人"（匹茨，2014，p.8）。而这种做法往往发生在与腐败相关的灰色领域里，所谓的ISL事件揭示了国际足联高级官员是如何以出卖独家营销合同得到约1亿美元私人报酬的（詹宁斯，2006）。然而直到美国当局介入，世界才了解到国际足联内部触目惊心的腐败现象。2015年5月，美国当局以敲诈勒索、电信诈骗和洗钱罪名起诉14名官员。应美国司法部的请求，瑞士当局逮捕了国际足联七名现任官员（包括一名国际足联副主席），他们涉嫌收受2亿美元贿赂，帮助行贿人获得国际足联赛事期间南美和北美的媒体权和营销权。根据美国司法部的说法，国际足联官员制订了一个"24年计划"，通过国际足球腐败谋取私利（司法部，2015）。

除了巨大的商业化之外，足球界中体育与政治之间的共生关系也非常明显。近年来，申办世界杯足球赛的竞争愈发激烈，许多国家正在寻求国际认可，以帮助他们赢得世界杯赛事举办权（科内利森，2010：3013）。国家联合会是正式的申办候选人，但事实上各国政府也参加了申办，并投入了大量的资源来准备申办（沃尔特斯，2011）。世界杯的申办总是饱受争议。2018年（卡塔尔）和2022年（俄罗斯）世界杯的申办过程正面临严重的腐败指控。英国《星期日泰晤士报》发表了一系列文章称，国际足联官员收受的贿赂达到数百万美元（卡尔弗特和布莱克，2014）。在撰写本文时，美国和瑞士当局正在对世界杯申办过程进行单独刑事调查（吉布森，2015）。而另外一些国家为了确保世界杯的主办权，通常对这些贿赂行为忍气吞声（魏因赖希，2014）。有几个国家被指控花钱雇佣与国际足联关系密切的游说团队，来帮助他们获得选票。据说，英国2018年世界杯申办团队向一些国际足联官员赠送了奢华精美的手表，总价达3万美元（布朗，2014）。

国际足联的腐败案件层出不穷。该组织似乎天生就有腐败倾向。产生这一现象的原因到底是什么？其原因可能有很多，但腐败文化和组织结构问题毫无疑问地为这些投机行为提供了土壤。首先，安德鲁·詹宁斯等调查记者大量记录了国际足联的腐败文化（詹宁斯，2006）。在国际足联，腐败行为普遍存在，所以没人认为腐败是不道德的。被指控有不道德行为的前足联高级官员似乎并没有表现出太多的羞耻和内疚（汤姆林森、塞尔和谢高德，2015）。虽然国际足联遭到了一系列腐败指控，但内部人士注意到，该组织似乎并没有改革的迫切感（匹茨，2014，p.14）。其次，国际足联在很长一段时间内，在透明度、民主和制衡方面出现了严重的"治理赤字"。例如，不久之前国际足联还没有道德委员会和健全的道德准则。因此，收受贿赂很少受到惩罚，即使贿赂行为被发现，也只会受到轻微处罚。此外，国际足联没有任期限制的规定，这增加了权力集中的风险。2002年，国际足联前秘书长米歇尔·泽恩·鲁菲南抨击时任国际足联主席的布拉特："布拉特违背了规定，他接管国际足联的管理和行政工作之后，与少数亲信一起操纵了整个国际足联，并通过物质财富和行政权力为第三方和他自己牟利。今天的国际足联就像一个专制政体。"（汤姆林森和鲁菲南，2014，p.133）虽然最近的治理改革有了积极成果，例如，国际足联现在似乎有一个强大的道德委员会。但是，该组织仍然缺乏健全、民主、透明的决策机制（匹茨，2014）。例如，国际足联仍然缺乏先进的（财务）监管机制，世界杯举办权的申办并没有遵循透明、客观、可重现的程序（按照这一程序，申办档案可以被独立审查，并根据预先制定的标准进行打分）（格拉特，2015）。缺乏这一程序使得该组织特别容易因为政治压力而陷入腐败。

毫无疑问，国际足联的丑闻在国际体育联合会腐败中最为显眼。然而，2015年11月，世界反兴奋剂机构发布的一份报告显示，国际田联的一些高级官员收受贿赂，帮助相关方掩盖其使用兴奋剂的行为（世界反兴奋剂机构独立委员会，2015）。2016年1月发布的第二份报告详细叙述了这些做法（世界反兴奋剂机构独立委员会，2016）。它描述了一个由国际田联前主席拉明·迪亚克（Lamine Diack）领导和制造的"强大流氓团体"的腐败文化。该团体在国际田联的支持下运作，由迪亚克的家人和亲信组成（世界反兴奋剂机构独立委员会，2016，p.8）。报告概述了迪亚克和国际田联的其他高级官员如何故意拖延有嫌疑的俄罗斯运动员的案件调查，让"肮脏的运动员上场比赛并改变比赛成绩"（世界反兴奋剂机构独立委员会，2015，p.10）。报告又详述了迪亚克和俄罗斯总统之间的密切关系。据报道，当九名俄罗斯运动员涉嫌服用兴奋剂的证据曝光后，迪亚克向国际田联的一名律师表示，"他的处境很艰难，只能依靠俄罗斯总统与他的友谊来解决"（世界反兴奋剂机构独立委员会，2015，

p.20）。据报道，国际田联高级官员深知其内部的腐败："当选官员不可能不了解俄罗斯田径运动的情况。既然对这一情况如此了解，那为什么还不采取行动？很显然，国际田联并不想得罪俄罗斯。"（世界反兴奋剂机构独立委员会，2016，p.46）。

全球的新闻媒体都报道了国际田联和国际足联的腐败丑闻。然而，针对小型国际体育联合会的腐败指控却鲜为人知。调查记者和举报人揭露了一些国际体育联合会的不道德行为。其中有三条尤其值得注意：第一，墨西哥人鲁本·阿科斯塔（Ruben Acosta）在担任国际排球联合会（FIVB）主席的24年间获得了3300万美元的个人佣金。他能得到这笔佣金，归功于一项规定，即国际排联签署的每份合同，他都有权获得10%的合同金额作为奖金（霍伊，2005）。第二，国际举重联合会（IWF）主席塔马斯·阿赞（Tamas Aján）未能解释两个瑞士银行账户中约500万美元的国际奥委会津贴消失的原因。据报道，从1992年到2008年，塔马斯·阿赞把国际奥委会对国际举联的所有拨款都转移到了自己的两个银行账户中（哈特曼，2013）。第三，据称国际手球联合会（IHF）主席哈桑·穆斯塔法（Hassan Moustafa）与一家德国体育营销公司签订了一份价值60万欧元的合同，该公司随后获得了国际手球联合会比赛的转播权。据说穆斯塔法从未出示过收据，却已经收到超过30万欧元的旅费报销。关于这一指控，他声称自己不知道有这一要求。最后，他为自己和国际手球联合会的执行董事会成员提高了薪水，使他们年收入总和达到约180万欧元，这比国际手球联合会的全部发展援助还要高（阿尔，2009、2010、2013）。

结语

本章分析了增加国际体育联合会腐败可能性的某些具体因素。无论是体育的商业化还是体育的政治工具化，都使更多的组织倾向于从事贿赂和欺诈行为。因此，那些在高度商业化和政治化背景下运作的联合会，或者是那些有更多来自腐败国家董事会成员的联合会更容易出现腐败行为。然而，这些因素并不会自动让国际体育联合会陷入腐败。文化因素和结构组织因素为国际体育联合会的腐败现象提供了土壤。因此，具有腐败文化和不良治理的国际体育联合会更容易发生腐败。

各级公共机构开始呼吁对世界体育理事机构进行更多的道德治理，但问题是如何实现变革。体育的政治工具化和体育的商业化已成体系，且根深蒂固。因此缓和这些趋势是不可能的。尽可能减少个人欺诈或贿赂将是国际体育联合会根除腐败的最有效手段。由于人们内心的准则和信念往往十分牢固，所以腐败文化难以消除。因此，建立更加牢固的治理结构成为重点，这其中制定以透明度、民主和制衡优先的政策又是重中之重。这种结构性的改善不仅会降低腐败的可能性，还会防止腐败文化的出现。人们普遍认为结构改进可以有效削弱腐败文化，例如设置任期限制和诚信检查，或将女性纳入决策机构等。

国际体育联合会通常并不会有改革的紧迫感。在一些国际体育联合会内部，腐败文化和缺乏良治使他们不愿对治理失败进行深入反思。很显然，只有当利益相关方一同施加压力、寻求良治时，这些国际体育联合会才会进行重大改革。

第四部分

体育赛事

第十四章
奥运城市遗产的可持续性

拉里萨·戴维斯

引言

在21世纪,大型体育赛事蕴含巨大的商业潜力,奥运会尤其如此。包括政府和赛事组织者在内的支持者经常承诺,承办大型赛事会改善城市的经济、政治和社会条件,以此证明赛事开支具有合理性,从而赢得当地民众支持。但是,很少有人保证,举办大型赛事一定会留下可持续的良好城市遗产。这些遗产可持续性的实现,通常十分依赖一些有利因素,并需要多年时间。

本章通过借鉴理论文献和欧洲城市的实践证据来研究体育赛事与城市遗产之间的关系。具体来说,它研究了奥运的城市遗产。本章的第一部分对奥运和城市发展的历史进行概述,并探讨了创造存续长久、影响积极的遗产的要素。本章的第二部分以2012年伦敦奥运会为例进行研究,分析了当地政府是如何利用奥运会在东伦敦创造城市遗产的。本章认为,商业在维护城市遗产上具有重要作用。

城市遗产的定义

"遗产"是一个广泛应用于体育赛事的术语。然而,这个术语有多个定义和解释,尽管它广泛使用于文学、政策和媒体领域,但其定义却有些难以捉摸(卡什曼,2005)。一般来说,它指的是"前人所传递的有形或无形的东西;事件或过程的长期影响；遗赠行为"（曼根，2008，p.1869）。格拉顿和普罗伊斯将遗产概念化为一个三维立方体：正面和负面；有计划和无计划；有形和无形（2008）。人们普遍认为"遗产"一词包括广泛的成果，从体育设施和其他城市基础设施的发展到更广泛的与环境、社会、文化、经济、政治、体育、教育和旅游等相关的成果（戴维斯，2012）。就本章而言，城市遗产指的是：在举办大型赛事后，城市建筑和自然环境的所有正面或负面的持久变化。

奥运会与城市发展的历史问题

重大赛事与城市发展相关联的现象不足为奇。多年来，展会、节日、博览会、文化和体育赛事等活动为城市提供了许多投资机会，以改善基础设施和环境（乔克利和艾塞克斯，1999）。在当代社会，大型体育赛事通常为举办城市提供了建设新体育设施、开展广泛的城市发展或再生计划的机会。再生是指：用一个全面、综合的蓝图和行动，解决一些城市问题并尝试持续改善该地区的经济、物质、社会和环境状况（罗伯茨，2000：17）。

在某些情况下，赛事成为城市大规模发展或再生的催化剂，而在另一些情况下赛事则用于补充或加快现有计划。戴维斯指出了三类与运动有关的再生模式（2010）。第一类"体育引导的再生"，体育赛事被视为再生的催化剂和引擎；第二类"体育再生"，在初始阶段，体育赛事就与其他活动一起融入正在制订的或已有的城市战略中；第三类"体育与再生"，在总体规划阶段，体育赛事没有融入城市战略，往往在发展或再生过程的后期进行"补充"。其他学者则以不同的方式概括了重大事件与城市发展之间的关系。例如，史密斯和福克斯探讨了"赛事主导的再生"（与赛事直接相关的项目）和"以赛事为主题的再生"（一个城市自愿选择的项目，对举办赛事并不重要）之间的区别（2007）。匹茨和里奥同样探讨了由赛事直接引起的发展（例如体育设施）与城市自愿选择的发展（例如交通、住房等）之间的差异（2009）。

奥运与城市发展之间的关系由来已久。自从1896年皮埃尔·德·顾拜旦男爵复兴现代奥运以来，奥运会得到了长足发展，如图14.1所示。1896年雅典奥运会，只有来自14个国家的241名运动员参赛，而2012年伦敦奥运会则有来自204个国家的10568名运动员参赛。尽管奥运会的发展已趋于稳定，但其规模巨大，以至于举办该赛事对城市的影响已经远远超出了提供体育设施和比赛场馆的范围。举办国通常需要投资以支持当地的基础设施建设，如交通、酒店住宿、城市园林绿化和公共事业发展，以确保奥运会有效运行，并提升全球观众对主办地的印象。因此，举办奥运会的成本巨大，并且还在不断增加。所以主办城市期待这种投资带来持久的城市遗产作为回报并不令人惊讶。

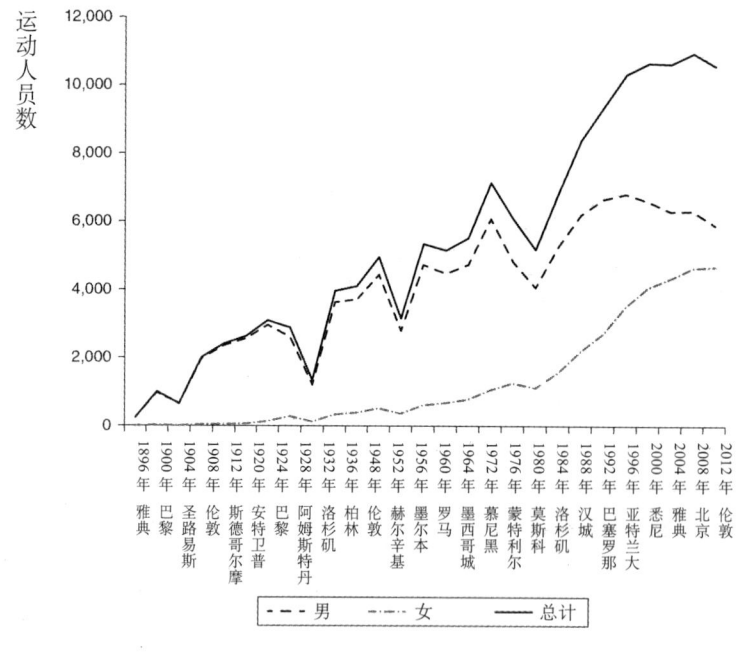

图14.1 奥运会的发展

来源：国际奥委会（2015）

艾塞克斯和乔克利（1998，2004）与戈尔德（2011）对奥运和城市发展的历史进行了概述。艾塞克斯和乔克利指出，自20世纪初以来，夏季奥运会对城市环境的影响日益突出，但是这一影响并不呈线性增长。对奥运与城市影响的分析大致可以分为四个时期，如图14.2所示：

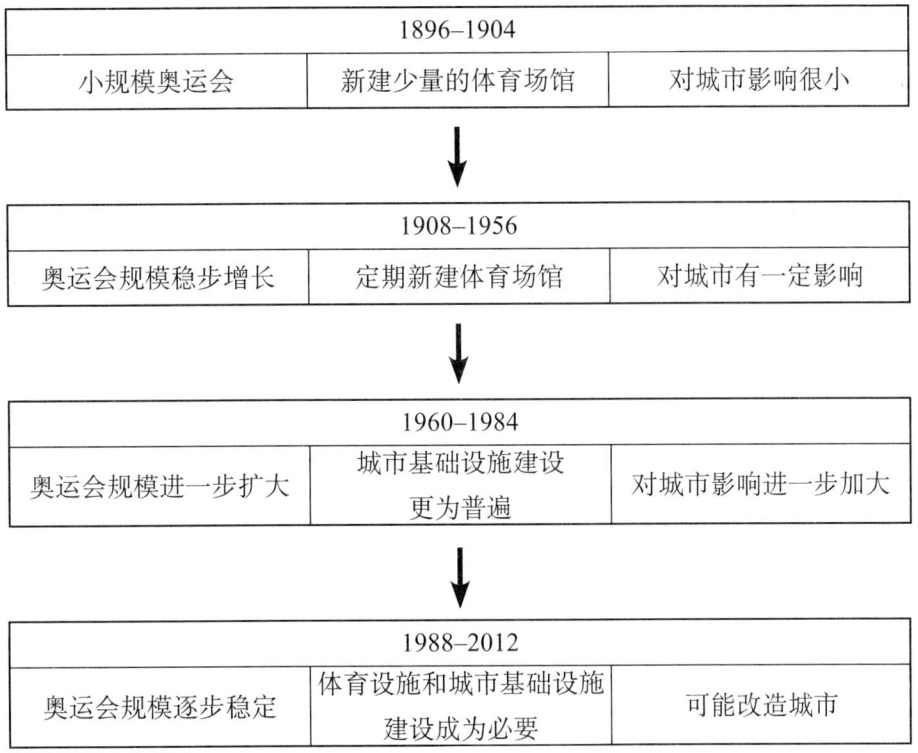

图14.2 奥运与其对城市的影响

来源：戴维斯（2012）

尽管在1960年罗马奥运会时，主办城市就建设了大量基础设施，但是1988年汉城奥运会正式标志着这一时期的到来，即奥运会越来越成为城市转型的工具和城市遗产的来源。汉城利用奥运会开展了广泛的城市再规划和重建，解决了严重的经济、环境和人口问题（戈尔德，2011）。除了体育设施和奥运村外，城市建设还包括修建交通基础设施（三条新的地铁线路）、提升文化设施（新场馆的建设和历史古迹的修缮）、制订环境保护计划（例如新的公园，整修过的街道）和改善城市健康与卫生状况等（艾塞克斯和乔克利，1998）。

虽然首尔是利用奥运会升级城市基础设施和环境的开端，但从1992年巴塞罗那奥运会开始，奥运会就成为全面城市转型的契机，涉及环境、社会、经济等各方面。研究者常常将巴塞罗那视为利用重大赛事推动城市转型的典范，并称赞其"通过奥运得到了再生"，这里的再生指的是为迎接1992年奥运会，巴塞罗那在全市范围进行的社会、经济和环境整改（科菲，2011）。为迎接1992年奥运会，市政府修缮和翻新了两个地区（蒙特惠奇山和瓦尔德希布伦）的体育设施，开发了大面积的闲置土地以建造奥运村（Parc de Mar），开发了一个新的码头，并在全市范围内开展了一批高质量的城市建筑和战略更新项目，以优化公共区域环境。市政府也提升了城市交通水平（例如重建铁路网络，发展沿海公路），并实施了一系列社会和经济方案，以改善居民的生活质量。巴塞罗那以奥运会为契机，提出并资助了一些长期项目，尽管蒙克鲁斯指出其在市场营销和获取经济利益时忽视了社会影响（2011），但巴塞罗那奥运会仍是一个利用重大赛事进行城市改造的典范。

  1996年亚特兰大奥运会是第四时期的一个例外，因为该市举办奥运会后，城市的基础设施几乎没什么变化。艾塞克斯和乔克利解释说，当地组委会是一家私营的非营利性组织，并且只负责体育设施发展（1998）。他们注意到，为亚特兰大奥运会设立的其他机构，也没能大范围改变城市面貌。在2000年以后，奥运会都试图把重大的城市基础设施发展和体育设施的发展结合起来。城市再生成为各国举办奥运会的一个重要理由，2000年悉尼、2004年雅典、2008年北京和2012年伦敦都以奥运为契机对其城区进行了大改造。例如，悉尼以奥运会为契机，改造了西部一个污染严重的地区赫姆布什湾（Homebush Bay），同时也借此提出持续发展议程,将环境责任纳入设施设计和资源利用之中(戈尔德，2011）；雅典利用奥运重新开发了城市的各个区域，促进了旅游业的发展并全面检查了大雅典区的公共交通状况（戈尔德，2011）；而北京则以奥运会为契机获得大量城市投资，并利用奥运将中国重塑为全球经济的参与者（库克和迈尔斯，2011）。

  从这些例子可以清楚地看出，1988年以后，大部分奥运城市都通过举办奥运会对城市基础设施进行了全面的升级改造，并且很多升级改造工程在奥运闭幕之后仍在继续，但是，这些开发并不一定会产生可持续的城市遗产。虽然巴塞罗那等一些奥运城市已经成功地将与奥运有关的城市基础设施融入城市生活，但下一节将主要论述，像雅典这样并没有那么成功的奥运城市。

当代和未来面临的挑战及应对策略

本节以奥运城市为例，分析了创造城市遗产所需的一些因素。其中有三个主要因素与本节的主题相关，是创造城市遗产所必须应对的挑战，这三个因素如下：战略遗产规划，场馆的长期生存能力以及经济和政治环境。我们将依次讨论这些因素：

战略性长期遗产规划

以往奥运城市的先例证明，城市遗产最大化的关键因素之一是保证为奥运制订一个战略性长期遗产规划。霍布金森认为："像奥运会、世界杯和英联邦运动会这样的体育盛会，只有将体育场馆建设纳入一个可持续的城市再生计划中，才能在赛后继续发挥作用。"（2002，p.3）

普罗伊斯认为，从经济和城市发展的角度来看，只有城市所需的基础设施与其长期规划相一致，申办奥运会才有意义（2004）。此外，如果奥运可以推动和加快城市发展，那么主办城市就更有可能获得积极且长久的好处。

人们普遍认为，巴塞罗那将奥运会纳入城市的战略发展和长期规划，是其成功再生的关键（科菲，2011；蒙克鲁斯，2011）。史密斯、斯蒂文森和艾德明森指出，主办城市会在最初制订强劲的城市发展总计划，随着时间推移，主办城市一般会制订一系列具体的战略规划（2011）。因此，2000年悉尼奥运会的组织者因为没有重视城市的总体规划而饱受批评，这被认为是导致该地区再生迟缓的重要原因（布朗丘，2010）。在"巴塞罗那模式"中，奥运会的战略规划不仅要确保赛事如期顺利举办，还应关注奥运结束后城市的长远发展。人们普遍认为，这一模式是如今巴塞罗那城市遗产得以可持续发展的关键因素。

赛事场馆长期运营的可行性

在任何企业中，经济性和业绩都是成功的关键。创造城市遗产的另一个重要因素是确保赛事场地具有长期用途，并且具有经济可行性（戴维斯，2011）。这对于减轻维护设施的经济负担至关重要，还可以最大限度地提高投资回报，为当地社区创造就业机会。此外，为这些场馆寻找长期用途，对于提升周边地区的活力和人流量来说非常重要，并很有可能吸引更多的投资（伦敦大会，2011）。

有一些奥运城市没能为其奥运场馆找到直接承租人。在这种情况下，导致了所谓的"白象"设施——即维护费用昂贵，而且成本与用处不相称的场所。从欧洲范围来看，雅典"脱颖而出"，成为后奥运时代没能为其场馆找到长期承租者的主办城市，也成为近年来长期遗产规划中最糟糕的代表。奥运会之后，包括国家体育馆在内的大部分体育设施都将用于公共娱乐休闲活动。然而，除了在奥林匹克体育场举行足球比赛之外（齐思迪，2010），官僚主义和缺乏长远规划使公众难以接近和使用奥运体育场馆。人们应该将场馆视为一种社会资源还是应该利用其商业价值，这一争论使很多场馆被闲置。虽然有些场馆确实有长期用途——例如高迪的羽毛球馆成了国家剧院，但绝大多数场馆已经年久失修，有的则是整个区域被隔离，以防止被破坏（戈尔德，2011；曼根，2008）。尽管雅典奥运会在公共交通方面留下了一些积极遗产，但是大多数场馆未能找到长期承租者，这使雅典居民难以享受到这些潜在的城市遗产。

奥运主办方未来面临的挑战是，确保所有永久性建筑在赛后都有预期用途，拆除或者考虑更多地使用现有或临时场馆来举办赛事。然而矛盾的是，奥运会后拆除体育基础设施尽管可以减轻经济负担，但也没有为城市发展做出贡献。因此在新建场馆时，须考虑其在赛后经营的经济可行性和长久性。

经济与政治环境

前面讨论的两个因素在活动组织者和城市规划者的掌控范围内，除此之外，还存在一个外在因素，即广泛的经济与政治环境，一些评论者认为它对于确保形成积极的城市遗产具有重要意义，因为这一环境直接影响着奥运会的举办以及随后的城市发展与再生。在奥运会对房地产影响的研究中，普拉斯穆斯和麦凯（2001）认为经济和政治环境非常重要，奥运能否成功创造遗产往往取决于城市的经济和政治地位。另外，以巴塞罗那为例，1992年奥运会是在一个政治稳定的时期举办的，在这样的环境下，就可以充分利用奥运会的潜力来实现城市的发展（戈尔德，2011，p.45）。这样的环境可以有效提振民营企业的信心及其对奥运再生项目的投资。相反，希腊不稳定的经济状况和随后出现的全球经济衰退，无疑对2004年雅典奥运会的遗产产生了负面影响。奥运城市面临的一个主要挑战是，申办奥运会时的全球经济环境和东道主国家的政治地位，到举办奥运会时可能会发生很大变化。因此，由于这两个因素，人们往往难以对城市遗产进行准确的规划和预测。

上述的三个因素被广泛认为会影响城市遗产的可持续性。然而，研究表明，其他的一些因素也可能会影响城市遗产，包括对遗产规划的管理；公共部门的赛后投资；成功的本地营销和品牌推广；当地社区的积极参与等（戴维斯，2012）。最终，重大赛事所留下的城市遗产能否长久存在，很可能由多种因素共同决定，并且这些因素对每个城市而言可能都是独一无二的。

案例研究14.1：2012年伦敦奥运会

虽然现代奥运会与城市发展息息相关，但自巴塞罗那奥运会以来，没有任何一个城市像伦敦那样，把城市遗产和城市再生置于奥运会的核心地位。本节将概述伦敦是如何利用奥运创造城市遗产，并从商业角度反思其规划过程。

细节与背景：2012年伦敦奥运会的城市遗产规划

城市再生是2012年伦敦奥运会的重要目标之一。从规划的早期阶段来看，城市再生和城市遗产显然是奥运会的重要组成部分。规划文件写道：

"我们将在伦敦市中心以东13公里的下利亚河谷地区建造奥林匹克公园。这个地区亟待重建。通过在该地区举办奥运会，将会给该地区带来最

持久的奥运会遗产,即整个地区再生,从而直接造福当地的每一个人。"(2007, p.19)

奥林匹克公园位于东伦敦,这一区域包含四个城市规划部门:纽汉、哈克尼、哈姆雷特塔和沃尔瑟姆森林。将奥林匹克公园建在东伦敦的这个地区有两个原因:首先是这块闲置土地距铁路和地铁线路较近;其次,如上所述,该主办区极为贫困。"多重贫困指数"(IMD)根据经济、环境和社会指标对英格兰的地区进行了排名,根据这一指数,伦敦奥运主办地内许多地区都位于英格兰和威尔士最贫穷的地区内(主办区,2009)。对那些在经济、社会和基础设施上已经衰落的城市而言,奥运会是其再生的绝佳良机。尽管伦敦地方政府和英国政府分别在2008年和2010年经历了政权更迭,但作为伦敦奥运会城市重建的象征,奥林匹克公园是赛事遗产规划中的重要部分。

伦敦之所以申办2012年奥运会,就是为了创造可持续的经济、政治和基础设施遗产。从商业角度来看,如何按时、按预算建造符合要求的基础设施,是伦敦奥运会面临的一个挑战。一般而言,这样的基础设施一旦建成就会成为长久的奥运遗产。为了创造城市遗产,伦敦需要从战略角度将场馆和基础设施建设纳入广泛的长期规划中,并为这些长期遗产制订明确的经营计划,以实现其在经济上的可持续性。

奥运遗产建筑

作为一个建筑工程,伦敦2012奥运场馆的规划和交付过程十分复杂。在这样的闲置土地上,进行如此大型的建筑工程,对英国来说还是第一次。卡迈克尔解释道:"2012年伦敦奥运会的建筑工程时间紧、任务重、规模大,有着固定的财政投入,以及不确定的未来产权。"(2012, p.1)

该工程对奥运交付管理局(ODA)的总体规划、设计和施工都是一项重大挑战。ODA需要同时提交短期和长期两个总体规划:短期规划是建设一个独特的奥林匹克公园,为奥运会提供舞台;长期规划是建设一个新的城区。所有这一切都必须在英国政府、国际奥委会(IOC)、国际媒体和其他许多利益相关方的监督下完成(卡迈克尔,2012)。英国政府原本制定的基础设施预算是40亿英镑,不过很快就达到了93.75亿英镑(不包括举办赛事、土地收购和大规模的城市重建,以及交通基础设施建设的花费)。

2012年伦敦奥运会所需的基础设施包括各种永久性新场地、临时场地和现有设施。奥林匹克公园包括为奥运所建的大部分永久性场馆,因此也是伦敦奥运会的城市遗产集中地,很有可能使当地的基础设施焕然一新。奥林匹克公园,赛后改称为伊丽莎白女王奥林匹克公园,包括国际广播中心(即主新闻中心)、运动员村和五个永久性体育场馆。这些场馆包括奥林匹克体育场、自行车馆、游泳中心、手球馆和伊顿庄园体育馆。表14.1说明了奥林匹克公园里的永久性场馆在赛后的用途。如下表所示,大多数伦敦奥运场馆在赛后都进行了改造,以减少容量,提高使用灵活性。

表14.1　伊丽莎白女王奥林匹克公园永久性体育场馆在赛后的使用

比赛场馆	赛后场馆	场馆用途	原计划赛后用途
奥林匹克体育馆	体育馆	开闭幕式;田径场。80000个座位	多用途场馆:足球(主要);田径;橄榄球;各种赛事和音乐会。54000个座位
水上中心	伦敦水上中心	游泳;潜水。17500个座位	游泳;潜水;水球。25000个座位
自行车馆;越野摩托车道	利谷单车公园	场地自行车,自行车越野赛。自行车馆和越野摩托车道各5000个座位	场地自行车;自行车越野赛;公路自行车;山地自行车。自行车馆6000个座位

比赛场馆	赛后场馆	场馆用途	原计划赛后用途
伊顿庄园体育馆	利谷曲棍球和网球中心	游泳训练；轮椅网球。几个网球场地共计10500个座位	网球；曲棍球。主曲棍球区域3000个座位，可扩展到15000个座位
手球馆	铜箱馆	手球；盲人门球；击剑。6000个座位	多用途场馆：无挡板篮球，篮球、体操、羽毛球、击剑、排球。可伸缩座位，可扩展到7500个座位

来源：伦敦议会（2011）；伦敦遗产发展集团（2015）

2012年伦敦奥运会的城市遗产维护：能力、挑战和评论

现在判断2012年伦敦奥运会规划的城市遗产能否长期持续，还为时尚早。因此本部分将从商业角度反思该规划过程，并探讨维持伦敦奥运会城市遗产的可能性。

相比于之前的大多数奥运会，伦敦的城市再生规划提出的时间更早且更有说服力。伦敦制订了战略性规划来建设奥运园区，从一开始就考虑了举办奥运会的短期需求和当地发展的长期需求。卡迈克尔提出，在规划阶段有四个关键战略，这些战略对城市遗产具有重要意义：一开始就应考虑遗产的设计、规划和交付过程；优先考虑基础设施投资作为城市再生的基础；从一开始就应考虑奥运的总体规划对城市的长期影响；最后，奥林匹克公园的未来用途具有不确定性，在设计时就应考虑长期使用的灵活性。

此外，伦敦市政府从金丝雀码头这样的重建项目中吸取了经验教训，[1]在

---

1. 伦敦金融区是东伦敦高楼林立的商业区。它是在20世纪80年代后期，为了重建伦敦码头而采取的重要政策干预措施之一。虽然它现在取得了良好的经济效益，并被视为"组织管理严密"的旗舰项目，但对于改善当地居民的经济和社会状况没有多大作用，并未得到广泛认可（琼斯和埃文斯，2008）。

建设奥林匹克公园时，充分考虑了其与周边社区的融合及对周边社区的补充，为未来的一体化建设提供了很好的机会（2012）。

尽管伦敦奥运会的遗产规划很先进，但也有一些批评之声，如对奥林匹克公园进行赛后管理与安排时，在早期存在很大的不确定性（戴维斯，2012）。2009年伦敦遗产发展集团（LLDC）成立，其前身为奥林匹克公园遗产公司（OPLC），那时奥运交付管理局已经进入了工程交付的第二年。为了克服早期规划不确定性高的问题，在此期间，奥运交付管理局与土地所有者合作，设计了一个灵活的长期规划，包含了其他的发展选择（卡迈克尔，2012）。尽管很多人都认为，长期的总体规划是悉尼等其他城市奥运遗产转型缓慢的原因，但伦敦的长期总体规划似乎进行得很顺利（布朗希尔，2010；戴维斯2012）。

2012年伦敦奥运会规划有一个明显的优点：确保了奥林匹克公园里永久体育场馆可以作为奥运遗产得到长期使用。从商业的角度来看，这很重要，原因在于：首先，可以防止奥运场馆成为经济负担，其次，吸引更多游客来奥林匹克公园参观，这对激活周边经济十分重要（戴维斯，2011）。尽管如此，人们对伦敦奥运场馆的规划和租赁也有不少争议，如奥林匹克体育场是否应该用作足球比赛场地。英超俱乐部西汉姆联将成为其主力租户，并从2016-2017赛季进驻该体育场。尽管该场馆也可以进行改造以承办多种体育赛事，但许多评论者认为，公共财政建设的场馆应主要作为田径场保留。虽然北京、悉尼等其他奥运城市的实例表明，永久性田径体育场想转为商用困难重重，但是也有一些用于承办大型赛事的体育馆，在赛后成了足球运动场地。比如，为2002年英联邦运动会而建的埃迪亚体育场，现在由曼城足球俱乐部租用。人们一直在批评政府利用公共财政支撑伦敦奥林匹克体育场，这对于伦敦遗产发展集团来说也是一个挑战（吉布森，2015）。

而且，人们通过2012年伦敦奥运会遗产规划认识到为举办奥运所准备的许多设施其实是用不到的。虽然可以使用一些现有设施，例如，网球比赛在温布尔顿举办，足球比赛在温布利球场举办，但伦敦还是为举办2012年奥运会建造了25个临时场地，比之前任何一届奥运会或全球性活动新建的都要多（费舍尔，2011；戈尔德，2012）。伦敦奥林匹克公园有篮球馆和水球馆，公园外还有海德公园作为三项全能运动的比赛场地，皇家骑兵卫队阅兵场作为沙滩排球的比赛场地；格林尼治公园作为骑马运动场地等。按照传统模式，举办后拆除了几个场馆临时的座位区，例如，水上运动中心。评论家认为，建设临时场地花费巨大，赛后需要拆除，而且不会为社区留下持久的遗产；应该在修建临时场馆的同时也使用现有场馆，以避免雅典等其他奥运城市因未充分利用设施或将设施废弃所产生的财务和环境问题。

　　研究2012年伦敦奥运会主要是为了从商业角度审视其遗产规划过程，以及构建可持续的赛后城市遗产的关键因素。2012年奥运会，举办方致力于提供基础设施和固定发展时间表，向贫困地区注入公共资金（卡迈克尔，2012）。私人投资者为了商业发展不会大范围整治土地或净化环境，特别是在全球经济衰退时期，如果没有奥运会，东伦敦的闲置的奥运场地很可能会长时间处于荒废状态。奥运会简化了规划体系，加快了发展速度。评论家认为，尽管限制甚至忽视公众咨询时间对商业投资者有利，但在某些情况下，这会导致当地社区边缘化。毫无疑问，奥运会会在东伦敦留下城市遗产，但这到底对谁有利仍有待观察。决策者面临的一个重大挑战是确保在20年内，通过提高现有社区的生活水平，而不是通过新的、更年轻的、更富裕的人群取代现有居民来实现战略融合目标，该目标是指举办2012年奥运会的社区与他们在伦敦的相邻社区拥有相同的经济和社会发展机会。最终，时间将证明谁是2012年伦敦城市遗产的最终受益人，以及长远来看，该遗产是否具有可持续性。

结语

奥运会是改善城市地区的物质、经济和社会状况的绝佳机会。通常，举办城市会利用举办奥运会的机会建设新的体育设施，提出或实施更广泛的城市发展和再生计划。然而，正如本章所说，并不能保证举办奥运会的影响都是积极的，城市遗产的可持续性取决于各种因素，包括战略和长期的遗产规划、永久性场所赛后的商业可行性以及积极的经济环境。成功创造城市遗产的举办城市在遗产模式的基础设施规划、交付和运营方面表现出了强大的商业头脑。他们试图使奥运惠及周边地区，怀着强大的商业理念建设场地，重要的是这从长远来看也是一个可行的经济计划。

最终，由于缺乏长期的监测和评估，难以确定奥运会的具体贡献和"反事实"，反事实指的是如果没有举办奥运会，这个城市将会发生的事，因此城市遗产是否具有可持续性需要很长时间才能证实。虽然在奥运期间，城市景观的变化清晰可见，但通常需要 10 到 15 年才能确定是否已经成为持久的经济和社会遗产。放眼欧洲，奥运会的结果可谓好坏参半。研究表明，1992 年巴塞罗那奥运会留下了可持续的城市遗产，而 2004 年雅典奥运会就并非如此了。尽管伦敦遗产发展集团、奥运交付管理局和其他利益相关方声称 2012 年伦敦奥运会成功地重建了东伦敦，但近几年还无法确定奥运会是否成功改善了英国最贫困地区的经济和社会状况。

本章重点论述奥运城市遗产的商业方面。之所以简要介绍可持续的遗产是因为考虑到当地社区的需要。奥运会等组织管理严密的大型遗产项目，因把举办地社区边缘化，导致现有居民被富裕的新居民所替代而备受谴责。在许多主办城市，与重大赛事无关的重建都需要民间投资，这往往导致住房和其他设施超出了现有居民的负担能力。在这种情况下，虽然从商业的角度来看，城市转型是成功的，但对弱势群体和经济落后地区几乎没有什么帮助，而这往往是重大赛事申办的主要焦点。从长远来说，奥运等重大活动要创造积极且可持续的遗产，使现有的和新的社区居民获得永久的体育基础设施，而住房和环境美化等更广泛的城市发展需要惠及周边地区。虽然仍旧无法保证奥运会能否创造城市遗产，但是维持已经创造的遗产的可能性会大大增加。

第十五章
举办国际体育赛事的费用

弗拉基米尔·安德列夫

引言

当地的政治家和决策者轻而易举地就能让人们相信,一个国家或城市主办一场国际大型体育赛事是值得的。赛前研究表明,经济和社会的净效益最终将双双实现。然而,我们几乎不可能成功举办一个预期成本与预期收益相符的大型体育赛事。这种悖论的经济原理在于通过类似拍卖的程序将赛事举办权授予某个主办方,最终将导致赢家诅咒。在本章中,我们将对两个问题进行批判性考察,首先是赢家诅咒如何发展,其次是在何种程度上我们能够掌控它带来的影响。

首先,明确赢家诅咒的概念;指出它在体育经济,特别是举办体育赛事时的影响。其次,夏季和冬季奥运的案例研究证实了这种诅咒经常发生。第三,主办城市或国家如何抵消赢家诅咒以及如何更好地举办国际体育赛事,对巴黎举办2024年夏季奥运会有很大的借鉴意义。

赢家诅咒、体育经济和大型体育赛事

最初,赢家诅咒用于解释为什么参与竞争招标的公司所获得的投资回报率很低。在这种招标中,他们为了从其投资中获得收入抵消支出,在石油和天然气方面投入大量资金,结果就是受到了诅咒。后来,赢家诅咒被用来探索破产银行拍卖中的大额收购溢价。有人指出,无论何种拍卖类型,拍卖对象的价值都是不确定的，并且这一点对于所有的竞标者来说毫无二致，所以过高估计拍卖对象价值的一方可能会出高价并中标。没有认识到这种可能性的拍卖获胜者也许会受到赢家诅咒。泰勒强调，投标人之间的不对称信息导致赢家诅咒出现极端形式，即任何正面投标都会给投标人带来预期的经济损失（1994）。金融市场中的许多事件都是有关赢家诅咒的真实案例。在二手市场中也发现了赢家诅咒的例子，主要是在"二手车"市场上，卖方向买方隐瞒真实情况，因此，买方并不知道二手车的真实价值。阿克洛夫已经证明，在这种信息不对称的情况下，市场导致逆向选择，获胜的购买者会受到赢家诅咒（1970）。

在中央计划经济中，投资基金由中央国家机关在国有企业信息不对称和不透明的情况下进行拍卖。每个企业都倾向于在投资成本和收益的实际情况方面采取"欺骗策略"，低估成本和投资项目的完成时间，同时高估投资收益。面对无数的"幻想"项目，逆向选择是中央官员在企业议价、游说、贿赂后最常做出的决定。中央行政部门受到赢家诅咒，因为它将投资资金分配给效率比预期低的项目，而国有企业受到赢家诅咒，可能是因为欺骗行为，也有可能因为其提交了不可行的投资项目，而且这些项目根据预期成本，根本无法在规定时间内完成。

在体育经济中，赢家诅咒出现的情况有四种（安德列夫，2014）。第一种情况是几个城市在北美体育联赛中争夺同一个球队的特许经营权（罗森塔尔和斯温德尔，2002）。选择举办地点时，球队所有者处于垄断地位，城市是竞标者，获胜者的奖品是位于市区的特许经营权。球队所有者使竞标者在这种类似拍卖会的讨价还价的过程中相互竞争。每个竞争对手都会根据其对竞标对象的期望值来出价。如果一个城市高估了球队会带来的利益，那么它还不如在竞标中失败。赢家诅咒的关键在于并不是所有的城市都有相同的期望。一个城市中标时，基本反映了它因信息不对称而盲目乐观。因为作为联赛的所有者已经很好地控制了球队的归属权，所以城市处于讨价还价的劣势，受到了诅咒。

第二种情况是，电视频道竞标体育联赛的转播权（格拉顿和索尔伯格，2007）。赢家诅咒源于实际拍卖，而不是拍卖机制，例如特许经营场所的拍卖机制。电视公司通常竞相播放由单一体育组织（团队、联赛、联合会）举办的体育赛事，因此处于垄断地位。考虑到后者，体育赛事组织者开始以低价拍卖转播权，随后逐渐提高价格，然后每次都比上次高一些，直到有一个电视频道中标。与此同时，当他们出价高于其他竞争者的估值和他们声称支付的最高保留价格时，他们便会放弃。当价格达到略高于估价第二高的投标人的保留价时，招标程序结束。赢家诅咒的风险非常高，因为电视公司没有关于竞争对手实际最高估值的信息，因此在价格达到自己的估价之前，需要通过高投标获得更多有关竞争对手估值的信息。因此转播权变得非常昂贵，价格也大幅上涨，许多获得转播权的电视公司都受到了赢家诅咒。体育版权交易太多导致电视频道无利可图，最终造成中标电视公司的经济损失。出价高于转播权的实际价值，在经济上是不可行的，有几家广播公司因为后知后觉而受到赢家诅咒。例如，英国独立电视公司和基尔希媒体公司在拍卖中获得重要的转播权后，受到严重诅咒，最终破产。为了应对赢家诅咒的风险，电视公司心照不宣，公开地进行合作或者合并，试图通过垄断势力平衡体育卖家的垄断势力。这样的对抗策略抑制了转播权费用涨幅过高的情况，反之，没有这种策略，费用将急剧增长。

几个球队为了在北美球队的比赛中招兵买马而互相抬价，是赢家诅咒出现的第三种情况。在人才市场上，团队所有者是投标人，自由球员或超级明星球员是出售自身才能的卖家。只要在每次出售时，自由球员或超级明星球员具有不可替代性，便会处于垄断地位。该奖项是为了使获胜的球队在竞标中可以招募到一名球员。球员拍卖自身天赋的使用权，并将其出售给出价最高的投标人，而出价取决于每个球队观察了球员的以往表现和独特性后所预估的与其相关的边际产值（得分、年龄、身高、经验等），对给定运动员边际贡献预估最高的团队提供最高的薪水。如果关于队员特征的信息有限、不确定且不对称，就满足了产生赢家诅咒的先决条件。

在北美团队体育联赛中，买卖自由球员时会出现赢家诅咒，而在没有招募机制的欧洲职业团队体育联赛中，可以买卖所有球员，尤其是处于垄断地位的精英球员，即超级明星。对于北美自由球员来说，出价过高是由于评估一名球员的未来边际价值时，存在不确定的内在因素。鉴于这种不确定性，在许多投标人参与的情况下，最乐观的团队管理者将通过较高的价格赢得投标。增加投标人的数量放大了高估偏差（卡桑和道格拉斯，1980）。结果可能是自由球员得到高薪，胜出的球队受到赢家诅咒。另一个假设是，自由球员市场与"二手车"市场存在共同点。莱恩发现，所有者缺乏招标时所需的完整信息，只能以高价买到受伤的球员；就像阿克洛夫的"二手车"市场一样，人才市场中受伤的球员也拥有自主选择权（1984）。在欧洲团队体育联赛中，导致赢家诅咒的根本原因是球队之间为了开展的奖牌争夺战，而招募超级巨星球员或教练。比如在博斯曼离开后的欧洲足球联赛中，这种奖牌争夺战比北美联赛更加激烈，所受到的赢家诅咒也更严重（安德列夫，2011）。然而，针对欧洲联赛间进行的球员转会，还未对赢家诅咒进行计量经济学测试。

赢家诅咒出现的第四种情况是指大型体育赛事举办权的拍卖会上，中标者最后都会成本超支（安德列夫，2012）。本章主要介绍了第四种出现情况，并且以奥运会为例进行详细说明。国际奥委会公布主办和组织奥运会的确切时间，据此考虑项目提案。这些提案并不是为了说明如何筹集举办奥运会所需的资金。在拍卖会般的会议接近尾声时，国际奥委会将奥运主办权授予提案最新颖的项目申请方。参与这种竞拍的目的不是为了获得国际奥委会的拨款，而是为了成为下一届奥运主办城市。愿意主办奥运会的城市承诺在七年内投入巨资筹备赛事，同时也希望从"奥运主办城市"的标签中获益，因为这个标签赋予了这个城市吸引投资的独特魅力。

国际奥委会掌控奥运会举办权，每四年选举一次夏季奥运会和冬季奥运会的举办城市。国际奥委会希望获得举办权的城市能够符合它的要求，确保所有比赛项目的正常开展，并提供所需器材，承诺严格遵守运营预算。满足招标书列出的基本要求，便可以保证奥运会的最佳质量，其中包括保障运动竞赛顺利安全开展（运动装备的质量、奥运场馆与奥运村之间的距离等），提供良好住宿环境（奥运乡村、交通、宾馆）、安全的总体环境、令人印象深刻的开闭幕式、发达的媒体和通讯，以及良好的环境质量。国际奥委会正在寻找一个项目提案，这个提案不仅能从全球媒体报道中获益，还能给每届奥运会留下一个宏伟的形象，为主办城市留下标志性的景观以及令人难以忘怀的时代印记。国际奥委会对项目提案宏伟程度的追求，使得候选城市出价越来越高。

申办城市提出的举办成本不是获得奥运会举办权的决定性因素。此外，最低成本标准在一定程度上与奥运追求高品质的愿望相冲突。例如，2012年获得举办权的伦敦，预期成本为183亿美元，而当时马德里的预期成本为36亿美元，巴黎为89亿美元，纽约为107亿美元，莫斯科为119亿美元。2016年，里约热内卢获得举办权，预期成本为42亿美元，而芝加哥为33亿美元，东京为41亿美元，马德里为42亿美元。2020年，虽然马德里更低（24亿美元），但东京（34亿美元）获得了举办权。这些数据显示预期成本低反而更有可能获得举办权。

申办城市的主要目标是获得奥运举办权。申办城市必须承诺定期提供国际奥委会要求的体育设施，以及不定数量的非体育基础设施。而且设施质量至关重要，因为这可能影响该城市的竞标资格。1976年蒙特利尔奥运会和1984年洛杉矶奥运会都出现了财务危机，这说明地方组织委员会（LOOC）可能存在欺骗行为，尽管候选城市所提出的预期成本并不是国际奥委会做出决定的主要标准，但它仍备受重视。

申办城市希望最大限度地提高自己的候选资质，从而有机会实现其宏伟的项目提案。1984年以后，申办城市开始将他们合理且较低的成本以及超乎想象的实力作为优势进行宣传。把一个奢侈的项目与较低的成本相结合的唯一方法就是进行欺瞒，即通过各种手段（忽略增值税、降低残奥会预算等）在投标书中压低成本。申办城市自然会努力夸大其项目的质量，并宣传相对低廉的项目成本。除了申办城市争取的是奥运举办权，它实施的策略与中央计划经济中争夺配置投资资金的企业使用的策略一致，因为获得举办权之后才会对资金有需求。因此，申办城市与国际奥委会的主要目标是一致的，即合理规划，避免奢侈浪费，但主办城市会受到赢家诅咒。

国际奥委会对奥运建筑工程延期完成的担忧是赢家诅咒的控制变量。工期延长通常会导致成本超支，以至于为了在规定日期完成，而上调成本。上调建筑成本（从而揭示最初的成本低估），或放弃一些奥运建筑来遏制高昂的成本，这也是赢家诅咒的一个迹象。另一个明显的迹象是举办城市获得额外的资金或额外的公共补贴，例如，从政府获得资金。财政赤字或赛后财政盈余低于LOOC的预期，也是赢家诅咒的一个证据。当赛后财政盈余低于LOOC的预期时，赢家必须通过收取专门的赛后税款来弥补申办奥运出现的预算赤字。

信息不对称使申办城市代表可以掩饰项目缺点，即过高的成本、严重的安全问题、负面的外部效应和可能的挤出效应。国际奥委会不可能对每个申办城市项目都深入了解，也不能准确分辨申请信息的准确度，即实际成本和外部效应，以弥补申办城市发起人与国际奥委会代表之间的信息不对称；而候选城市为了获得举办权，被迫相互竞标，即低估成本，高估收益，国际奥委会代表对候选城市考察不足，因此双方都存在信息不对称。最乐观的投资者会获胜，并且由于事先低估赛后实际成本（高估实际收益），而受到赢家诅咒。

可以通过各种指标来验证体育经济中是否存在赢家诅咒（表15.1）。本章重点在于举办奥运的相关事宜。

表15.1 体育拍卖中赢家诅咒的指标

大型体育赛事	获得一个团队的特许经营权	竞标广播权	球员的压倒性优势
成本超支	新设施的补贴	电视版权费迅速增加	投标人越来越多
赛后项目修订	补贴大幅增加	电视公司经济损失	多支付的薪金/奖金
延期完工	体育场成本超支	电视公司投标后破产	获得一个"二手"球员
额外的公共补贴	经济增长缓慢	体育赛事不为人知的细节	为令人失望的回报竞标
主办城市财政赤字/债务	阻碍城市发展	出价高于新晋公司	超级明星效应
参观人数较少	出席率低于预期	电视版权重新包装	团队由于工资太高发生赤字

来源：安德列夫（2014）

案例分析：奥运会

想要验证赢家诅咒，首先要看举办奥运会是否存在成本超支。从 1972 年慕尼黑奥运会开始，安德列夫便开始比较招标时提出的赛前成本与闭幕式以及赛后产生的费用（2012）。结果显示，所有的夏季和冬季奥运都在一定程度上受到赢家诅咒，只有 1984 年的洛杉矶是个例外。表 15.2 展示了这项研究的最新成果，即在 2014 年，依旧以欧元为单位重新计算了成本超支指数。

表 15.2 1984 年以来夏季奥运会的成本超支、赛前成本和实际成本

（2014 年，单位：十亿欧元）

举办城市和年份	候选城市数量	提案中的赛前总成本	实际总成本	成本超支%
洛杉矶 1984	1	1.6 *	1.6 *	0%
汉城 1988	2	4.0	8.3	1.6 *
巴塞罗那 1992	6	3.9	10.0	108%
亚特兰大 1996	6	2.5	3.3	32%
悉尼 2000	5	2.8	5.4	93%
雅典 2004	5	5.3	11.1	109%
北京 2008	5	2.6	32.0	1130%
伦敦 2012	5	4.8	10.9	127%
里约热内卢 2016	4	9.5 *	16.5 **	74%
预估 2016***			33.0	247%

* 目前有十亿美元
** 2014 年成本
*** 丹麦盛宝集团 2012 年 8 月的估算
来源：安德列夫（2012）2014 年以欧元为单位进行更新并重新计算

夏季奥运会的实际总成本总是高于赛前宣布的总成本，并且多出好几倍，例如，首尔、悉尼、雅典和伦敦奥运中高出2倍，巴塞罗那高出2.5倍，北京高出12倍。通常低估奥运会所用运动器材和非体育基础设施的投资成本，而从来不低估组织成本——国际奥委会严格监管下的地方组织委员会的运营成本。然而，在2014年，筹备2016年里约热内卢奥运会期间，第一批赢家诅咒的迹象正在出现。盛宝集团预计2016年的最终成本可能会高出投标书成本的3.5倍。一如既往地超出了成本！

1984年洛杉矶奥运会作为特例证实了对赢家诅咒的分析。此次奥运会没有超支，有盈余。组织成本为5.46亿美元，包括所有投资在内的赛后总成本达15.92亿美元。洛杉矶是此次奥运会唯一的候选城市，因此它没有为了与其他城市竞争而低估成本。因此，洛杉矶也没有出现赛后成本超支的情况。1977年，选举1984年奥运会的举办城市，但因为蒙特利尔金融危机刚刚过去，所以没有城市申办1984年奥运会。国际奥委会必须说服洛杉矶当局并接受他们提出的条件，包括他们提出的成本。因此，没有赢家诅咒，没有超支。这是验证赢家诅咒理论的最佳特例。

从几届奥运会中可以看出赛后修正指标。蒙特利尔奥林匹克体育场的屋顶耗资巨大，饱受诟病，直到奥运会结束九年之后，才以原预算六倍的价格修筑完成。在悉尼，康宝树湾体育场的两家画廊因为修建成本过高而被舍弃。在北京，简化后的"鸟巢"体育场节省了50%的钢材成本，奥运游泳池最终也由于过于复杂而被简化了。伦敦奥林匹克体育场的建造成本从4.06亿美元增加到8.5亿美元，而基础设施的成本增加至1.7亿美元。奥林匹克公园最初预计只投入53亿美元，最终却又增加了14.4亿美元。

而且工期也大都有所延长。亚特兰大百年纪念公园工期延误，致使工人必须加班加点工作，因此产生了一系列额外成本。在雅典，许多建筑工程都未按计划完成，特别是新建的电车轨道、环形高速公路和前往新建机场的市郊列车。2004年1月，为奥运会建造的33个场馆中只有一个（希腊体育馆）准时完工。随后，最后一轮投资热潮也出现了。温布利体育场等几个伦敦奥运场地很晚才建成，而且为了适时利用所有运动设备，当地组委会遇到了很多麻烦。

通常，当地组委会给奥运会发放额外的公共资金和补贴。1976年蒙特利尔奥运会获得共计10亿美元的公共补贴。在悉尼，骑术学校每年获得67.6万美元的运作补贴，黑镇奥林匹克公园每年获得65.4万美元补贴。雅典市在准备举办奥运会期间一直提高公共贷款，导致希腊的公共债务不断增加。当地组委会不像往常一样出现财政赤字，因为一些额外支出被纳入东道国的城市预算中，有时甚至纳入地区或国家的政府预算中。尽管如此，1972年慕尼黑奥运会、1976年蒙特利尔奥运会、2000年悉尼奥运会、2004年雅典奥运会都出现了财政赤字现象，1988年汉城奥运会也有所亏损但并未得到官方认定（普罗伊斯，2004），1996年亚特兰大奥运会亏损相对较少。1992年巴塞罗那奥运会得到大量财政补贴（背负61亿美元的债务），因此官方宣称的300万美元财政盈余实际上并不可信。

纳税人通过交付额外的地方税（1.76亿美元）和魁北克省的烟草专项税（4.8亿美元）偿还了1976年蒙特利尔奥运会的债务。此外，35年内，每年由于管理蒙特利尔奥运会体育设施造成的财政赤字有1300万美元，巴塞罗那市政府不得不向纳税人收取17亿美元的税款用以管理当地设施。悉尼奥运会最终负债1.68亿美元，新南威尔士州每年要支付3730万美元来维护昔日奥运场地。澳大利亚体育馆正深陷财务困境，悉尼穹顶体育馆和水上运动中心的财务都处于亏损状态。据估计，希腊纳税人要为奥运赤字买单到2030年。

奥运收入的赢家诅咒指数比奥运成本的指数要少。举办方往往会高估奥运会吸引的游客数量，特别是外国游客的数量。亚特兰大奥运会有四分之一的门票未曾售出；悉尼奥运会的参观人数低于预期。然而，人们无法找到造成收益损失的赢家诅咒的主要原因。

在最近对2018年冬奥会及下届奥运会的投标中，国际奥委会试图改变以往低估成本这一现象。举办方需要明确每一笔投资，而且保证融资必须到位。国际奥委会要求申办城市对杂项费用和意外成本进行现实估算，计算结果要用美元和当地货币共同标明。国际奥委会在减轻赢家诅咒方面的努力结果仍有待观察。

接下来让我们对2014年索契冬奥会的情况进行详细论述。索契市于2007年7月1日打败平昌和萨尔茨堡，获得此次奥运举办权。[1]它的招标书看起来难以置信，因为其奥运成本比之前三个候选者都高。国际奥委会委员投票决定的组织成本为12亿欧元。但据称，当地奥委会不会采用投资成本，因为这不在他们的预算之内，预计2007年其投资成本将达到76亿欧元，其中60%将由俄罗斯政府资助。赛前总预算为89亿欧元（合120亿美元）。从一开始，这一预算就远高于2006年都灵奥运会（40亿欧元）和2010年温哥华奥运会（20亿欧元）所宣布的成本。

索契奥运会的宣传者称，费用高昂是因为需要投资大量体育设备，包括新建11个体育场馆和滑雪场、两个奥运村、一个可欣赏黑海和山脉景色的溜冰场，以及洗浴设施等。外界声称要完成这一目标简直是"天方夜谭"，而且从2007年7月到2014年2月建造的非运动基础设施也是一项巨大工程。索契市的城市规划更是重中之重。整个城市地区都将重新规划，罗迪纳酒店也要全面修缮。该市总共修建一个330公顷的人造海岛，一个新机场和一个新商业海港；在沿海修建该市第二条铁路，长达67公里，还有一条580公里的新公路，并在机场和奥运场馆之间修建一条63公里的高速公路；为了避免索契交通拥挤，另外修建一条新的高速公路，原计划修建的一条36公里的索契轻轨地铁，最后换成了一条较短的通勤铁路；新增一些索契机场快线，创建新的新闻中心，营建五个大型豪华酒店，两个贸易中心，一个旅游区，一个高速公路隧道，另外新增19.6万张酒店床位。发电站的生产能力也要提高，而且，为了修建奥运公园，政府从3000个土地业主手中买下土地。奥运会正式开始后，还有一些道路尚未修完，罗莎·德鲁特滑雪场附近的一些酒店和购物中心也未完工，水污染严重问题也没有得到改善，造雪设备出现故障，而跳伞设备也不得不紧急重做。政府调用3500万美元的奥运会基金用以维修赛事结束后的运动设施。

---

1. 在1989年、1993年和2003年的三次申办失败之后，索契非常渴望竞选成功，因此高价竞标。

这种投资方式会对经济产生巨大影响，例如该地区会对外国游客产生更强的吸引力，几年之前该地区每年的外国游客仅有300万人次，预计到2014年，外国游客人数会增至600万。2013年9月，俄罗斯体育部长维塔利·穆特科（Vitali Mutko）预计奥运会仍能给俄罗斯带来10亿美元的效益。最终索契地区的游客人数在2014年又增长31%（不到500万人），但其中只有10%是外国游客。

2007年价值89亿欧元的资产到了2014年贴现价值为168亿欧元。[1] 除此之外，2014年欧元总成本显示成本超支。2010年索契奥运会总成本为333亿美元，2014年达到510亿美元（380亿欧元）[2]，比贴现预期成本高出约2.2倍。由于赢家诅咒，有史以来最昂贵的一届冬奥会招标书却成了有效成本最高的一届。劳拉冬季两项和越野滑雪的项目花费从5亿美元猛增至27亿美元，而第一奥林匹克体育场的费用从4900万美元激增至5.19亿美元。赢家诅咒的一个典型特征就是，索契中标后，罗莎·德鲁特滑雪胜地也被列入此次奥运工程中；该滑雪场由Interros公司资助，Interros是富豪寡头弗拉基米尔·波塔宁（Vladimir Potanin）拥有的控股公司，它投资360亿美元用于建设非体育基础设施，其中96.5%的资金都是公共资金。最终，俄罗斯纳税人将至少支付230亿美元用于建设这些设施。这些都是赢家诅咒的证据。一项对索契奥运会的赛前成本效益分析发现，以2006年汇率计算，净社会成本（社会效益减去社会成本）显示从2006年到2016年，社会财政赤字为58亿美元（菲里芬科，2013）。

如何在举办体育赛事时应对赢家诅咒的后果

因此，举办国际体育赛事对任何一个国家或城市管理者来说都绝非易事。是否有可能避免或减轻赢家诅咒？也许可以在以下方面寻求答案：（1）国际体

---

1. 在索契2014年投标书中，2007年至2014年的年均通货膨胀率约为5.91%。但在房地产领域，通货膨胀率已经超过100%，每平方米的价格已经赶超莫斯科了。
2. 有些估价高达550亿美元，即410亿欧元（穆勒，2015）。

育理事机构对体育赛事分配进行反思；（2）分析每个潜在主办城市。

理事机构会认为国际奥委会从现在起要选择最便宜的奥运工程吗？这显然是一厢情愿的想法。国际奥委会不会选择一个违背其初衷的战略，他们的目标是举办最盛大的奥运会。而且，为达到最低成本要求，国际奥委会实际上可以通过城市招标来减少更广泛的成本低估现象，从而消除赢家诅咒。为了显示自己成本最低，每个招标者都会在招标书中谎报实际成本。另一个办法是，国际奥委会将规定一个成本上限，任何招标者的预算都不得高于这个数字。最终结果可能就是国际奥委会以最高成本预算接受了所有招标者，忽略了成本是选择举办城市的重要信息，而不同候选城市的成本低估程度也各不相同。

还有一种解决方案是，国际奥委会自己承担大部分主办费用，包括当地组委会运营预算、运动设备成本，以及大多数非运动基础设施成本。但这样会产生两方面影响。首先，国际奥委会财政将大幅缩水，因为这些费用（每届奥运约60亿美元）本应来自奥运会赞助和电视转播权，而这些收益是国际奥委会的主要收入来源。国际奥委会投票人会切身感受到举办一场奥运会实际成本到底有多少，也希望他们未来在投票时不要一味选择修建诸多"天方夜谭"的奥运工程，而要多加考虑这些工程的真实成本。作为融资者，国际奥委会投票人可以查看每一份招标书，并把每份招标书的规划结果与上届奥运会的赛后成本及其对国际奥委会财政的影响作对比。通常认为，对体育理事机构进行更加严格的审计能促进实施这一方案。在全球经济危机时期，国际奥委会、国际足联、欧足联等一些国际组织的财力足以承办一场大型体育赛事。

其次，国际奥委会自筹资金也会防止产生赢家诅咒，因为国际奥委会应在无招标情况下对主办城市进行单方面选择。奥运会的成本与国际奥委会的收入大体一致，甚至还要更低，这样就致使国际奥委会降低对全新运动设施的要求。显然，这又是不切实际的想法，因为国际奥委会不可能放弃奥运会垄断权给它带来的经济利益。而且由于国际奥委会自筹资金压力巨大，候选城市更加不可能会抵制招标奥运举办权这一措施。

事实上，唯一行之有效的解决办法就是改变申奥方式，使之不再是一项拍卖性质的活动，从而避免赢家诅咒。洛杉矶奥运会就是这样取得举办权的，因此这届奥运会并未超支。希腊在竞选1996年百年奥运时，提倡将古代奥运历史遗迹作为新一届夏季奥运的特殊场地。这种做法将永远不会再出现成本超支状况，因为这样不需在体育设备和非体育基础设施方面大量投资，唯一的成本也就是对现有设备和基础设施进行维护翻新，使之更为现代化。但是，这一奥运候选者的做法损害了多方经济利益，包括国际奥委会、国际体育联合会，以及多国赞助商等。

　　赞助商和电视转播机构将奥运会战况传播到全球，这给国际奥委会带来了丰厚的利润，从2010年到2012年，国际奥委会电视转播权收入已经高达39亿欧元。国际奥委会不希望改变这一点。奥林匹克国际体育联合会不太可能会改变这种状况，因为国际奥委会重新对他们进行了奥运收入分配：2000年悉尼奥运会分配给他们1.4亿欧元，2004年雅典奥运会1.87亿欧元，2008年北京奥运会1.73亿欧元，2012年伦敦奥运会3.82亿欧元。跨国公司赞助奥运时，更喜欢在全球各大城市展示他们的品牌，而不是永远在同一地点做宣传。随着奥运会每四年变更一次举办地，更新一次基础设施，建筑、交通运输、酒店、餐饮和旅游等行业公司的收入也会比固定在同一地方的收入要多。

　　国际奥委会已经对两个奥运奖励程序修正案进行讨论，并将这一方案付诸实施了。但这两个方案也并未解决赢家诅咒问题。其一是主张在除非洲以外的欧洲（伦敦）、拉丁美洲（里约热内卢）和亚洲（东京）等大陆轮流挑选奥运主办城市。这一主张并没有消除赢家诅咒，也没有阻止来自同一大陆或不同大陆的候选城市过度竞价。另一主张是在两个国家各挑一个城市联合举办一届赛事。2002年世界杯足球赛由韩国和日本联合举办，2012年欧足联欧洲赛由波兰和乌克兰联合举办，2016年后欧足联欧洲赛将由多个国家联合举办。然而，这一主张并不能避免不同团体的联合候选者之间出现竞争，赢家诅咒也无法消除。

　　只要奥运会仍是一个类似拍卖性质的活动，候选城市就无法消除赢家诅咒的影响。通常，对主办城市管理者的建议是要控制成本超支状况，同时减轻赢家诅咒可能会产生的其他负面影响，例如，尽量避免对招标书持有过分乐观的态度；必须在整个工程周期内严格控制成本；主办城市必须承诺，赛事结束后分析赛后成本效益，以便与赛前的乐观预期进行比较；研究过程中，必须采用非常严格的计算和成本效益评估方法，以便将此次与以前举办相同体育赛事城市的成本和收益作对比。

一些国家已经开始采用非常正规且标准化的成本效益评估模式。MEETS就是一个正规的评估支出概况的模型，它可以对加拿大举办的不同活动的经济影响和成本进行可比性核算（2002）。在法国，大型体育赛事部级代表团会对在国内举办的所有大型体育赛事进行赛前和赛后经济及社会影响评估，并对其进行详细阐述，而且，也应对不同体育赛事以及同一赛事不同时期的成本和影响进行比较。评估结束后，如果候选国家或城市的预算超出合理预算过高，那么从经济角度来看，放弃申请并不是一件羞耻的事。尽管这些更加严格的方法有助于管理举办大型体育赛事，但它们却没有提供任何帮助来有效防范赢家诅咒。

候选城市会采取怎样的战略来对抗国际奥委会的垄断权力，或者如何在一定程度上消除赢家诅咒呢？想象一下，巴黎申办2024年夏季奥运会时，国际奥委会正宣称要控制奥运会的规模和经济成本。因此，它的成本比所有其他候选人的都要低，城市决策者承诺要在不超支的情况下成功举办此次奥运会，而且利润要比投标书中宣布的高出30%。[1] 那么，巴黎会宣称自己是最佳候选者。但问题是，国际奥委会代表很可能会拒绝这样的候选者，因为他们喜欢更加"天方夜谭"的、更加昂贵的奥运工程。因此，巴黎面临着一个两难的问题，即它要在承诺不超支的情况下提交一份最佳成本报价，同时还要承担巨大风险，因为它可能无法顺利通过国际奥委会的投票。而马德里在申办2020年夏季奥运时，由于它倡导"低成本，负责任，更合理"而惨遭失败，输给了成本报价更高的东京。

---

1. 实际价格可以超过30%通常是由于在备战奥运的七年间，主办城市当地通货膨胀，而且大型工程中经常会出现意外情况，因此可以有30%的超限额度。

2015年6月[1]巴黎决定申办2024年奥运会。在这之前，法国总统于2014年11月发表了一次电视演讲，支持申办奥运。2015年2月法国国际体育联合会（CFSI）发表一份支持性报告，多数投票人都赞成举办奥运会，并在2015年4月13日的巴黎市议会和2015年5月7日的法兰西岛区域议会上通过这一决议。巴黎是否能够把握机会，利用人们对索契奥运会高昂成本产生的不满情绪（2013年安德鲁预测），以及在最后期限前越来越多的候选者弃权，而成为"反赢家诅咒"的候选者？

2012年，罗马因经济困难放弃了2020年奥运会的申办资格。索契奥运会的成本造成的影响在某种程度上与1976年蒙特利尔奥运会极其相似。只有阿拉木图和北京这两个申办城市最终赢得国际奥委会投票，有望举办2022年冬季奥运会。2013年，民众拒绝圣莫里茨（53%反对票）和德国加尔米施-帕滕基兴（52%到60%的城市居民投反对票）举办奥运会。2014年，斯德哥尔摩市政局决定放弃奥运申办权，克拉科夫也由于70%民众投反对票而放弃，利沃夫由于军事冲突而放弃，接着，在奥斯陆，尽管有55%的公民支持举办奥运，但由于挪威议会拒绝为申办提供财政支持，最终也选择了放弃。竞争城市数量急剧下降，最终只有两个亚洲申办城市留下，这让国际奥委会总部很是恼火。而波士顿也已经放弃了2024年夏季奥运会的举办权。

在这样的背景下，2024年巴黎发布一项颇具创新性的竞标书，旨在避免由于拍卖形式的竞选而造成的成本超支状况，这一做法得到了经济学家的赞同，并给出以下建议：

（1）根据实际情况提交投标书，而不是故意低估成本，也不要高估正面溢出效应。法国国际体育联合会在2015年2月进行了一项预算统计，预计奥运总成本为62亿欧元，其中组织成本32亿欧元，体育设施花费17亿欧元，非体育

---

1. 2015年6月下旬，巴黎市长正式宣布巴黎将申办2024年奥运会，2015年9月15日，政府将巴黎的名字提交给国家奥林匹克委员会，确认了这一点。

基础设施13亿欧元。与2004年雅典奥运会、2008年北京奥运会、2012年伦敦奥运会以及和2016年里约奥运会相比，此次工程成本不高，但也并不低，它要比2000年悉尼奥运会更高一些。毫无疑问，如果这一竞标书得以通过，那么经济学家将会仔细检查最后两项数据（设备和基础设施成本），以确定赢家诅咒是否会出现。

（2）巴黎应该召开正式的高层政治领导人会议，甚至召开议会制定法案，以确保2024年奥运会不会出现成本超支现象，目前的成本上涨幅度为30%，即到2024年成本不可能会超过80亿欧元。这一承诺应该是巴黎作为奥运候选者所提出的最有说服力的宣传和广告标语，而且，以后可能会出现"自2000年悉尼奥运会以来，我们是最便宜的一届奥运会"这样的口号。

（3）巴黎的奥运管理者应该让国际奥委会知道，如果巴黎能获得2024年奥运会举办权，他们不会接受国际奥委会提出的任何关于体育设施和其他基础设施的新的要求，除非接受后，到2024年成本预算仍然不会超过80亿欧元。而且，为了填补成本超支和赤字，国际奥委会要求增加公共资金，巴黎奥运管理者应拒绝这一要求。如果国际奥委会并不同意这一协议，巴黎应该放弃此次申办权，因为它将不再是自2000年悉尼奥运会以来最便宜的一届奥运。除非国际奥委会承诺为超出80亿欧元预算的部分提供资金支持。[1]

最后一点建议是，巴黎市和巴黎大区奥委会应该征求当地居民的意见，询问他们是否愿意在当地举办2024年奥运会。其一，可以通过问卷形式，就巴黎举办奥运会能带来怎样的经济价值这一问题进行调查（沃尔顿等，2008）。奥委会向当地居民代表发放调查问卷，询问他们是否愿意为在当地举办的大型体育赛事交税。赛事对同意举办奥运会的居民具有使用价值，而对不同意举办奥运会但乐于为之交税的居民来说，无论是出于何种原因（巴黎声望、自我感觉

---

[1].CFSI报告显示，国际奥委会将为2024年巴黎奥运会提供高达18亿欧元的资金，而且还有私人赞助14亿欧元，公共资金30亿欧元，也就是说，私人赞助（包括国际奥委会）占52%，公共赞助占48%。

良好、民族自豪感等），举办奥运会都具有一种"非使用"价值。经济学家会发现，假设在巴黎市和巴黎大区，平均每个居民愿意为奥运贡献 20 欧元，[1]那么，乘以当地人口总数（1000 万），全体居民会为奥运会贡献 2 亿欧元。但应该明确的是，当地居民还没有准备好支付更多的税款，而且，也不应该为了防止出现成本超支或赤字现象而要求他们支付更多税款（2 亿欧元只占上文所述的 80 亿欧元的 2.5%）。

结语

从政治经济学的角度看，一种更加民主的调查方式就是组织公民投票。2015 年 4 月 6 日，巴黎市长安妮·伊达尔戈（Anne Hidalgo）在《巴黎人报》（*Le Parisien*）上宣布，她将于 2016 年组织一次关于巴黎申办 2024 年奥运会的投票活动。[2] 当然，她很乐于在官方宣布真正举办城市（2016 年 1 月 8 日）之前甚至更早组织这场活动。这样可以提前了解巴黎市和巴黎大区居民是否支持举办 2024 年奥运会，还是他们会像圣莫里茨和慕尼黑的居民那样，拒绝在当地举办奥运会。如果居民不同意举办这场奥运，则意味着政府会面临居民的不满情绪与成本超支这两大难题，而且，居民的不满情绪甚至比成本超支情况更加严重。

---

1. 2014 年冬季奥运会前，俄罗斯国际奥林匹克大学的贝尔哈洛娃（Belkharoeva）在索契进行了一项调查，结果显示，接受调查的居民中有 94% 愿意为在索契举办奥运纳税，他们中的 64% 愿意支付超过 5000 卢布（90 欧元）。但是，奥委会要保证解决困扰居民多年的外界负面因素，如施工延迟、交通堵塞、城市混乱、噪音、污染及其他滋扰等。
2. 2014 年 4 月的一项民意调查显示，法国有 61% 的受访民众赞成在巴黎举办奥运会，有 83% 的受访企业赞成举办奥运。但这不能代表所有受访者的观点。因为当接受调查的当地居民意识到在即将举办奥运会的城市生活成本上涨时，他们的态度可能也会有所转变。

作者简介

塞恩·阿吉查德（Sine Agergaard）不仅是一名人类社会学家，还是奥尔胡斯大学的副教授。她的研究重点是体育运动中的移民问题，并在大量同行评审的期刊上发表文章。她曾撰写和编辑过几本书，其中有《女性、足球和国际移民》（劳特利奇，2014）。阿吉查德是《体育与体育界国际社会学评论：全球体育杂志》编辑委员会的成员，也是国际体育和移民问题研究网的联合创始人和管理者。

弗拉基米尔·安德列夫（Wladimir Andreff）是巴黎第一大学教授、国际体育经济学家协会名誉主席、欧洲体育经济学协会名誉会员、欧洲比较经济研究协会名誉会员、法国经济协会前总裁（2007年至2008年）、体育经济观察所科学委员会主席、法国体育部长，曾加入12个编委会，担任30多个经济期刊的审稿人，并完成了44项国际机构（联合国开发计划署、联合国教科文组织、联合国工业发展组织、国际劳工组织、欧盟计划署、欧洲理事会）和外国政府交予的任务。他的科学出版物涉及国际经济学、转型经济学和体育经济学（共403篇文章，29本书）。他在体育经济学领域担任编辑出版的最新作品有：*Disequilibrium Sports Economics: Competitive Imbalance and Budget Constraints*（爱德华·埃尔加，2015）、*Mondialisation économique du sport* 和 *Manuel de référence en Economie du sport*（德鲍克，2012）。

莫林·本森·雷（Maureen Benson-Rea）是新西兰奥克兰大学商学院管理与国际商务系高级讲师。莫林获得了欧洲研究学学士学位、工商管理硕士学位和市场营销与国际商务博士学位，曾在英国担任学术职务，并在英国一家主要商业机构担任多个国际政策职务。她曾出版大量有关国际商业、战略和市场的作品。她的作品曾发表在《体育管理评论》《欧洲管理杂志》《工业营销管理》《公共管理》《商业研究杂志》和《跨国企业评论》等杂志上。

谢利·L．布雷迪什（Cheri L. Bradish）是瑞尔森大学泰德·罗杰斯管理学院的洛雷塔·罗杰斯体育营销研究主席。作为体育营销的专业人员，她的研究领域涉及体育营销和赞助，以及体育和社会影响，包括更广泛的全球体育发展问题。她还进一步研究了奥运管理和营销，包括与伏击营销有关的问题。她的大量研究成果发表在了《体育管理杂志》《国际体育管理与市场营销杂志》《体育管理评论》和《体育营销季刊》。而且谢利在体育行业经验丰富，合作对象包括佛罗里达体育基金会、耐克加拿大公司、佛罗里达州立大学体育系、温哥华灰熊队，以及最近的合作伙伴——温哥华2010奥运会和残奥会组委会。她获得了2013年布鲁克大学优秀教学奖，并于2011年被选为加拿大奥委会代表出席希腊古奥林匹亚举行的国际奥林匹克学院高等体育教育工作者座谈会。

科恩·布鲁德维尔德（Koen Breedveld）是女子研究所的董事和拉德堡德大学体育社会学教授。他发表了大量关于体育参与、体育政策、体育行业动态和发展，以及体育与更广泛的社会和文化变化的关系问题的文章。科恩·布鲁德维尔德出版了许多书籍和科学文章，其中包括与杰伦·谢德尔共同编辑的 *Running across Europe*。此外，他还是荷兰政府和欧盟委员会大量体育政策报告的（共同）作者。他是欧洲社会学协会体育与社会研究网的现任协调员，并于2010年与欧洲体育参与研究网 Measure 的发起人杰伦·谢德尔和雷卡姆·克曼有过合作。

尼古拉斯·伯顿（Nicholas Burton）是布鲁克大学体育管理系的助理教授。他的研究侧重于国际体育营销的战略和管理意义，特别是伏击营销、赞助关系、运动员品牌和创业。近期，他主要研究消费者行为和足球粉丝的动机，以及媒体在赞助管理中的伏击营销和后立法干预主义。尼古拉斯的作品已经发表在了学术界的专业媒体上，例如《雷鸟国际商业评论》《赞助杂志》《经济学人》《金融时报》和《华尔街日报》等。

西蒙·查德威克（Simon Chadwick）是英国索尔福德大学体育事业中心92级的体育企业教授，Josoor研究所的研究主任，还是负责组织2022年世界杯的卡塔尔最高交付与遗产委员会的一员。西蒙的研究和教学兴趣在于赞助、体育营销和体育商业战略。西蒙曾在伦敦大学担任伯贝克体育商业中心的创始总监，并在利兹大学担任广告与营销硕士课程主任，同时也是《运动、商业和管理》的创始编辑，《国际体育营销与赞助杂志》前编辑。他最近还创建并运营了备受推崇的学术网站：The Scorecard。

拉里萨·戴维斯（Larissa Davies）是谢菲尔德哈勒姆大学体育产业研究中心体育管理专业的老师。她在体育管理和地理学科领域超过15年的教学和研究经验。拉里萨拥有体育经济学博士学位，专门从事体育、赛事和城市再生领域的研究。她的研究兴趣包括：体育在经济发展与再生中的作用；体育和赛事的经济和社会影响和遗产；体育场馆有形和无形的影响。她在各种国际期刊上围绕这些主题发表了大量文章，包括：《欧洲体育管理季刊》《体育管理评论》《休闲研究》《国际赛事和节日管理杂志》《国际体育营销与赞助期刊》《社会中的体育运动》《体育与休闲管理》。拉里萨目前正在进行衡量体育社会影响的研究。

马修·德雅巴拉赫（Mathieu Djaballah）博士是巴黎萨克莱大学体育系副教授，同时也是体育管理硕士学位的联合协调员。他是"体育活动的复杂性和创新性"研究团队的一员。他的研究侧重于体育赛事的经济、社会和环境影响以及体育领域的企业社会责任研究。

索斯滕·杜姆（Thorsten Dum）是曼海姆和海尔布隆合作式州立大学的讲师，专门从事市场和服务营销，尤其是传播、体育营销和体育管理。作为德国科隆体育大学的毕业生，他的研究兴趣主要在体育管理（体育赞助）和知识管理。索斯滕曾在多个国际和国家会议上发表并参与撰写了其专业领域的研究文章和论文。他还曾在专业的体育服务公司担任过多年赛事和体育营销业务的项目经理。

阿尔努·海拉尔特（Arnout Geeraert）是比利时鲁汶大学鲁汶国际和欧洲研究的博士后研究员。他创立了体育比赛管理观察室和丹麦体育研究所。他目前的工作是用不同的理论来探讨欧盟在国际体育中的作用，并从总体上分析体育组织的良治要素。他曾出版了《国际运动监管中的欧盟》一书（帕尔格雷夫，2016）。

安娜·格尔克（Anna Gerke）毕业于巴黎南方大学，获得了体育科学博士学位。她的主要工作是研究组织间的联系和行为对体育产业创新的影响。如今，她在法国南特高等商学院巴黎校区的管理学院任教，担任助理教授职务。她教授体育管理和市场营销课程，并且负责体育组织管理方面的专业硕士课程。安娜的研究兴趣是集群理论、组织间的联系和行为、战略创新和体育制度。她曾在《体育管理评论》《欧洲体育管理季刊》和《跨国经营评论》等同行审阅杂志上发表文章。安娜是欧洲管理学年会（EURAM）等国际会议的常客。2015年，她被提名为欧洲管理学年会 SIG 体育管理项目主席。

曼纽尔·赫特（Manuel Herter），管理学硕士，德国科隆体育大学体育经济与体育管理系研究助理，同时，他也获得了该校的体育管理硕士学位，他的硕士论文以德国的职业足球为主题。

克劳斯·尼尔森（Klaus Nielsen）是伦敦大学伯贝克管理学院的制度经济学教授，同时他也是伯贝克体育商业中心的成员。他教授研究方法、创新、欧盟业务和体育经济学。他目前的研究领域包括资本主义、创新、社会资本、精英体育和体育经济学。他负责协调了丹麦精英体育、体育参与和体育经济方面几个研究项目。他已在多本书籍和期刊上发表文章，如《国际管理与组织研究》《经济问题杂志》和《欧洲体育管理季刊》。

约翰尼斯·奥尔洛夫斯基（Johannes Orlowski），理学硕士，德国科隆体育大学体育经济与体育管理系讲师兼研究员。他主要的研究领域是体育参与经济学。此外，约翰尼斯还参与了一个研究项目，该项目调研了劳动力市场状况以及驱动精英体育教练流动的因素。他目前正在攻读博士学位，主要研究体育参与的无形收益的货币化。他是欧洲体育经济学协会（ESEA）和北美体育经济学家协会（NAASE）的成员。他的研究成果发表在《动机：国际志愿和非营利组织杂志》和《行为与实验经济学杂志》等期刊上。

简·皮珀（Jan Pieper）是巴特洪内夫国际大学柏林校区的工商管理教授。简拥有德国格赖夫斯瓦尔德大学的工商管理硕士学位，以及瑞士苏黎世大学的管理与经济学博士学位。他对战略管理议题十分感兴趣，并在职业体育的背景下对该议题进行了理论和实证探究。他曾在《施马伦巴赫商业评论》以及多个国际会议上发表文章。

巴斯蒂安·波普（Bastian Popp）是英国利兹贝克特大学卡内基学院体育商业和市场营销高级研究员。此外，他还是德国拜罗伊特大学的客座高级讲师，主讲体育管理的 MBA 课程。他还是欧洲体育管理协会的成员。他的主要研究领域是媒体创新和消费者行为、品牌管理、认同感、忠诚度、质量管理和粉丝行为。2014 年他与赫伯特·沃拉特切克和克里斯·郝贝尔一起，开发了"体育价值框架"，将价值创造模式融入传统的体育管理方法之中。他的研究成果发表在《欧洲体育管理季刊》《体育管理评论》《体育营销与赞助国际期刊》和《战略营销杂志》等期刊上。

杰伦·谢德尔（Jeroen Scheerder）博士是比利时鲁汶大学运动学系副教授，同时也是该校体育政策与体育活动研究小组的带头人。他的研究重点是体育治理和体育参与。到目前为止，他已经（共同）负责了体育治理、体育社会学和体育营销领域的 10 个博士项目。他还在同行评审的国际期刊和书籍中发表了 60 多篇论文。2005 年至 2007 年期间，他在根特大学政治和社会科学学院担任体育社会学客座教授，并于 2010 年与他人共同创立了欧洲体育参与和体育治理研究网 MEASURE。自 2014 年起，他一直担任欧洲体育社会学协会（EASS）的主席。

哈利·阿恩·索尔伯格（Harry Arne Solberg）是挪威科技大学（NTNU）特隆赫姆商学院体育管理和体育经济学教授，同时，他还在莫尔德大学担任一定的职位。他的研究兴趣涵盖了体育和体育活动的经济影响，包括体育赛事、体育媒体以及团队体育经济。他与克里斯·格拉顿教授一起出版了《体育传播经济学》一书，除此之外，他还在许多科学杂志和科学类书籍上发表了 50 多篇文章。

拉斯穆斯·K．斯托姆（Rasmus K. Storm）博士担任丹麦体育研究所的研究负责人。此外，他还是特隆赫姆商学院的客座副教授。他曾主持过多项丹麦精英运动的研究项目，编辑或合编了四本体育类书籍，并在《欧洲体育管理季刊》《国际体育管理与市场营销学报》《足球与社会》等一些国际体育科学与管理期刊上发表过论文。他经常接受丹麦媒体的采访，并进行了大量的公开演讲。

此外，他还定期在丹麦报纸上发表评论。

乌尔里克·瓦格纳（Ulrik Wagner）博士是南丹麦大学营销与管理系的副教授，同时他还负责组织斯莱格斯校区体育与赛事管理的学士课程。乌尔里克是人力资源管理研究团队的一员，也是欧洲体育管理协会（EASM）的成员。他一直在从事国际反兴奋剂等与体育丑闻有关的组织变革，他目前参与了一些项目，这些项目以组织社会学和管理的视角来研究赞助。他的文章主要发表在《欧洲体育管理季刊》《体育管理评论》《国际体育社会学评论》《国际体育传播杂志》和《国际药物政策杂志》等期刊上。

帕梅拉·威克（Pamela Wicker）是德国科隆体育大学体育经济与体育管理系高级讲师兼研究员。她于2009年获得该校的博士学位，并于2014年获得教授资格。她的主要研究兴趣包括体育经济学（如体育消费者的行为经济学、联赛和劳动力市场经济学、健康经济学、健身经济学）、体育金融（如非营利性体育俱乐部融资、球员和教练薪资、客户价值管理研究）和体育管理（如体育俱乐部研究、组织能力和资源）。帕梅拉是《体育管理评论》的副主编和社交媒体主编，同时也是另外五个科学期刊（《体育管理杂志》《欧洲体育管理季刊》、《国际体育金融杂志》《运动与休闲管理》《体育杂志》）的编委会成员。

赫伯特·沃拉特切克（Herbert Woratschek）是拜罗伊特大学服务管理系教授兼主管，同时还负责体育管理系的文学学士、文学硕士和MBA课程。赫伯特曾任挪威特隆赫姆大学特聘教授，加拿大卡尔加里大学、澳大利亚墨尔本的拉筹伯大学和新西兰奥克兰大学客座教授。他在2009年至2015年间担任欧洲体育管理协会副主席。他的主要研究领域包括各种背景下的服务利润链、服务主导逻辑、服务质量和体育管理。他与克里斯·郝贝尔和巴斯蒂安·波普于2014年共同开发了"体育价值框架"，将价值创造的替代模式融入传统的体育管理方法之中。他的文章主要发表在《服务研究期刊》《欧洲体育管理季刊》《体育管理评论》《战略营销杂志》《营销理论》和《关系营销杂志》等期刊上。

延伸阅读

第二章 体育用品行业的扩张

如果你对体育用品行业及其管理感兴趣，我们竭诚为你推荐有关体育管理和市场营销方面的书籍以及相关学术期刊上的科学文章。以下是推荐书目：

Andreff, W. (2009). "The Sports Goods Industry." In W. Andreff & S. Szymanski (Eds), *Handbook on the Economics of Sport* (2nd edn, pp. 27–39). Cheltenham: Edward Elgar.

Hoye, R., Smith, A., Nicholson, M., Stewart, B., & Westerbeek, H. (2009). *Sport Management Principles and Applications* (2nd edn). Amsterdam: Elsevier.

Pitts, B. G., & Stotlar, D. K. (2002). "Fundamentals of Sport Marketing." In B. G. Pitts, D. K. Stotlar, J. DeSensi, & S. Inglis (Eds), *Sport Management Library* (pp. 1–36). Morgantown, USA: Fitness Information Technology, Inc.

Slack, T., & Parent, M. M. (2006). *Understanding Sport Organizations – The Application of Organization Theory*. Leeds: Human Kinetics.

以下是推荐的研究文章：

Shilbury, D. (2012). "Competition: The heart and soul of sport management." *Journal of Sport Management*, 26(1), pp. 1–10.

Slack, T., & Thurston, A. (2014). "The social and commercial impact of sport, the role of sport management." *European Sport Management Quarterly*, 14(5), pp. 454–463.

第三章 移民和人才发展

关于全球化,特别是体育劳动移民与目前地方和国家体育管理机构面临的挑战和机遇有关的各种文献仍然有限。下列书目中的一些章节描述了国家联合会外包及保护其人才发展的各种战略:

Agergaard, S., & Tiesler, N. C. (Eds) (2014). *Women, Soccer and Transnational Migration*. London: Routledge.

此外,理查德·埃利奥特(Richard Elliott)和加文·威登(Gavin Weedon)称人才发展与移民之间的关系并非毫无裨益,这还是国内和国际球员之间进行球技交流的一个契机。

Elliott, R., & Weedon, G. (2011). "Foreign players in the English Premier Academy League:'Feet-drain'or'feet-exchange'?" *International Review for the Sociology of Sport*, 46(1), pp.61–75. doi:10.1177/1012690210378268.

最后推荐的一本书是目前最全面的一本书,书中介绍了众多体育工作者转行到不同领域或移民到其他国家后做出的大量贡献:

Maguire, J., &Falcous, M. (2011). *Sport and Migration: Borders, Boundaries and Crossings*. London: Routledge.

第四章 精英运动员的商业化

Gratton, C., Liu, D., Ramchandani, G., & Wilson, D. (2012). *The Global Economics of Sport*. London: Routledge.

Redmond, S., & Holmes, S. (Eds). (2007). *Stardom and Celebrity: A reader*. London: SAGE Publications Ltd.

Slack, T. (2004). *The Commercialisation of Sport*. London : Routledge.

Smart, B. (2005). *The Sport Star: Modern Sport and the Cultural Economy of Sporting Celebrity*. London: Sage.

Wenner, L. A. (2013). *Fallen Sports Heroes, Media, and Celebrity Culture*. New York : P. Lang.

第五章 跑步的商业运作模式

进一步阅读的最佳建议：

Running across Europe: The Rise and Size of One of the Largest Sport Markets (Scheerder & Breedveld, Eds, 2015).

本书内容涵盖十个国家，由当地专家汇编，并附上编辑所做的简介和结语。除此之外，我们介绍一些有关体育参与和体育政策的书籍：

Breedveld, K., Gratton, C., Hoekman, R., Scheerder, J., Stege, J., Stubbe, J. & Vos, S. (2013). *Study on A Possible Future Sport Monitoring Function in the EU*. Brussels: European Commission/Directorate General for Education & Culture/Sport Unit.

Hallmann, K. & Petry, K. (Eds). (2013). *Comparative Sport Development: Systems, Participation and Public Policy (Sports Economics, Management & Policy 8)*. New York, NY : Springer Science.

Scheerder, J., Vandermeerschen, H., Van Tuyckom, C., Hoekman, R., Breedveld, K. & Vos, S. (2011). *Understanding the Game: Sport Participation in Europe. Facts, Reflections and Recommendations (Sport Policy & Management 10)*. Leuven: University of Leuven/Research Unit of Social Kinesiology & Sport Management.

Scheerder, J., Willem, A., Claes, E. & Billiet, S. (2015). *International Study on the Organisation of Sport in Twelve Countries and Their Policy towards Sport Federations: Country profiles* (Volume 2). Leuven/Ghent: University of Leuven – Policy in Sports & Physical Activity Research Group/Ghent University – Team Sports Management.

有关不同欧洲国家体育俱乐部发展的书籍：

Breuer, C., Hoekman, R., Nagel, S. & van der Werff, H. (Eds) (2015). *Sport Clubs in Europe*. New York : Springer.

有关体育商业的书籍：

Gratton, C. & Taylor, P. (2000). *Economics of Sport and Recreation*. London: Spon.

Smith, A. & Westerbeek, H. (2004). *The Sportbusiness Future*. Basingstoke: Palgrave Macmillan.

第六章 赞助的商业性增长

在贝蒂娜·康韦尔（T. Bettina Cornwell）（2014）最新出版的《赞助营销》一书中，赞助领域的带头人提出了一种全面概述。法雷利（Farrelly）等人（2012）的文章为调查具有独特内部员工体系的赞助提供了一个切实有用的模型。《赞助中不断演变的优先事项：从媒体管理到网络管理》（瑞恩和费伊，2012）一文概述了赞助向网络发展的潜力。

第七章 欧洲足球俱乐部的媒体权利之争

Gaustad, T. (2000). "The economics of sports programming" *Nordicom Review*, 21(2), pp.101–113.

本文着重分析体育节目作为商品的特点，对于分析体育广播媒体公司的市场行为具有重要意义。它为希望更多了解体育广播的读者提供了一个有用的起点，即使没有任何经济背景的读者也可以轻松理解。

Gratton, C. & Solberg, H. A. (2007). *The Economics of Sport Broadcasting*. London: Routledge.

本书分析了影响电视体育需求和供给的因素。特别关注了参与供给方运营的利益相关者和他们的行为。供给方不仅包括不同类型的电视台，而且还涉及卫星运营商、有线电视公司和地面广播分配公司。本书还分析了生产商的成本结构和生产商产生的影响。同时本书还借助博弈论和拍卖理论分析了媒体权利的销售。最后，本书聚焦了电视体育的规定，如《上市活动规则》及其背后的理由。

Jeanrenaud, C. & Késenne, S. (2006). *The Economics of Sport and the Media*. Cheltenham UK/Northampton, UK : Eward Elgar Publishing Limited.

本书收录了由欧洲和北美著名体育经济学家撰写的一系列原创论文。没有经济背景的读者也可以阅读。本书对体育和媒体专业的学生以及那些对体育商业化感兴趣的人会很有吸引力。本书介绍了体育和媒体关系的研究成果，并分析了与此相关的发展、前景和关键政策等议题。

第八章 体育领域的伏击营销

伏击营销是当代体育商业和营销研究的一个新兴领域,也是一个不断发展的研究领域。一些重要的研究成果值得人们深层思考,这有助于更好地界定和阐述伏击营销给体育管理者带来的影响和独特挑战:

Chadwick, S. & Burton, N. (2011). "The evolving sophistication of ambush marketing: a typology of strategies." *Thunderbird International Business Review,* 53(6), pp.709–719.

Crompton, J.L. (2004). "Sponsorship ambushing in sport." *Managing Leisure,* 9(1), pp.1–12.

McKelvey, S.&Grady, J. (2008). "Sponsorship program protection strategies for special sport events : are event organizers outmanoeuvring ambush marketers?" *Journal of Sport Management,* 22(5), pp.550–586.

Meenaghan, T. (1994). "Point of view: ambush marketing: immoral or imaginative practice?" *Journal of Advertising Research,* 34(5), pp.77–88.

Sandler, D.M.& Shani, D. (1989). "Olympic sponsorship vs. 'ambush' marketing: who gets the gold?" *Journal of Advertising Research*, 29(4), pp.9–14.

Scassa, T. (2011). "Ambush marketing and the right of association: clamping down on reference to that big event with all the athletes in a couple of years." *Journal of Sport Management*, 25(4), pp.354–370.

Séguin, B. & O'Reilly, N. (2008). "The Olympic brand, ambush marketing and clutter." *International Journal of Sports Marketing & Sponsorship,* 4(1/2), pp.62–84.

桑德勒(Sandler)和沙尼(Shani)(1989),以及米那格汉(Meenaghan)(1994)介绍了伏击营销成型阶段的两个测试,并初步研究了营销活动对赞助产生的显著威胁和潜在影响。长期以来,人们从道德、精神和法律等方面对体育赛事营销中的伏击营销活动进行的争论是此次初步研究的基础,而且,此次研究也对伏击营销的合法性进行探索。同样,克朗普顿(Crompton)(2004)、麦凯尔维(McKelvey)和格雷迪(Grady)(2008)等人也对商业权力管理提出了极具建设性的意见,体育赛事和赞助商采取反伏击举措来对抗伏击营销的威胁，这是伏击营销研究和当代赞助实践的主要部分。最后，查德威克（Chadwick）和伯顿（Burton）（2011），塞金（Seguin）和奥莱利（O'Reilly）（2008）以及斯卡萨（Scassa）（2011）等人在最新研究中对伏击营销进行了再情境化的调查，探索了如今伏击营销者使用的复杂多样且富有战略性的方法，改变了赞助商、权利所有者和消费者对伏击营销的看法，展现了大型体育赛事为禁止伏击营销所做的努力。

第九章 体育、社交媒体和在线社区

体育管理应该把体育类社交媒体作为价值共创的平台，社交媒体成员既是价值共创过程的参与者又是受益者。因此，营销人员应该开发并维护这个成本效益好、功能又强大的工具。菲洛、洛克和卡格（2015）最近发布了一份综合分析报告，回顾了在英文体育管理杂志上发表的70篇期刊论文，这可能是一个很好的开端，可以作为研究社交媒体在体育中的使用和效果的文献综述。

从理论上来看，彭伊特罗斯皮和施罗德（2011）为在共同消费的线上足球社区中理解价值共创做出了卓越的贡献。因此，他们指出共同消费群体中潜在的双重剥削，而这种双重剥削在公司干涉社交媒体用户对品牌文化的看法时会显现出来。体育管理人员在制定其社交媒体战略时，可以从英国足球俱乐部的大量研究实例中得到启发（麦卡锡等，2014）。

最后，本章建议想要学习分析和监控社交媒体在线工具的人，先了解一下能够在社交网络上吸引更多粉丝的商业化在线服务（例如，http：//www.fanpage karma.com，http://www.talkwalker.com）。

第十章 企业在体育领域的社会责任

想要了解更多相关知识的读者，可以进一步阅读以下书目：

Bradish, C. L., & Cronin, J. J. (2009). "Special Issue: Corporate social responsibility in sport." *Journal of Sport Management*, 23(6), pp.691–794.

Hemsley, S. (2009). "Corporate social responsibility and sports sponsorship." *International Marketing Reports* (IMR).

Salcines, J. L. P., Babiak, K., 和 Walters, G. (2013). *Routledge Handbook of Sport and Corporate Social Responsibility*. London: Routledge.

第十一章 欧洲职业体育的利润、锦标赛和预算约束

如果想要理解软预算约束方法以及如何应用该方法以理解职业团队运动，以下书籍至关重要：

Andreff, W. (2015). "Governance of professional team sports clubs: agency problem and soft budget constraint." In W. Andreff (Ed.), *Disequilibrium Sport Economics : Competitive Imbalance and Budget Constraints*. Cheltenham: Edward Elgar.

Franck, E. (2014). "Financial Fair Play in European Club Football: What is it all about?" *International Journal of Sport Finance*, 9 (3), PP.193–217.

Storm, R. K.,&Nielsen, K. (2015). "Soft budget constraints in European and US leagues – similarities and differences." In W. Andreff (Ed.), *Disequilibrium Sport Economics: Competitive Imbalance and Budget Constraints*, PP.151–171. Cheltenham: Edward Elgar.

第十二章 欧洲足球领域的《财政公平法案》

Franck, E. (2014). "Financial Fair Play in European club football – What is it all about?" *International Journal of Sport Finance*, 9, pp.193–217.

Kornai, J., Maskin, E.,&Roland, G. (2003). "Understanding the soft budget constraint." *Journal of Economic Literature*, 41, pp.1095–1136.

Storm, R. K.,&Nielsen, K. (2012). "Soft budget constraints in professional football." *European Sport Management Quarterly*, 12, pp.183–201.

第十三章 体育的腐败和治理

关于国际体育联合会腐败的更详细分析，详情请参考格拉特（2017）。格拉特（2016b）概述了在日益商业化的体育世界中，国际体育联合会面临的治理挑战。格拉特（2015）详细分析了许多国际体育联合会的治理水平。蒂博等人（2010）尤为关注运动员在治理结构中的地位，格拉特和德斯肯（2015）探讨了由欧盟控制国际体育联合会的利与弊。最后，对那些希望更多了解腐败案例和达成体育良治基本要素的人，建议大家登录 Play the Game (playthegame.org)和 Sports Governance Observer (sportsgovernanceobserver.org)网站了解详情。

第十四章 奥运城市遗产的可持续性

希望深入了解本章所讨论的问题，可以阅读以下推荐内容：

Davies, L. E. (2012). "Beyond the Games: regeneration legacies and London 2012." *Leisure Studies*, 31(3), pp.309–337.

这篇期刊文章将对希望了解更多奥运再生遗产的学生有所帮助。它介绍了更多有助于成功实现再生遗产的因素，讨论了评估奥运再生遗产的重要性，并进一步详细介绍了伦敦2012年再生遗产计划。该期刊文章提出了未来建立再生遗产评估框架需要考虑的一些因素。

Gold, R. J., & Gold, M. M. (Eds) (2011). *Olympic Cities*. London: Routledge.

对城市与奥运的关系演变历程感兴趣的学生可以阅读本书。特别是对四个奥运节日即夏季奥运会、冬季奥运会、文化奥运会与残奥会的城市遗产概况感兴趣的同学。此外，从1936年到2016年的十个详细案例研究向我们全面展示了奥运城市面临的挑战。

Smith, A. (2012). *Events and Urban Regeneration : The Strategic Use of Events to Revitalise Cities*. London : Routledge.

这本多学科著作对想要了解重大赛事与城市重建之间关系的学生有所裨益。

本书综合性很强，其中包括"为什么重大赛事对城市来说十分重要"这一问题的理论讨论。本书大量引用国际体育文化赛事作为案例进行研究，探讨与赛事相关的公共政策的优缺点。

第十五章 举办国际体育赛事的费用

Andreff, W. (2012). "The winner's curse: why is the cost of mega sporting events so often underestimated?" In: W. Maennig & A. Zimbalist, eds., *International Handbook on the Economics of Mega Sporting Events*, Cheltenham: Edward Elgar, pp.37–69.

Kage, J.H. & Levin, D. (2002). *Common Value Auctions and the Winner's Curse*, Princeton, NJ : Princeton University Press.

Zimbalist, A. (2010). "Is it worth it? Hosting the Olympic Games and other mega sporting events is an honor many countries aspire to – but why?" *Finance and Development,* March, pp.8–11.

突破 · 经管 Break Through

《影响力核能》

[英] 西蒙·兰卡斯特 著

《激励核能》

[加] 彼得·詹森 著

《绩效核能》

李太林 著

《领导力核能》

[美] 约翰·马托尼 著

《团队核能》

[美] 克里斯蒂娜·考弗曼 著

《阿米巴核能》

胡八一 著

突破 · 经管 | Break Through

《成交》

[美] 诺亚·弗雷明 著

《品牌化思维》

[瑞典] 托马斯·迦得 著

《突破》

[美] 琳达·古德曼
[美] 米歇尔·赫林 著

《正向管理》

[美] 马文·温斯伯德
[美] 桑德拉·洁诺夫 著

《正向激励》

[美] 大卫·哈德 著

《正向领导》

[美] 金·卡梅隆 著

突破·经管  Break Through

《NLP思维》

[英] 杰里米·拉萨路 著

《逆向领导力》

[美] 比尔·特雷热 著

《高效领导力》

[美] 布伦达·本斯 著

《没有管不好的员工》

[加] 特雷弗·索恩斯 著

《没有带不好的团队》

[美] 科里·鲍克 著

《没有带不好的员工》

[西] 加布里内尔·希内夫拉 著

突破 · 经管  Break Through

《领导力思维》　　　《领导力：从起步到卓越》　　《冲突管理》

[新西兰] 珍妮弗·加维·伯格　　[美] 安妮·布鲁斯　　　[英] 大卫·里德尔　著
[新西兰] 基斯·约翰斯顿　著　　[美] 斯蒂芬妮·M.蒙坦内兹　著

《没有干不好的销售》　　《你的品牌需要　　　　《走红》
　　　　　　　　　　　一个讲故事的人》
[美] 格兰特·卡登　著　　　　　　　　　　　　[美] 杰瑞米·戈德曼
　　　　　　　　　　　[美] 理查德·克莱沃宁　著　[美] 阿里·扎格特　著